BAILLIAGES

DE

VERSAILLES

ET DE

MEUDON

VERSAILLES. — IMPRIMERIE E. AUBERT.
6, avenue de Sceaux.

Fini d'imprimer le 1er Mai 1889.

1789 — 1889
CENTENAIRE

BAILLIAGES

DE

VERSAILLES

ET DE

MEUDON

LES CAHIERS DES PAROISSES

Avec Commentaires

ACCOMPAGNÉS DE QUELQUES CAHIERS DE CURÉS

Recueillis et publiés

Par M. THÉNARD

Professeur au Lycée Hoche

VERSAILLES

IMPRIMERIE E. AUBERT

6, Avenue de Sceaux, 6

—

1889

Ce volume est publié avec le bienveillant concours de la Commission des Antiquités et des Arts de Seine-et-Oise.

Le premier exemplaire a été présenté à M. Carnot, président de la République française, le 5 mai, à l'inauguration du Centenaire.

INTRODUCTION

Je ne sais si les esprits sont, à l'heure actuelle, dans un état de calme et d'impartialité qui permette de lire avec fruit les documents que je publie. Mais il ne m'est pas possible d'attendre plus longtemps : jamais moment plus solennel ne s'offrira pour honorer la mémoire des hommes qui, il y a un siècle, ont travaillé à établir les bases de la société moderne.

C'est d'ailleurs en ce moment même que les attaques contre la Révolution française redoublent de violence ; on oublie volontairement les biens dont elle a été, est et sera la source féconde (1).

---

(1) Guizot écrivait en 1855 (*Trois Générations*) : « A côté des hymnes en l'honneur des auteurs révolutionnaires, éclatent, non seulement contre eux, mais contre la Révolution française en général, des imprécations ardentes et incessantes.

« Dominés, soit par les passions de parti, soit par un profond sentiment des erreurs et des crimes de cette époque, des

Il faut se résigner à ces débats, et rien ne doit décourager les hommes qui veulent à tout prix acquitter la dette de la reconnaissance envers la génération qui a lutté pour nous.

La meilleure manière d'honorer la mémoire de nos pères, dans cette solennité du Centenaire, n'est-ce pas de revoir ce qu'ils ont dit, ce qu'ils ont fait? Et pour comprendre sûrement leur pensée et

esprits élevés et moraux ne voient que sa face hideuse. Bien plus, toute révolution porte auprès d'eux la peine de celle-là. Le mot Révolution est devenu pour eux synonyme de crime, folie, désastre. Ils n'accordent à ces secousses volcaniques des sociétés humaines aucun bon principe, aucun bon résultat.

« Je voudrais qu'une expérience fût possible et que, pour un moment, la France se trouvât tout à coup replacée dans l'état où elle était avant 1789. Ce pays, qui supporte tout, ne supporterait pas un moment ce retour; moralement comme matériellement il lui serait odieux et intolérable. Il le serait à ceux-là même qui pensent et parlent le plus mal de la Révolution. Leurs idées, leurs sentiments, leurs intérêts les plus légitimes et les plus intimes seraient à chaque instant contrariés, entravés, froissés.

« Personne ne persuadera à la France qu'elle n'est pas aujourd'hui mieux réglée, mieux gouvernée qu'elle ne l'était avant 1789. Elle se sent, elle se croit, elle a raison de se sentir et de se croire en possession de beaucoup plus de justice envers tous et de bien-être pour tous. La génération qui a possédé la France de 1789 à 1798 n'a pas travaillé et souffert sans fruits.

« Que les adversaires de la Révolution ne s'y trompent pas : quand ils l'attaquent indistinctement, ils ne font que leurs aspirations, le premier soin doit être de relire leurs cahiers, ces témoignages authentiques et irréfutables, trop souvent reproduits par phrases tronquées au gré des préventions traditionnelles.

Ceux que je publie ici voient le jour pour la première fois, et j'espère que les circonstances de

la rendre plus chère à la France, et transformer en culte aveugle *une reconnaissance légitime,* et ils changeraient bientôt même de sentiment et de langage, s'ils étaient condamnés à subir tout ce que la Révolution a détruit, et à perdre tout ce qu'elle a conquis. »

On serait disposé à croire que Guizot a voulu développer ces mots de Mercier, député de Seine-et-Oise en 1792 : « La postérité sera heureuse de nos souffrances » (*Paris pendant la Révolution.*)

A la suite de ces lignes que Guizot écrivait, après avoir parcouru une longue carrière politique, on peut ajouter ce passage d'un discours académique dans lequel l'orateur ne craint pas de rendre hommage à la Révolution.

Le 20 avril 1831, Victor Cousin entrait à l'Académie française, succédant au littérateur et mathématicien Fourier; il terminait ainsi l'éloge de son prédécesseur :

« Il n'a manqué à Fourier que de vivre assez pour assister au grand spectacle qui lui aurait rappelé les plus beaux jours de sa jeunesse; il est mort quelques semaines avant celle qui ne périra pas dans l'histoire. » ('Lorateur désigne les journées de juillet 1830.)

« Nos pères, messieurs, ont fait la Révolution française. Ce serait une insulte à eux-mêmes de vouloir recommencer leur ouvrage; mais ils nous avaient laissé l'honneur, et comme imposé le devoir d'achever la Révolution en lui donnant un gouvernement digne d'elle... Reposons-nous dans une concorde puissante qui nous permette d'ajouter temps et de lieu leur vaudront le sympathique intérêt de nos concitoyens.

Pour être demeurés un siècle dans l'ombre des archives, ces chers témoins des temps passés n'auront pas tout perdu de leur première énergie. Ils peuvent en reprendre une nouvelle : en 1789 ils déclaraient ce que nos pères voulaient, et en 1889 ils nous permettent de constater les progrès accomplis.

A nous de voir si nous n'avons pas encore à y puiser d'utiles leçons.

à la liberté un peu de gloire, car c'est une parure qui lui sied bien ; et il n'est si doux d'aimer la France et de la servir que parce qu'on sait que ses intérêts se confondent avec l'humanité entière, et que sa grandeur est l'espérance du monde. »

LETTRE DE CONVOCATION

Il est de ces documents dont la connaissance est nécessaire pour que le lecteur se rende un compte exact des faits qu'il va étudier. La lettre du roi pour la convocation des États généraux est de ce nombre. Je la reproduis :

Lettre du roi, etc.

Notre amé et féal, nous avons besoin du concours de nos fidèles sujets pour nous aider à surmonter toutes les difficultés où nous nous trouvons, relativement à l'état de nos finances, et pour établir, suivant nos vœux, un ordre constant et invariable dans toutes les parties du gouvernement qui intéressent le bonheur de nos sujets et la prospérité de notre royaume. Ces grands motifs nous ont déterminé à convoquer l'Assemblée des États de toutes les provinces de notre obéissance, tant pour nous conseiller et nous assister dans toutes les choses qui seront mises sous ses yeux que pour nous faire connaître les souhaits et les doléances de nos peuples ; de manière que par une mutuelle confiance et par un amour réciproque entre le souverain et ses sujets, il soit apporté le plus promptement possible un remède efficace aux maux de l'Etat, et que les abus de tout genre soient réformés et prévenus par de bons et solides moyens, qui assurent la félicité publique et qui nous rendent à Nous particulièrement le calme et la tranquillité dont nous sommes privés depuis si longtemps.

A ces causes, Nous vous avertissons et signifions que notre volonté est de commencer à tenir les *États libres* et généraux de notre royaume, au lundi 27 avril prochain, en notre ville de Versailles où Nous entendons et désirons que se trouvent aucuns des plus notables personnages de chaque province, bailliage et sénéchaussée. Et pour cet effet, vous mandons et très expressément enjoignons qu'incontinent la présente reçue vous ayez à convoquer et assembler en notre ville de..... dans le plus bref temps que faire se pourra, tous ceux des trois états du bailliage (ou sénéchaussée de.....) pour conférer et pour communiquer ensemble, tant de remontrances, plaintes et doléances, que des moyens et avis qu'ils auront à proposer en l'Assemblée générale de nos dits Etats ; et ce fait, élire, choisir et nommer..... *un du clergé, un de la noblesse et deux du tiers état*, sans plus de chaque ordre, tous personnages dignes de cette grande marque de confiance, par leur intégrité et par le bon esprit dont ils seront animés : lesquelles convocations et élections seront faites dans les formes prescrites pour tout le royaume, par le règlement annexé aux présentes lettres ; et seront les dits députés munis d'instructions et pouvoirs généraux suffisants pour *proposer, remontrer, aviser* et *consentir* tout ce qui peut concerner les besoins de l'Etat, la réforme des abus, l'établissement d'un ordre fixe et durable dans toutes les parties de l'administration, la prospérité générale de notre royaume et le bien de tous et chacun de nos sujets ; les assurant que de notre part ils trouveront toute bonne volonté et affection pour maintenir et faire exécuter tout ce qui aura été concerté entre nous et les dits Etats, soit relativement aux impôts qu'*ils auront consentis*, soit pour l'établissement d'une règle constante dans toutes les parties de l'administration et de l'ordre public ; leur permettant de demander et d'écouter favorablement leurs avis sur tout ce qui peut intéresser le bien de nos peuples, et de pourvoir sur les doléances et propositions qu'ils auront faites, de telle manière que notre royaume, et tous nos sujets en particulier, ressentent pour toujours les effets salutaires qu'ils doivent se permettre d'une telle et si notable Assemblée.

Donné à Versailles, le 24 janvier 1789.

Signé : Louis.

et plus bas : Laurent de Villedeuil.

Presque tous les mots de cette lettre exigeraient de longues explications; la lecture de nos cahiers fera voir que les électeurs n'ont fait que répondre à l'appel du roi : lui *proposer les moyens efficaces* qu'il demandait.

Mais « remarque curieuse, écrit l'abbé de Mont-« gaillard, quand le peuple était le plus écrasé, « épuisé et foulé, c'était alors que la voix du Mo-« narque s'élevait pour protester de son amour « paternel envers ses sujets ».

Mais, à ce moment-là, le tiers état entier eut la plus absolue confiance dans la parole royale ; et il exprima ses vœux, doléances et conseils dans le langage naïf souvent, coloré quelquefois, mais toujours clair et franc qu'on voit dans les cahiers.

Il est évident que la lettre du roi, dont tous les électeurs connaissaient parfaitement la teneur pour l'avoir entendu lire, soit aux prônes des paroisses, soit sur les places publiques, soit affichée, ne devait laisser aucun doute dans les esprits, et que la double représentation du tiers état promettait le vote par tête et non par ordre. Il n'y avait que silence et non obscurité à cet égard. C'est pour cela que les cahiers, et ils ne sont pas nombreux, qui se taisent sur la manière de voter aux Etats généraux, sont rédigés comme si le vote par tête était acquis.

Et pourtant c'est du refus de cette légitime revendication que sortit la lutte entre les ordres privilégiés et la Cour d'abord, et ensuite avec la royauté elle-même.

Le tiers état, qui savait quel était l'amour du peuple pour son roi, affecta longtemps de se dissimuler à lui-même les desseins hostiles qu'on formait contre lui. Il ne voulait voir dans les déclarations royales que des suggestions du ministère et des courtisans.

LE MODE ÉLECTORAL

Je ne partage pas complètement l'opinion de Michelet quand il avance que les élections aux Etats généraux mirent en mouvement cinq millions d'hommes. En supposant que la population de la France s'élevât à vingt-quatre millions, il ne faut pas compter plus de quatre millions de citoyens appelés au droit d'émettre un suffrage, si l'on réfléchit que le vote était accordé aux seuls citoyens âgés de vingt-cinq ans et inscrits à un des rôles des impositions. On voit par les cahiers que le nombre des mendiants, de gens incapables de payer un sou d'impôts, était effrayant.

Il n'en reste pas moins vrai que ce premier essai du suffrage universel, à plusieurs degrés, remua toute la nation. C'est pourquoi il est à propos d'exposer la manière dont les députés furent nommés.

Le règlement que je vais analyser renferme un préambule où je lis :

« Le roi a voulu que ses sujets fussent tous appelés à concourir aux élections des députés qui doivent former cette grande et solennelle assemblée. S. M. a désiré que des extrémités de son royaume et des habitations les moins connues, chacun fût assuré de faire parvenir jusqu'à Elle ses vœux et ses réclamations...

« S. M. a reconnu avec une véritable satisfaction, qu'au moyen des assemblées graduelles ordonnées dans toute la France pour la représentation du tiers état, elle aurait ainsi une sorte de communication avec tous les habitants de son royaume, et qu'Elle se rapprocherait de leurs besoins et de leurs vœux d'une manière plus sûre et plus immédiate. S. M. a tâché de remplir encore cet objet particulier de son inquiétude, en appelant aux assemblées du clergé tous les bons et utiles pasteurs qui s'occupent de près et journellement de l'indigence et de l'assistance du peuple, et qui connaissent plus intimement ses maux et ses appréhensions. Le roi a pris soin néanmoins que, dans aucun moment, les paroisses ne fussent privées de la présence de leurs curés, ou d'un ecclésiastique capable de les remplacer; et dans ce but S. M. a permis aux curés qui n'ont point de vicaires, de donner leur suffrage par procuration...

« S. M. espère que tous ses sujets auront sans cesse devant les yeux, et comme présent à leur sentiment, le bien inappréciable que les Etats généraux peuvent opérer, et qu'une si haute considération les détournera de se livrer prématurément à un esprit de défiance qui rend si facilement injuste, et qui empêcherait de faire servir à la gloire et à la prospérité de l'Etat la plus grande de toutes les forces : l'union des intérêts et des volontés. »

Pour le clergé et la noblesse les convocations se faisaient par huissier; on citait à comparaître à l'assemblée du bailliage principal les évêques et les abbés, tous les chapitres, mais ceux-ci par un délégué sur un nombre déterminé (1); les corps et communautés ecclé-

---

(1) *Extrait du registre capitulaire de l'Eglise royale et collégiale de Saint-Etienne de Dreux.*
Du 11 mars 1789.
Messieurs assemblés en leur chapitre, après le son de la clo-

siastiques rentés réguliers et séculiers des deux sexes, mais représentés par un seul fondé de pouvoir, appartenant à l'ordre ecclésiastique; et généralement étaient convoqués directement tous les ecclésiastiques possédant ou bénéfices ou commenderies, qui pouvaient se faire représenter par un fondé de pouvoir.

Quant aux curés de paroisses, bourgs et communautés des campagnes, ils avaient le droit de vote, pourvu qu'ils ne fussent pas éloignés de plus de deux lieues de la ville où se tenait l'assemblée du bailliage, à moins qu'ils n'eussent un vicaire résidant dans la cure, pour les remplacer; mais tout curé empêché ou trop éloigné, et n'ayant pas de vicaire, avait le droit de voter par un fondé de pouvoir (1); et celui-ci devait aussi apparte-

---

che capitulaire en la manière accoutumée et pour délibérer, etc., et au désir de l'assignation donnée au chapitre en la personne du sieur Amoreau, chanoine et procureur, être procédé à la nomination d'un député dudit chapitre dans la forme et proportion déterminée, après avoir délibéré, ont nommé et député M. l'abbé Vabois, chanoine et agent du chapitre, à l'effet de, pour et au nom dudit chapitre, comparaître en ladite assemblée générale des trois Etats qui se tiendra à Montfort-l'Amaury, promettant lesdits sieurs délibérants d'approuver, etc.

A la marge sont les noms des capitulants, savoir : MM. Le Lieupvre, doyen, Dubosc, chantre, O Cassidy, Amoreau, Duclos.

Je soussigné, certifie le présent extrait conforme à la minute du registre capitulaire,

Délivré ce 14 mars 1789.

MESNAGE, chanoine secrétaire.

Je ne reproduis pas la procuration par laquelle l'évêque de Chartres, Joseph de Lubersac, constitue pour son procureur général et spécial M. Emmanuel-Joseph Sieyès, son grand vicaire, docteur de Sorbonne, chanoine et chancelier de l'Eglise de Chartres.

(1) Voici une procuration de curé :

Je soussigné curé de Saint-Pierre-de-Vert-sur-Avre, diocèse

tenir à l'ordre ecclésiastique; pour les ecclésiastiques ne possédant ni bénéfices ni cures, ils se réunissaient chez le curé, dans la paroisse duquel ils étaient domiciliés; et, là, ils élisaient un délégué sur vingt ecclésiastiques, etc., non compris le curé, à qui appartenait le droit par son bénéfice de venir à l'assemblée. Tous les autres ecclésiastiques engagés dans les ordres, mais non résidant dans les villes, pouvaient se rendre à l'assemblée, sans avoir toutefois le droit de se faire représenter.

Voilà pour l'ordre du clergé : ainsi le vote n'était direct que pour une partie assez restreinte, et à deux degrés pour l'autre.

Quant à l'ordre de la noblesse, on reconnaît que le vote était universel et direct, avec ce privilège que, par

---

de Chartres, élection de Dreux, ressortissant au bailliage de Montfort-l'Amaury, ayant un vicaire dans ma paroisse, mais ne pouvant, pour cause d'indisposition, me transporter devant M. le bailli de Montfort pour y assister à l'assemblée des trois ordres du bailliage, qui y sera tenue lundi 16 du présent mois, à huit heures du matin, à l'effet de concourir avec ceux de mon ordre à la rédaction des cahiers de doléances, etc., et procéder à l'élection de deux députés de mon ordre pour assister aux Etats généraux, etc., ai nommé pour mon procureur M. Dablin, curé de Behoust, à qui j'ai remis un mémoire ou cahier de représentations que je le prie de présenter à Messieurs de mon ordre, pour y avoir tel égard que de raison, et lui donne pouvoir de et en mon nom, concourir avec ceux de mon ordre à l'élection et nomination de deux députés de notre ordre, auxquels je donne dès maintenant plein et absolu pouvoir pour proposer, remontrer, aviser et consentir, dans l'assemblée des Etats, à tout ce qui peut concerner les besoins de l'Etat, etc.

A Vert, ce 14 mars 1789.

JACOBUS LE TARDIF,
curé de Vert près Dreux.

procuration un noble avait autant de voix qu'il avait de fiefs en différents bailliages. Notons encore qu'un fondé de pouvoir était revêtu du droit de voter et pour lui et pour celui qu'il représentait.

Ainsi qu'il a été dit pour le clergé, les communautés de femmes envoyaient un seul fondé de pouvoir par communauté ; et chez la noblesse les femmes possédant divisément, les filles et les veuves, ainsi que les mineurs pouvaient se faire représenter par des procureurs pris dans leur ordre (1).

(1) PROCURATION DE DAME NOBLE

Par devant nous notaires du Châtelet de Paris, est comparue haute et très puissante dame, madame Anne-Marie-Gabrielle Potier de Novion, dame du marquisat de Grignon, près Nauphle-le-Château, terres et seigneuries de Saint-Germain-de-Morainville ou de Lagrange, Thiverval, fiefs de Mormoulin et autres lieux, épouse non commune en biens, de très haut et très puissant Seigneur, Monseigneur Alexandre Guillaume de Galard de Bears, comte de Brassac, baron de Larochebeaucourt, marquis de Boisse et de Cognac, Seigneur de Roquépine, Bornes des Champs et autres lieux, brigadier des armées du roi, etc.

Madame, dame comtesse de Brassac, demeurant à Paris, hôtel de Novion, rue de la Planche, faubourg Saint-Germain, paroisse Saint-Sulpice,

Par ces présentes a constitué pour son procureur général et spécial messire Jean-Baptiste Le Boistel, Seigneur de Bardelles, et lieutenant du roi de la ville de Montfort-l'Amaury, auquel elle donne pouvoir de, pour elle et en son nom, comparoir en l'assemblée générale des trois États du bailliage de Montfort, etc.;

Promettant madame, dame constituante, d'agréer et approuver tout ce que ledit procureur aura fait, délibéré et signé en vertu des présentes, comme si madame, dame comtesse de Brassac, y avait assisté en personne.

Fait à Paris le 26 février 1789.

PROCURATION DANS L'ORDRE DE LA NOBLESSE

Par devant les notaires royaux à Amboise fut présent très haut, très puissant et très excellent Prince, Monseigneur Louis-

Nous arrivons au tiers état :

Les lettres de convocation étaient notifiées par huissier aux officiers municipaux des villes ou autres officiers des paroisses, de communautés, avec sommation de faire lire, publier et afficher les lettres et le règlement au prône des messes paroissiales, et, à l'issue des messes, à la porte de l'église, etc. Huit jours au plus tard après ces publications, tous les habitants composant le tiers état des villes, bourgs, etc., ayant un rôle séparé d'impositions, devaient s'assembler devant un officier public désigné par le bailli, pour rédiger le cahier et nommer des délégués chargés de porter ce cahier au lieu et jour indiqués. Le nombre de ces délégués variait suivant la population, mais ils n'était jamais inférieur à 2.

Dans les villes où il y avait des corporations d'arts et de métiers (comme à Versailles), chaque corporation élisait d'abord un délégué jusqu'à 100 membres et au-dessous, et 2 au-dessus de 100, etc. Les autres habitants s'assemblaient à l'Hôtel-de-Ville, et nommaient 2 députés pour 100 individus présents, et 4 au-dessus de 100. Ces députés des corporations et de la ville se

---

Jean-Marie de Bourbon, duc de Penthièvre, comte de Dreux et de Beu, étant de présent au château d'Amboise,

Lequel a fait et constitué son procureur général et spécial haut et puissant Seigneur Charles-Henri-Louis de Marchant, comte d'Arnouville, chevalier de l'ordre royal et militaire de Saint-Louis, maréchal des camps et armées du roi, etc.

Auquel Son Altesse Serenissime donne pouvoir, etc.

Fait et passé audit château d'Amboise, l'an 1789, le 5 mars après-midi, et a ladite Altesse signé avec nous.

L.-J. M. DE BOURBON.

réunissant formaient et rédigeaient un cahier unique, et nommaient des délégués pour le porter à l'assemblée du bailliage.

Observations importantes

Dans les municipalités, même de campagne, il pouvait se trouver des officiers nobles. Ceux des officiers municipaux qui n'étaient pas de l'ordre du tiers n'avaient aucune voix dans l'assemblée qu'ils présidaient, soit pour la rédaction de cahiers, soit pour l'élection des députés délégués. Cependant ils pouvaient être élus ; il en était de même à l'égard des juges des lieux ou autres officiers publics qui présidaient les assemblées de paroisse, s'ils n'y étaient pas domiciliés, (comme cela se passa dans la paroisse de Voisins-le-Bretonneux, pour le président Clausse.)

Quand à des bailliages principaux se trouvaient annexés des bailliages secondaires, les délégués de ces derniers réduisaient d'abord en un seul les cahiers des différentes paroisses, puis nommaient le quart d'entre eux pour porter ce cahier au bailliage principal qui devait faire ou avait fait la même réduction, et les deux, trois ou quatre, etc., cahiers des bailliages, subissaient la même fusion en un seul cahier, qui devenait alors le cahier du bailliage. Enfin l'assemblée générale, composée du quart de tous les délégués, vaquait à l'élection définitive des députés aux États généraux.

Il est bon de remarquer que la réduction au quart des députés s'opérait, non sur les membres présents, mais sur les membres nommés d'abord.

Règle générale, dans tous les bailliages, le nombre des députés électeurs du tiers état ne devait pas excéder 200.

Comment se tenait l'assemblée des trois états, dans un bailliage principal ou électoral? Les trois ordres se réunissaient sous la présidence du Bailli ou du Sénéchal, ou de leur lieutenant; on donnait acte de la comparution des délégués, et défaut contre les non comparants; puis les membres de l'assemblée prêtaient serment de procéder fidèlement à la rédaction du cahier général et à la nomination des députés. Alors les trois ordres se séparaient, ou pouvaient ne former qu'une assemblée, s'ils se séparaient, comme cela se passait généralement, les ecclésiastiques et les nobles se retiraient dans des salles particulières.

En ce cas, l'assemblée du clergé était présidée par un membre de l'ordre, selon la hiérarchie; la noblesse, par le bailli, etc., ou en son absence, par un président qu'elle élisait, qui devait être le doyen d'âge. Le tiers état était présidé par le lieutenant du bailliage, et à son défaut par celui qui le remplaçait (1).

Chaque ordre rédigeait son cahier, séparément. Cependant d'après le règlement, d'un commun accord des trois ordres, on pouvait ne faire qu'un seul cahier comme cela eut lieu à Montfort-l'Amaury et en quelques autres endroits. Dans ce cas on nommait des com-

---

(1) Le tiers état de Paris n'accepta pas cette injonction, et nomma son président.

Les deux premiers ordres nommaient leurs secrétaires, et le greffier du bailliage était secrétaire du tiers.

missaires pour préparer le cahier, et les commissions étaient formées de manière à ce que les membres du tiers fussent en nombre égal à celui du clergé et de la noblesse réunis, et les articles de ce cahier étaient soumis à l'approbation de l'assemblée, composée des représentants des trois ordres.

Les cahiers devaient être dressés avec le plus grand soin, et les pouvoirs des députés étaient généraux, et suffisants pour *proposer*, *remontrer*, *aviser* et *consentir*, ainsi qu'il était porté aux lettres de convocation.

Toutes les élections dans les assemblées graduelles se faisaient à haute voix ; les députés aux Etats généraux seuls furent élus au scrutin secret. Ainsi pour le tiers état, l'élection eut lieu à trois et souvent à quatre degrés.

Les rouages, on le voit, étaient assez compliqués; cependant toutes ces opérations s'exécutèrent dans la France entière avec régularité : les électeurs avaient compris qu'ils devaient montrer du calme dans l'exercice d'un droit nouveau. Si l'on signala quelques désordres, ils ne partaient pas du tiers état, mais des ordres privilégiés. Par exemple la noblesse et le haut clergé de Bretagne ne consentirent pas à se rendre dans les sénéchaussées. En vain le roi leur adressa des ordres particuliers, ils résistèrent aux injonctions pressantes d'un prince auquel ils prétendaient être entièrement soumis.

Ils se figuraient sans doute que, par leur absence et dans les sénéchaussées et aux Etats généraux, ils infirmeraient la puissance de l'Assemblée de la nation :

Le bas clergé breton nomma vingt-deux membres, pris généralement parmi les curés, et le tiers envoya ses quarante-quatre députés qui fondèrent, en arrivant à Versailles, le club Breton dont l'influence, à cause de leur énergie et de leur cohésion, fut très grande auprès des députés des autres provinces.

J'ai essayé de présenter le plus clairement possible le mécanisme des élections de 1789 :

Le clergé envoya 308 députés ainsi répartis : 44 prélats, 52 abbés, chanoines, vicaires généraux, professeurs ; 205 curés, 7 moines ou chanoines réguliers.

La noblesse députa 285 membres : 266 gentilshommes d'épée et 19 magistrats des cours supérieures.

Le tiers état envoya 621 députés : 4 prêtres sans exercice public, 15 nobles ou administrateurs militaires, 29 maires ou magistrats municipaux, 2 magistrats de cours supérieures, 158 officiers de judicature ou magistrats de cours subalternes ; 214 hommes de loi ou notaires, 178 négociants, propriétaires, cultivateurs, bourgeois, rentiers, 12 médecins, 5 hommes de finances ou d'administrations civiles, 4 hommes de lettres : total des trois ordres, 1214. (Abbé de Montgaillard.)

On voit que si les 22 députés que la noblesse de Bretagne devait nommer eussent été présents les deux premiers ordres auraient compté 615 représentants.

LA RÉDACTION DES CAHIERS

Essayons de nous rendre compte de la manière dont les cahiers ont dû être rédigés (1).

Qu'entendait-on par cahier ? Dans l'ancienne langue juridique et administrative, un cahier n'était autre chose que l'assemblage de quelques feuillets de papier ou de parchemin, sur lesquels on exposait ses plaintes, réclamations et prétentions. Quand le cahier avait une certaine étendue et qu'on le livrait à l'impression, il prenait souvent le nom de mémoire. Sous ce point de vue, un grand nombre de cahiers de 89 pourraient être

---

(1) Il y a une distinction importante à établir dans les innombrables cahiers que fit écrire la convocation des Etats généraux : on les classe non en cahiers des villes et des campagnes, mais ils sont divisés en cahiers de paroisses et cahiers de bailliages. Ces derniers qu'on rédigeait après avoir analysé et collationné les seconds exprimaient l'ensemble des vœux de toutes les paroisses du bailliage. Ces cahiers sont, pour la plupart, imprimés depuis quelques années dans les *Archives parlementaires*, avec les cahiers de la noblesse et du clergé. Portés par les députés à Versailles, ils ont ensuite fait partie des archives des assemblées délibérantes, qui se sont succédé depuis un siècle. C'est ainsi qu'ils ont échappé à la ruine ou à l'oubli. Mais il n'en a pas été de même des cahiers des paroisses, excepté pour ceux de Paris *extra muros*; les autres, conservés dans les archives des bailliages secondaires

désignés par le terme de *mémoires*, tant à cause de leur ampleur que parce qu'ils ont été imprimés ; du reste, le mot *cahier* était la désignation officielle imposée dans le règlement.

Si l'on s'en rapporte aux procès-verbaux des assemblées de paroisse, on court risque de se faire illusion ; aucun cahier, même celui de la plus modeste communauté, n'a été écrit dans la séance indiquée sur le procès-verbal, pour la rédaction.

Les complaignants électeurs n'auraient pas eu le temps d'entrer en délibération, de s'entendre et de discuter en commun les divers points relatifs à leurs vœux et doléances.

Le cahier était fait et prêt à recevoir les signatures, et peut-être quelques additions ou corrections, quand l'officier public, délégué par le bailli ou le sénéchal, inscrivait les noms des électeurs et les engageait à se retirer dans une salle, pour y vaquer à la rédaction de leur cahier.

Mais faut-il accepter les affirmations de certains publicistes qui ne craignent pas d'avancer que ces cahiers étaient reproduits d'après des modèles colportés dans les villes et dans les campagnes ? Ceux qui se font

---

ou principaux, y sont encore enfouis, ou bien ont disparu pour toujours. On en a publié, je l'avoue, un certain nombre, mais malgré les précieuses découvertes de chercheurs dévoués, qu'il en manque à l'appel ! A peine quelques centaines sur plus de trente mille. — Pourtant, dans une République démocratique, où toute commune devrait avoir son histoire locale pour contribuer à l'histoire générale, il eût fallu qu'à la date de 89 chacun pût lire le cahier de sa paroisse. Une ère nouvelle commençait.

une arme de cette assertion fantaisiste pour affaiblir l'autorité des cahiers, montrent qu'ils n'ont pas étudié ou lu assez attentivement ces cahiers sur les originaux ; et ne tenant pas compte des milieux où ces cahiers ont été écrits, ils font voir aussi que l'état de la France en 1789 ne leur est pas clairement connu.

En admettant même qu'il ait circulé des modèles de cahiers, répandus à profusion, comme on le prétend, il faudrait en conclure que dans le clergé et la noblesse, tout comme dans le tiers état, la nécessité des réformes était universellement sentie et réclamée ; car, personne ne saurait le nier, il n'est pas un cahier des ordres privilégiés qui ne fasse mention de graves abus à détruire, et qui ne reproduise presque identiquement les plaintes que nous lisons dans les cahiers du tiers (1). Enfin est-ce que la lettre du roi n'invitait pas tous les sujets à signaler les maux dont on voudrait nier aujourd'hui l'existence ?

D'ailleurs le terme cahier n'était pas nouveau pour nos pères du tiers état, non qu'ils eussent connaissance des cahiers des anciens Etats généraux, même de ceux de 1614, la chose était inconnue pour eux ; et ces cahiers, s'ils existaient, n'étaient pas dans toutes les mains, ils pourrissaient dans la poussière de quelques bibliothèques. Ne sait-on pas que le gouvernement lui-même avait perdu la tradidion sur les Etats généraux ? En 1788, en effet, une ordonnance invita à faire des

---

(1) Nous donnerons quelques cahiers de curés, à la fin de ce volume : ce sera la meilleure réfutation de certaines affirmations trop superficielles.

c

recherches sur les anciennes Assemblées de la nation en Etats généraux.

Les gens de la campagne ou du plat pays n'attendaient pas ces renseignements pour savoir ce qu'ils avaient à inscrire dans leurs cahiers, la matière ne manquait pas.

Ils auraient lu d'abord, s'ils avaient su lire, que leurs ancêtres, loin d'avoir été consultés, ne faisaient même pas partie du tiers état (1).

C'est en 1789 pour la première fois que les humbles, que les déshérités, que les gens de labeur, et de presque rien, purent prendre la parole et donner leur avis dans une consultation générale.

Aussi l'on verra qu'ils ne ménagent pas les témoi-

---

(1) Dans les anciens temps, les gens du plat pays, les laboureurs, n'avaient pour cahier qu'une complainte, du *pauvre commun* et des pauvres; on la trouve dans les chroniques de Monstrelet :

En voici deux couplets :

> Hélas, hélas ! hélas, hélas !
> Prélats, princes, et bons seigneurs,
> Bourgeois, marchands et avocats,
> Gens de mestiers, grands et mineurs,
> Gens d'armes, et les trois-états,
> Qui vivez sur nous, laboureurs,
> Confortez-nous d'aucun bon aide ;
> Vivre nous faut, c'est le remède !...
>
> Fuire de nous ne devez mie ;
> Pensez-y, nous vous en prions,
> Et nous soutenez notre vie ;
> Car pour certain nous languissons ;
> Allangouris nous nous mourons,
> Et ne savons remède en nous ;
> Seigneurs, pour Dieu, confortez-nous !...

gnages de leur reconnaissance envers le roi et son ministre Necker. Et ils étaient prêts, au moment où on les invita, à déclarer ce qu'ils espéraient d'un gouvernement qui paraissait enfin s'intéresser à leur malheureux sort.

Depuis deux ans, déjà, la nation, dans les pays d'élection, c'est-à-dire, dans plus de la moitié du royaume, s'était en quelque sorte exercée à la rédaction des cahiers.

Il est à propos de dire un mot de l'essai des *Assemblées provinciales*, car il en est souvent question dans les cahiers du bailliage de Versailles. L'Assemblée de l'Ile-de-France, par exemple, dont le siège était à Melun, et qui n'eut en réalité qu'une session importante, en novembre-décembre (1787), se subdivisait en 12 assemblées secondaires ou départements; et le territoire actuel de Seine-et-Oise comprenait quatre de ces dernières.

Bien que la nomination des membres qui composaient ces diverses assemblées ne répondît nullement à celle des députés aux Etats généraux, et que leurs pouvoirs fussent fort restreints, cependant, même dans la plus petite assemblée municipale ou de paroisse, on n'ignorait pas que l'Assemblée provinciale devait particulièrement examiner l'assiette des impôts.

Si ces Assemblées ne donnèrent aucun résultat satisfaisant, à cause de pouvoirs mal définis, nous n'avons pas à discuter ici cette question; mais il est permis d'affirmer que les mouvements qui accompagnèrent ces essais n'ont pas été sans influence au point de vue de l'éducation politique, et qu'elles ont préparé le peuple à connaître et à revendiquer ses droits; ces mots se rencontrent souvent dans les cahiers du clergé et de la noblesse.

Or, quand même le bailli de Versailles eût convoqué les électeurs au mois de mars, comme cela se fit partout ailleurs, au lieu d'attendre le 12 avril, les cahiers n'en eussent pas moins été rédigés tels que nous allons les lire.

Du moment où parut la lettre royale du 24 janvier, qui convoquait les Etats généraux pour le 27 avril, à Versailles, il n'y avait plus qu'à tracer le plan du cahier : les différents articles qu'il devait comprendre, n'en trouvait-on pas une abondante matière dans les causes mêmes des doléances ?

Et si nous apercevons dans ces cahiers des points de ressemblance entre eux, songeons que les abus, étant à peu près partout les mêmes, il n'est pas surprenant qu'ils soient signalés presque de la même manière.

On reproche aux cahiers de renfermer des considérations prétentieuses en matière politique. Certaines personnes se sont imaginé que la génération de 1789, j'entends par là les paysans, le gens de labour, n'avait, à cause de sa dégradation intellectuelle, aucune notion de l'ordre social. Il faut par la pensée se reporter à cette époque. Pendant les mois qui précédèrent les élections, la France entière vécut à l'état fiévreux, jamais crise pareille n'avait agité un grand peuple : on sentait instinctivement qu'il y allait de l'affranchissement ou de la servitude, de la vie ou de la mort. Or, dans ces conditions, les esprits se trempent vite, s'exaltent et embrassent plus que ne le ferait attendre le cours ordinaire de la vie.

Le tiers état conserva cependant le calme et la volonté qui comptent obtenir la victoire.

On ne sera pas surpris si dans chaque village, surtout autour de Paris et de Versailles, il se soit rencontré un homme un peu lettré, qui ait traduit la pensée de ses concitoyens ; et quand le rédacteur ou les rédacteurs, car souvent ils se réunissaient plusieurs pour mieux coordonner les articles du cahier, avaient arrêté leur travail, on s'assemblait, et lecture du brouillon était faite; chaque électeur avait le droit de présenter des observations, de signaler les oublis ; en beaucoup de localités le curé était consulté, quand il n'était pas lui-même le rédacteur du cahier.

Des historiens ont regardé comme hors-d'œuvre et banalités les considérations politiques, les plans de Constitution que renferment nombre de cahiers de campagne, mais surtout ceux des villes et toujours ceux des bailliages.

Le reproche s'adresse principalement au tiers état.

Et l'on part de là pour signaler l'influence des philosophes.

On oublie de faire observer que le tiers état se conformait au texte de la lettre de convocation : le roi invitait ses sujets à *proposer, remontrer, aviser* et *consentir*. Il jugeait plus favorablement de l'intelligence de ses peuples que ne le font certains écrivains de nos jours.

Dire que nos pères croyaient en rédigeant leurs doléances, en présentant le plan d'une Constitution, faire

d

œuvre utile et patriotique, c'est reconnaître et leur bonne foi et leur confiance envers le roi.

Tous, ou presque tous les cahiers du tiers ont été dressés et redigés sous l'influence de patriotiques préoccupations. Tous les députés qui avaient pris part au travail des cahiers partirent avec la conviction qu'ils avaient le droit et le devoir de proposer, remontrer, aviser et consentir.

Aussi le cahier de Paris *extra muros*, celui dans lequel le cahier général du bailliage de Versailles s'est fondu, débute-t-il ainsi :

« Une glorieuse Révolution se prépare » et ce cahier, dans sa forme élevée et sévère, ne reproduit pas les mille doléances que lui offraient les 400 cahiers des paroisses; on fit un second cahier pour ne pas embrouiller le plan d'une Constitution telle que la comprenaient les électeurs.

Et en tête du second cahier réservé aux plaintes et aux gémissements des peuples, on lit ces lignes mélancoliques :

« Les habitants de la vicomté et prévôté de Paris, après avoir exprimé leurs vœux généraux (dans le premier cahier), n'entreront pas dans le détail des motifs de leurs demandes particulières. Il faudrait des volumes pour les présenter. Leurs maux sont portés à l'excès : il faudrait pour les rendre sensibles employer ce langage naïf qui leur est propre, parce qu'il tient à la vérité. »

Target, l'académicien, un des rédacteurs du cahier, a probablement écrit ces lignes où respire une si touchante sympathie; et ce langage naïf, on le trouvera dans plusieurs cahiers des bailliages de Versailles et de Meudon.

Pour terminer, je dois dire comment j'ai reproduit ces témoignages des souffrances et des vœux de nos pères ; partout j'ai respecté la pensée et l'expression, je n'ai rien changé, même quand j'avais des doutes sur le sens ; seulement j'ai corrigé les défectuosités orthographiques. Si quelques cahiers se présentaient avec une rédaction satisfaisante, d'autres ont été écrits par des copistes ou des greffiers peu versés dans la connaissance des lois de la grammaire. Ces taches, d'une reproduction difficile, ne pouvaient offrir, à mon avis, aucun intérêt à des lecteurs sérieux.

La reproduction des noms propres m'a occasionné beaucoup de recherches. J'ai fait tout mon possible pour arriver à une exactitude satisfaisante. J'ai espéré n'être pas désagréable à ceux qui retrouveront un grand-père, un aïeul dans cet armorial du tiers état.

Il y a des titres de noblesse établis sur des parchemins moins glorieux.

JUGEMENTS DIVERS SUR LA RÉVOLUTION

J'ai cru, avant de passer à la lecture des cahiers, que je ne sortirais pas des limites de ce livre en reproduisant quelques opinions sur la Révolution. On a vu, page vi, les appréciations de Guizot et de Cousin ; ici, je laisserai la parole à un historien et à deux députés du tiers état. L'abbé de Montgaillard ne saurait passer pour favorable aux idées de 89. Son histoire n'a ménagé aucun parti, et les acteurs de la Révolution ont été l'objet de ses plus violentes attaques. S'il met une passion extrême dans ses arrêts, il faut songer que, contemporain des évènements, il jugeait les hommes et les choses autrement que ceux qui voient à distance.

Malouet, député du tiers état, abandonna bientôt la cause qu'il devait défendre, s'il était convaincu des déclarations qu'il avait faites dans l'assemblée du bailliage de Riom. Quant à Dubois-Crancé, resté fidèle à son mandat, il a écrit, en 1801, une analyse de la *Révolution française,* publiée seulement en 1885. On jugera s'il est en contradiction avec les deux premiers.

Opinion de l'abbé de Montgaillard.

En donnant au tiers état la double représentation, on avait, le 27 décembre 1788, virtuellement reconnu sa prépondérance dans le corps social; et, effectivement, les lumières, les talents, l'industrie et la grande masse de la richesse mobilière et commerciale se trouvaient dans la classe roturière, c'est-à-dire dans la classe de la nation. Les ordres privilégiés et la Cour ne pouvaient donc plus s'abuser sur l'esprit du siècle, sur les besoins du peuple, et sur la force dont il était investi : se persuader qu'on le tromperait sur ses véritables intérêts, c'était méconnaître absolument le temps où l'on se trouvait; croire qu'on serait le maître de comprimer les réclamations et les vœux qui s'élevaient de toutes parts, c'était faire preuve de folie et s'exposer à des dangers dont les suites devenaient incalculables; la Cour, le clergé et la noblesse commirent cette double faute, ce double crime ; nous disons crime, parce qu'après avoir annoncé la réforme des innombrables abus qui attaquaient directement la propriété et la liberté du citoyen, après avoir provoqué les écrivains et les publicistes à éclairer le gouvernement et à lui signaler les besoins de la chose publique, ne pas satisfaire ces besoins, et vouloir, au contraire, en comprimer l'expression, soit en faisant délibérer les États généraux conformément aux intérêts, aux volontés des ordres privilégiés, soit en employant la force armée pour dissoudre cette assemblée, c'était se rendre coupable d'une insigne violation de foi et du plus grand attentat qu'on pût commettre contre la nation : les droits d'une nation ne se prescrivent jamais.

Opinion de Malouet.

Affligé par des calamités récentes, le peuple français souffre depuis longtemps des vices et des erreurs d'un gouvernement arbitraire, dans lequel la modération du Prince ne suffit pas pour prévenir, ni pour empêcher l'influence tyrannique des richesses, celle du crédit et de l'autorité. Tous les fléaux qu'entraînent à leur suite la cupidité, l'ivresse du pouvoir, l'orgueil de l'ignorance, ont accablé la nation sous le poids des impôts et des abus de tout genre. Le mal était au comble, le caractère national s'effaçait, les ressources étaient épuisées ; mais il nous restait un roi généreux, pénétré de l'étendue de ses devoirs, éclairé sur les désordres dont il gémissait. S. M. a pris le sage parti de nous les dévoiler, et d'appeler la Nation à l'exercice de ses droits...

Nous ne dissimulerons pas que le peuple a plus besoin d'être gouverné et d'être soumis à une autorité protectrice qu'il n'a d'aptitude à gouverner...

La circonstance importante où nous sommes a développé toutes les idées politiques ; une grande masse de lumière s'est révélée autour de nous...

Si la puissance royale est elle-même intéressée à la destruction des abus dont nous avons à nous plaindre, si l'inégale répartition des impôts, les privilèges exclusifs, les usurpations de crédit et de faveur, les écarts de l'autorité, les mesures oppressives du fisc et de ses agents, nuisent de toute part à l'aisance, à la liberté, à l'industrie nationale ; quel ordre dans le royaume, quel Français oserait s'opposer à l'anéantissement de tant de maux ?...

Opinion de Dubois-Crancé.

La France n'était pas esclave en 1789. Les esclaves fuient quelquefois leurs tyrans ; ils changent de maîtres ; mais ils ne font pas de révolution. Cependant, le peuple français gémissait sous le poids de mille vexations féodales, ecclésiastiques, judiciaires et fiscales, qui, du moment qu'il fut assemblé dans ses bailliages pour nommer ses députés aux Etats généraux, occasionnèrent un cri unanime, dont tous les cahiers du tiers état font foi...

La Nation voulait irrévocablement la réforme de ces abus.

C'est à l'avantage qu'il espérait en tirer que le peuple appliquait, en 1789, le mot *Liberté* (1). Il ne lui donnait pas d'autre sens. Nul, en France, ne songeait à cette époque à détruire la monarchie. Il a ajouté égalité, pour mettre encore mieux à cette réforme, qu'on a appelée depuis Révolution, le cachet de sa suprême volonté. Telles sont les bases qui ont donné aux députés du tiers état ce caractère, cette énergie que la perfidie de la Cour les a forcés de déployer...

Qui osera dire que nous avons trahi la foi publique, que les délégués du peuple ont voulu outrepasser leur pouvoir?

La source de la Révolution et tous ses éléments se trouvent donc dans les mandats spéciaux donnés par le peuple, dans les obligations qu'il avait fait contracter à ses délégués, dans la confiance que lui inspirait une double représentation qu'il était convaincu que le gouvernement ne lui avait donnée que pour faire triompher, aux Etats généraux, dans

---

(1) C'est en ce sens qu'il faut interpréter la demande de la liberté, même illimitée, de la presse, qu'on rencontre souvent dans les cahiers.

le vote par tête, la justice si longtemps foulée aux pieds par la noblesse, le haut clergé, les parlements et la finance.

Le gouvernement lui-même, à cette époque, voulait la Révolution. Fatigué, autant qu'irrité, de la jactance de quelques parlementaires, sur lesquels il avait fait plusieurs essais malheureux de son autorité, il voulait à tout prix écraser cette hydre qui menaçait de dévorer le trône...

Après ces déclarations si nettes et si énergiques qu'il eût été facile de multiplier, devrait-on accuser, comme de nos jours le font certains historiens, les cahiers d'avoir dépassé le ton des doléances? Les plaintes, au contraire, s'y formulent en des accents qui implorent justice et protection, loin d'exprimer la haine ou le ressentiment. Nous allons les entendre.

LE BAILLIAGE ROYAL

DE VERSAILLES

Qu'entendait-on par bailliage? Quelles étaient les fonctions d'un bailli sous l'ancien régime? La réponse n'est pas aussi facile à donner qu'on pourrait le supposer. Le bailliage, dans les provinces du Nord, et la sénéchaussée, dans celles du Midi et de l'Ouest, était la circonscription territoriale placée sous la juridiction d'un bailli ou d'un sénéchal. Cette organisation paraît remonter à Philippe Auguste; par rapport au pouvoir royal, elle avait pour but de concentrer dans les mains du roi les affaires de justice, de finances et militaires, et, par suite, de dominer l'omnipotence des seigneurs qui voyaient leur autorité amoindrie dans les populations; car le bailli qui, aux XIIe, XIIIe, XIVe siècles, etc., avait les pouvoirs attribués aux intendants, au XVIIe siècle, pouvait évoquer à son tribunal toutes causes portées devant le juge seigneurial. Disons aussi qu'il y avait des bailliages principaux et des bailliages secondaires, mais leurs attributions étaient à peu près les mêmes.

A l'origine, le bailli représentait donc la puissance

royale, ayant l'intendance des armes, de la justice et des finances dans sa circonscription. Avec le temps ses attributions diminuèrent et au XVII° siècle, à partir de Richelieu, le bailli ne conserva plus que des fonctions judiciaires. La justice se rendait au nom du bailli, les appels étaient portés au parlement du ressort.

De leurs anciennes attributions militaires il ne restait plus aux baillis que celle de convoquer et de conduire le ban et l'arrière-ban.

Ils n'eurent pas à remplir ce rôle au XVIII° siècle. Ils reparaissent à la fin de ce même siècle comme appelant et présidant la nation dans les assemblées électorales : les juges seigneuriaux n'ayant pas de pouvoirs compétents.

C'est généralement par bailliages et sénéchaussées que se firent les élections des députés aux Etats généraux.

D'après l'organisation de la justice par l'Assemblée constituante, Parlements, Sénéchaussées et Bailliages disparurent pour ne laisser que des matériaux à l'histoire.

Si l'on devait s'en rapporter à *l'Almanach de Versailles* (année 1782) ce bailliage était de création assez récente ; en effet, on y lit : « Le bailliage de Versailles a été érigé par édit du mois de décembre 1693. Les appels qui se portaient ci-devant au Châtelet de Paris ont été attribués au Parlement par un autre édit du mois de mars 1751. Les officiers de cette juridiction, aux termes de la déclaration du roi du 1er juin de la même année, connaissent de tous les cas royaux, civils et criminels, tant dans l'étendue dudit bailliage que dans les justices qui en ressortissent... » etc.

Cependant il faudrait retirer cette création à Louis XIV, si les archives peuvent inspirer quelque confiance pour l'histoire. On lit, au dos d'un registre assez volumineux : *Bailliage royal de Versailles*, de... de 1626 à 1672 (archives départementales), et ce registre porte le n° 2.

J'y lis :

Du mardi 12° jour d'avril 1633.

Installation de M° Michel Ferrand, conseiller du roy, bailly, juge royal civil et criminel du bailliage royal de Versailles, au Val de Gally, pour le roy, notre sire, au lieu du nommé Louis Ferrand, son fils, naguère décédé.

Pour l'année 1646, je trouve le tableau suivant :

Officiers.

M° Michel Ferrand, bailly de Versailles.
M° René Legrand, procureur du roy audit lieu.

Procureurs au siège.

M° Guillaume Rasteau, procureur au siège royal.
M° Jacques Delastre, — —
M° Léonard de la Garde, — —
M° Jean Bourguet, — —

Sergents audienciers.

Robert Pavent, sergent royal.
Simon Cocheret, —
Jacques Lemage, —

Jacques Lambert, sergent royal.
Pierre Bordier, —
Simon Arnould, —
Jean Le Marchand, —

Ne semble-t-il pas que Versailles avait, avant Louis XIV, une importance relative, et n'était pas le modeste village dont parle l'histoire? Sept sergents audienciers! Mais la ville de Caen n'en comptait peut-être pas un plus grand nombre. J'avoue que le tableau du personnel en 1782 est plus considérable, et qu'on y trouve le lieutenant de bailli, un substitut du procureur du roi, un greffier, six notaires, un avocat; mais on n'y voit que six procureurs, deux de plus qu'en 1646, c'est peu; puis quelques commissaires de police, etc.

Je prends encore dans *l'Almanach* les lignes suivantes qui rentrent dans notre travail: « Ce bailliage connaît des appels des prévôtés de Bougival et de la Celle-Saint-Cloud; la juridiction s'étend sur les paroisses du grand et du petit Montreuil, *Sève* (sic), Ville-d'Avray, le Chesnay, Villepreux, Lucienmes, Marly, Bailly, Noisy, Bois-d'Arcy, Guyancourt, Fontenay-le-Fleury, *Magny*, Montigny, Buc et Voisins-le-Bretonneux...

« Les audiences se tiennent dans l'Enclos de la *Geôle*, les mardis et vendredis. »

Ces détails pourront, je l'espère, intéresser quelques lecteurs.

LES CAHIERS

Dans quel ordre présenter les vingt cahiers du bailliage? J'ai cru que le plus simple était de les imprimer d'après le numéro qu'ils avaient reçu dans la commission du dépouillement. Voici la liste, et j'ajoute au nom de chaque paroisse le nombre de *feux* (1) porté sur les procès-verbaux.

Cahiers	Nos	Feux	Habitants
Chesnay............................	1	90	environ 400
Ville-d'Avray.................	2	86	— 380
Sèvres.........................	3	750	— 3.200
Montigny-le-Bretonneux..	4	52	— 235
Bougival......................	5	215	— 965
La Celle-Saint-Cloud.......	6	81	— 370
Guyancourt..................	7	132	— 600

(1) *Feux :* on entendait par le terme féodal, feu, sous l'ancien régime, le foyer d'une famille rustique de quatre à cinq personnes. Ce terme servait aussi dans le dénombrement cadastral des terres de quelques provinces. On subdivisait le feu en parcelles et l'on évaluait jusqu'à des quatre-vingt-seizièmes de feu (E. Boiteau). Boiteau aurait pu ajouter que le feu répondait aussi à l'arpent divisé en cent perches, et que la perche, en Seine-et-Oise (Ile-de-France), variait de 18 à 22 pieds carrés.

Ici c'est un terme pour indiquer *à peu près* la population, je dis : *à peu près*, car sous l'ancien régime, jamais, à aucune époque, l'état de la population de la France n'a été établi; aussi les historiens, pour 1789, varient-ils entre 20 et 26 millions. Necker lui-même établissait au hasard le chiffre de la population.

Cahiers	Nos	Feux	Habitants
Fontenay-le-Fleury.........	8	61	environ 280
Bois-d'Arcy................	9	50	— 225
Rennemoulin	10	22	— 105
Villepreux.................	11	200	— 900
Noisy......................	12	160	— 720
Bailly.....................	13	100	— 450
Louveciennes..............	14	200	— 900
Port-Marly................	15	57	— 260
Marly-le-Roy..............	16	200	— 920
Voisins-le-Bretonneux.....	17	45	— 210
Buc........................	18	220 (1)	— 990
Saint-Cyr..................	19	190	— 860
Versailles.................	20 (2)		environ 51,085 (3)

Je donne l'hospitalité à un cahier qui ne dépendait pas du bailliage : c'est celui de la paroisse de Viroflay, ressortissant au bailliage secondaire de Meudon. Les électeurs ont porté à Paris le cahier général de Meudon, le cahier de Viroflay serait perdu, si la copie n'en était restée aux archives de cette commune ; c'est là que je l'ai transcrite pour la publier au besoin.

Viroflay comptait 139 feux d'après un état dressé par le syndic de la paroisse en 1787, environ 630 habitants.

Ainsi sans compter Viroflay, le bailliage de Versailles pouvait renfermer environ 64,250 habitants.

---

(1) 58 feux dans *l'Almanach de Versailles* de 1782 ; le chiffre que nous écrivons est dans le cahier à l'article 30.
(2) Je donne à peu près le chiffre que j'ai trouvé dans un des cahiers de Versailles ; même pour cette ville la statistique de la population n'avait jamais été établie d'une façon sérieuse. J'ajouterai aussi que le cahier de Versailles n'est pas numéroté.
(3) C'est le chiffre du recensement effectué par l'ordre de la municipalité (23 janvier 1790).

1

CAHIER DU CHESNAY

Si parmi les signatures de ce modeste cahier, je ne constate pas celle du curé Damas, je puis affirmer que le curé a écrit et rédigé les doléances de ses paroissiens. Voici un témoignage qu'on ne saurait récuser : en 1791, d'après un décret de l'Assemblée constituante, les curés et desservants devaient prêter serment à la Constitution. Le curé du Chesnay, comme beaucoup d'autres, prêta ce serment non seulement entre les mains de la municipalité, mais encore le répéta devant ses paroissiens en l'accompagnant d'un discours explicatif. Et, dans ce discours, transcrit sur le registre de la commune, j'ai trouvé les lignes suivantes : « Rappelez-vous, mes frères, le temps où vous êtes venus m'engager à me joindre à vous pour porter vos doléances aux pieds du trône de la nation. Je vous fis remarquer qu'il fallait exposer les ravages que l'on faisait dans vos moissons, où le cultivateur ne retirait qu'avec peine le fruit de ses sueurs et de ses travaux ; les exactions qui se commettaient sur les impôts, le despotisme des grands et de leurs subalternes, qui, suivant leurs caprices, appuyaient un bras injuste sur vous et vous forçaient, avec encore plus de cruauté, à essuyer vos larmes, par des menaces dures et impérieuses, etc. »

L'allocution entière est à citer, mais ce serait anticiper sur les évènements.

Cahier de la paroisse du Chesnay, près Versailles, pour les plaintes, remontrances et doléances à porter aux Etats généraux.

Nous syndic, notables et principaux habitants de la paroisse du Chesnay, âgés de 25 ans au moins, tous payant tailles et impositions, conformément à la lettre du roy et à l'ordonnance de M. le bailli de Versailles, l'annonce faite au prône le 12 du présent mois, et signification et sommation faites aussi le même jour par le syndic municipal à la porte de l'église, avec injonction à tous les habitants de se réunir au lieu accoutumé des assemblées, pour y faire porter par nos députés aux Etats généraux nos plaintes, griefs et doléances ;

En conséquence, nous, habitants assemblés le 14 avril présente année, ainsi qu'il nous a été enjoint par le syndic municipal, nous avons chargé par ces présentes Jacques Perrée, fermier de la grande ferme au Chesnay, et Jean-Louis Levêque, cabaretier, tous deux habitants domiciliés dans notre paroisse, et par nous députés à l'assemblée particulière du tiers état de Versailles, de représenter ou faire représenter par ceux qu'ils députeront aux Etats généraux nos griefs, plaintes et doléances ci-après énoncés :

1° Nous demandons une Constitution qui mette tous les Français, surtout les gens de la campagne, cette portion de l'humanité si précieuse et si utile, à l'abri de toute vexation ;

2° Nous demandons la suppression des tailles et de tous les accessoires, suppression des aides, gabelles, contrôle, ferme de tabac et autres impositions onéreuses, vexatoires et humiliantes pour les gens de la campagne;

3° Nous en demandons le remplacement par d'autres impôts moins désastreux, et que la levée s'en fasse avec équité et justice; qu'ils soient supportés par tous les ordres et toutes les classes de citoyens sans exception, en un mot, un impôt territorial, le regardant comme le plus juste et le plus capable de soulager les gens de la campagne, cette classe de citoyens si utile et si précieuse à l'Etat;

4° La liberté individuelle de dire, écrire, porter ses plaintes et faire tout ce qui est conforme aux bonnes mœurs et aux lois, approuvées par les Etats généraux;

5° La suppression de toutes les capitaineries inutiles à S. M.; qu'on détruise la trop grande quantité de gibier qui empêche le laboureur de récolter ce qu'il a eu tant de peine à semer, au prix de ses sueurs et travaux, et surtout les lapins, qui ont toujours causé un grand dommage dans ce pays, et pour lesquels on a porté tant de plaintes qu'on n'a jamais voulu écouter;

6° Qu'on ne reçoive, qu'après un très mûr examen, les plaintes des officiers de chasse et des gardes qui n'agissent malheureusement trop souvent que d'après leur humeur, haine ou amitié, et qui vexent le paysan et le propriétaire;

7° Nous supplions S. M. de permettre que les Etats généraux s'assemblent tous les deux ou trois ans, afin de pouvoir porter aux pieds du trône, où l'on approche difficilement, les vexations qu'on pourrait nous faire;

8° Qu'on empêche de prendre, au nom et sans l'autorité du roi, le terrain des propriétaires, à moins qu'on n'ait constaté le dégât, avant de toucher à rien, et qu'on rembourse le particulier avant de commencer aucun ouvrage;

9° Comme le pauvre n'a pour l'ordinaire que du pain pour sa subsistance et quelques légumes, nous demandons qu'on fasse des magasins de blé en France pour deux nssous la protection des Etats généraux, et qu'on engage chaque paroisse à ensemencer plus de blé qu'on ne fait ;

10° Que la perception de l'impôt territorial étant établie une fois pour toutes, sur tous les états sans distinction, qu'on autorise chaque paroisse à percevoir son imposition pour éviter frais et vexations, et qu'on en charge trois ou quatre des principaux des habitants qui auront pour cet effet une caisse de dépôts, dont ils verseront les deniers de quartier en quartier, dans une caisse générale.

Nous remercions S. M. et nous adresserons éternellement au ciel nos vœux pour la conservation de ses précieux jours ; nous regarderons le règne de Louis XVI comme un des plus heureux règnes qu'on ait jamais vus, protestant et ne désirant que d'être gouvernés par un monarque aussi juste, aussi bienfaisant et aussi équitable.

Fait, tous assemblés au Chesnay, le 15 avril 1789.

LALANDE, syndic municipal.

Levèque, Rojard, Perrée, Planquet, Vaclin, Taqué, Chaulin, Godsort, Branchery, Descaves.

BACHELET, greffier (1).

En marge : Coté et paraphé par première et dernière page *ne varietur,* suivant et au désir du procès-verbal de cejourd'hui 15 avril 1789, par nous Nicolas-Gilles Berthault, avocat en Parlement et procureur au bailliage royal de Versailles, ayant présidé l'assemblée de ladite communauté des habitants dudit lieu du Chesnay.

BERTHAULT.

---

(1) Sur ces douze signatures, quatre à cinq seulement dénotent une main exercée.

Après ce procès-verbal on trouve la pièce officielle suivante :

Aujourd'hui mercredi, quinzième jour d'avril 1789, en l'assemblée convoquée au son de la cloche en la manière accoutumée, sont comparus au banc de l'œuvre de la paroisse du Chesnay et par-devant nous, Nicolas-Gilles Berthault, avocat au Parlement et procureur au bailliage royal de Versailles, délégué par M. le bailli dudit Versailles, à l'effet de présider ladite assemblée, sieurs Jacques Lalande, syndic; Jacques Morin, maraîcher; Charles Rojard; Claude-Jacques Vaclin; Pierre Taqué; Georges Chaulin; Nicolas Lefèvre; Claude Descaves; Louis Godsort, tous aussi maraîchers; Jacques Perrée, fermier; Jean-Louis Levêque, cabaretier-aubergiste; Jacques Branchery, jardinier; Nicolas Guérin, marchand de volailles, et Mathieu Glatigny, laitier; Antoine Michaud, aubergiste à Saint-Antoine, tous nés Français, âgés de 25 ans, compris dans le rôle des impositions, habitants dudit lieu du Chesnay, composé de 90 feux. (Lesquels pour obéir aux ordres de S. M. par ses lettres données à Versailles, le 24 janvier dernier, pour la convocation et tenue des Etats généraux de son royaume, et satisfaire aux dispositions du règlement y annexé, ainsi qu'à l'ordonnance de M. le bailli de Versailles, rendue en conséquence le 6 du présent mois, dont ils nous ont déclaré avoir une parfaite connaissance, tant par la lecture qui vient de leur en être faite que par la lecture et publication ci-devant faite au prône de la messe paroissiale par M. le curé de ce lieu, le jour de Pâques, 12 du présent mois, et par la lecture, publication et affiches pareillement faites le même jour, à l'issue de ladite messe de paroisse au-devant de la porte principale de l'église, nous ont déclaré qu'ils allaient d'abord s'occuper de la rédaction de leur cahier de doléances, plaintes et remontrances; et en effet y ayant vaqué, ils nous ont représenté ledit cahier qui a été signé par ceux desdits habitants qui savent signer, et par nous, après l'avoir coté par première et dernière page et paraphé *ne varietur* au bas d'icelles.

Et de suite lesdits habitants, après avoir mûrement délibéré sur le choix des députés qu'ils sont tenus de nommer en conformité desdites lettres du roi et règlement y annexé, et les voix ayant été par nous recueillies en la manière accoutumée, la pluralité des suffrages s'est réunie en faveur du sieur Jacques Perrée, fermier de la grande ferme de cette paroisse, et du sieur Jean-Louis Lévêque, cabaretier et aubergiste, audit lieu du Chesnay, tous deux possédant des biens-fonds dans ladite paroisse, qui ont accepté ladite commission, et promis de s'en acquitter fidèlement.

Ladite nomination des députés ainsi faite, les habitants ont en notre présence remis auxdits sieurs Perrée et Levêque le cahier ci-dessus énoncé, afin de le porter à l'assemblée qui se tiendra le samedi 18 du présent mois, devant M. le bailli de Versailles, et leur ont donné tous pouvoirs requis et nécessaires à l'effet de la représenter en ladite assemblée pour toutes les opérations prescrites par l'ordonnance susdite de mondit sieur le bailli de Versailles, comme aussi de donner pouvoirs généraux et suffisants de remontrer, aviser et consentir tout ce qui peut concerner les besoins de l'Etat, la réforme des abus, l'établissement d'un ordre fixe et durable dans toutes les parties de l'administration, la prospérité générale du royaume et le bien de tous et chacun des sujets de S. M.

Et de leur part, lesdits députés se sont présentement chargés du *cahier des doléances* dudit lieu du Chesnay, ont promis de le porter à ladite assemblée, et de se conformer à tout ce qui en est prescrit et ordonné par lesdites lettres du Roi, règlement y annexé et ordonnance susdatée; desquelles nominations de députés, remise de cahier et déclaration, nous avons à tous les susdits comparants donné acte et avons signé, avec ceux desdits habitants qui savent signer et avec lesdits députés, la minute du présent duplicata ainsi qu'icelui duplicata que nous avons présentement remis auxdits sieurs députés pour constater leur pouvoir.

Les trois dernières lignes sont de la main de *Berthault*, — le reste est écrit par le greffier Bachelet, — il y a des fautes d'orthographe, il a sans doute écrit sous la dictée du président.

Nous donnons ici, pour tous les cahiers, la teneur du procès-verbal : la formule était la même partout.

II

CAHIER DE VILLE-D'AVRAY

Cejourd'hui 14 avril, dans une chambre de la maison presbytérale, à l'issue des vêpres, ont comparu Jacques Domain, Claude Lagrive, Jacques Leprince, Jacques Masson, Etienne-Nicolas Moreau, Louis Gaudet, Louis Giroux, syndic, élus adjoints et greffier de la paroisse, Jean Lagrive, François Bijon, Jacques Tremblay, Eustache Tremblay, Jean Boudement, Denis Gavreau, Etienne Martin, Pierre Chartier, Jean-Baptiste Beury, Antoine Rattier, Pierre Duchemin.

Les deux députés chargés de porter le cahier à Versailles sont :

Louis Domain fils, commis banquier, demeurant à Paris, chez M. Lecoulteux et Cie ;

Et Pierre-François Masson, blanchisseur de linge, demeurant en ce lieu.

Sont survenus après ceux nommés :

Louvel, Chaplain, Gasselin, Boudon, Rattier, Dubuisson.

LEROY, président,

GAUDET, greffier.

Cahier de Ville-d'Avray remis aux mains de Louis Domain fils et de Jacques Masson, ses députés, etc.

1° La paroisse désire que la législation appartienne à la nation assemblée, conjointement avec le roi, tellement qu'aucune loi ne puisse être obligatoire, si elle ne sort du sein même des Etats généraux, consentie par eux et sanctionnée par le roi ;

2° Que les Etats généraux soient toujours composés des trois ordres de la nation librement élus : un quart de l'ordre du clergé, un quart de l'ordre de la noblesse et la moitié de l'ordre du tiers ;

3° Que les Etats provinciaux soient établis dans chaque province sur les mêmes principes, et que l'on donne à chaque province le même *arrondissement* ;

4° Que chaque province soit divisée en autant de districts qu'il sera jugé convenable pour le service, et que chaque district ait sa commission intermédiaire qui corresponde directement avec la caisse nationale ou le trésor royal, pendant l'intervalle d'une tenue à l'autre des Etats provinciaux ; lesquelles tenues d'Etats provinciaux s'ouvriront tous les ans le premier jour d'octobre, s'il n'est pas fête ou dimanche, auquel cas, elle serait remise au premier jour ouvrable, et ce, dans toute l'étendue de l'Empire ;

5° Que chaque district soit composé de 20 à 30 paroisses, que chaque paroisse ait son bureau municipal, formé de membres librement élus en assemblée générale de la paroisse, et que ce bureau soit chargé de l'assiette de l'impôt, et de sa perception, ainsi que de la police, du contrôle et de la légalité des actes qui auront été passés dans l'étendue de son territoire, pour du tout s'entendre, correspondre et compter avec son district ;

6° Que pareillement les villes soient divisées en districts dans la proportion de leur étendue et de leur population ; que chaque district ait son bureau municipal, formé dans les mêmes principes que ceux des campagnes, et que ces bureaux correspondent avec l'hôtel de ville, duquel ils relèveront directement, comme icelui hôtel de ville devra relever de la commission intermédiaire, sur le territoire de laquelle il sera situé, et correspondre et compter avec elle ;

7° Toutes ces assemblées seront élémentaires l'une de l'autre, et se renouvelleront tous les ans par tiers ;

8° Nous désirons la permanence des États généraux, ou au moins leur retour tous les lustres, le premier mai, s'il n'est pas dimanche ou fête, ou le premier jour qui suivra la fête ou le dimanche ;

9° Dans le cas où le retour des États généraux ne serait que périodique, nous désirons que la loi statue sur la forme de leur convocation et sur l'élection, de manière que l'appel du peuple soit toujours général ; il est nécessaire et naturel que la masse de la nation concoure à l'élection de ses députés *à l'Assemblée nationale ;*

10° Que dans l'intervalle d'une tenue d'États généraux à l'autre (puisque la législation sera morte par l'absence de la deuxième puissance qui y concourt), la loi restera seule la mesure de tout pouvoir et de toute autorité, elle sera le pivot et la boussole du gouvernement et de l'administration ;

11° Le roi sera seul revêtu de la plénitude du pouvoir exécutif ; et si dans l'intervalle d'une tenue d'États à l'autre, les circonstances exigeaient la promulgation d'une nouvelle loi, le roi la fera dans sa sagesse et l'enverra aux Cours pour y être enregistrée et publiée ; mais de pareilles lois ne seront jamais que provisoires, et ne deviendront constitutionnelles que par le consentement des États généraux ;

12° Nous demandons mêmes coutumes, mêmes poids et

mesures dans toute l'étendue de la monarchie... la liberté de la terre comme des personnes; et qu'il soit permis d'offrir et de faire le remboursement des droits féodaux et autres, d'après une juste évaluation à dire d'experts. Que tous les péages et banalités et autres droits ruineux et à charge à l'agriculture et au commerce soient absolument détruits, et les barrières reculées aux frontières du royaume;

13° Nous pensons que les biens de l'Eglise sont *la propriété* de l'Etat, puisque l'Eglise est dans l'Etat, et qu'elle y est parce qu'elle le veut; en conséquence, pour introduire une bonne administration dans les revenus des biens de l'Eglise, nous estimons qu'il serait bon d'ôter aux ministres des autels l'administration des biens de l'Eglise, pour la remettre aux mains de leurs administrateurs naturels, les Etats provinciaux:

On verrait à quelles sommes montent les revenus des biens ecclésiastiques, et on en ferait la répartition aux ministres, en proportion de leurs rangs et de leurs services. Le surplus serait réparti aux divers hôpitaux des provinces pour subvenir aux besoins des pauvres, et ces biens iraient par là à leur véritable destination; on supprimerait la dîme ecclésiastique, qui ne doit certainement son existence qu'à la charité des fidèles qui ont voulu, dans les premiers temps de l'Eglise, pourvoir à l'entretien de leurs pasteurs par une portion en nature des fruits de leurs domaines: dans ce cas, l'Etat devrait se charger de la liquidation des dettes du clergé;

14° Si les revenus des biens de l'Eglise sont suffisants pour subvenir à toutes les dépenses du culte, et qu'il y ait encore un surplus pour les pauvres, pourquoi laisser subsister sur les peuples le fardeau de la dîme?

15° Nous désirons aussi qu'il soit donné aux Etats provinciaux l'administration des biens de la Couronne; que les régies soient supprimées, ainsi que les compagnies et privilèges excessifs, qui ne visent qu'à la ruine de l'Etat pour faire leur bien particulier;

16° Que l'agriculture et le commerce soient déclarés absolument libres ;

17° La suppression des impôts aujourd'hui subsistants, et leur remplacement par un seul et même, sous la dénomination de subvention territoriale, lequel sera perçu en nature sur les fonds qui en produiront, et par évaluation sur ceux qui n'en produiront point ;

18° Comme les Etats provinciaux nous tiendront lieu de tout, il en résultera une épargne considérable pour la nation ;

19° Nous désirons encore que rien d'extraordinaire ne puisse s'entreprendre dans l'étendue de la juridiction des bureaux municipaux, soit de la campagne, soit de la ville, sans le consentement desdits bureaux, ou de qui il appartiendra ; de plus nous estimons qu'un dixième des fruits de la terre, prélevé en nature, sera plus que suffisant pour subvenir à la dépense annuelle et nécessaire aux besoins de l'Etat, tels qu'ils soient, et qu'il y aura bonne somme de reste, tous les ans, laquelle ajoutée aux extinctions viagères fournira un fonds d'amortissement pour les rentes perpétuelles ; par là, la dette de l'Etat se libérera, et l'on sera à même de diminuer la subvention et de ne la porter qu'à 1/15, 1/20, 1/25, etc.; enfin la portion qui sera jugée nécessaire aux besoins de l'Etat.

Au surplus, nous nous en rapportons à tout ce qui sera décidé par les Etats généraux, et nous finissons par demander, pour le bien général, que la loi soit si claire et si précise qu'elle ne laisse aucune équivoque, qu'elle exprime les *droits* et *les devoirs* des personnes ; que les Cours ne puissent la modérer ni l'interpréter ; que tous les individus du royaume indistinctement y soient sujets.

DEMANDES PARTICULIÈRES.

1° Attendu que la paroisse de Ville-d'Avray est située sur les plaisirs de S. M. et que les champs sont considérablement dévastés par le gibier, les habitants, pour la préserver notamment des bêtes fauves, demandent qu'il soit établi un mur, à prendre de l'encognure des jardins de la Ronce, du côté de l'Etang-Neuf, et se continue en droite ligne aux champs de la Source, que les bois qui se trouveront en dehors des murs soient arrachés, et que le terrain soit donné à rente ou vendu aux habitants ;

2° Notre territoire, depuis dix ans, se trouve tellement circonscrit que nos bras restent oisifs, faute de terrain à cultiver, par la quantité d'enclos qui ont été faits ; nous demandons notamment qu'il ne soit plus permis de faire aucune clôture sans la permission préalable de la paroisse ;

3° Nous supplions que tout le terrain qui avoisine les étangs jusqu'au pied de la butte de Picardie soit abandonné à la paroisse de Ville-d'Avray, à titre de communs ; qu'il soit permis aux blanchisseurs, qui forment une forte partie du commerce de la paroisse, de pouvoir étendre leur linge dans le voisinage des étangs ;

4° Les habitants demandent la destruction des capitaineries et du gibier.

A Ville-d'Avray, 14 avril 1789.

Coté et paraphé par nous commissaire délégué ce-jourd'hui.

LEROY.

Domain fils, délégué, paraît avoir rédigé le cahier. A l'art. 10, on lit *Assemblée nationale*. Nous trouverons cette dénomination dans plusieurs cahiers.

III

CAHIER DE SÈVRES

Le procès-verbal de convocation est écrit et non imprimé, mais M° Rouvaux, commissaire de police, délégué pour présider la réunion, devait avoir sous les yeux un modèle imprimé, car il reproduisait textuellement les formules du modèle. On trouve 39 signatures sur le cahier, dont 30 bonnes; on lit seulement 29 noms d'électeurs sur le procès-verbal d'élection. Cependant la paroisse comprenait 750 feux, ce qui représentait une population de 3,200 habitants environ. La paroisse déléguait pour sa population 8 députés à l'assemblée du bailliage. Voici leurs noms : Legry, Rabilly, Coupin, Cordier, Sebin, Cotin, Rosset et M° Rouvaux, le président. Par les quelques additions qui ont été mises à la marge, on constate parfaitement que ce long cahier était écrit et ordonné avant d'avoir été apporté dans le lieu de la réunion. En tête du procès-verbal, on lit : Aujourd'hui 16 avril 1789, en l'assemblée convoquée au son de la caisse, *à défaut de la cloche, le clocher étant démoli*, sont comparus en l'église paroissiale :

> Jean-François Legry, marchand de bois.
> Louis-Antoine Feuché, vigneron.
> Simon Rabelly, maître de pension.
> Claude Coupin, marchand de fer.
> Jean-Claude Sebin, menuisier.
> Louis Cordier, marchand de vin.
> Jean-François Devillié, marchand de vin, aubergiste.
> Jean-Jérôme Buard, vigneron.
> Jean-Baptiste Desailly, vigneron et charcutier.
> Pierre Feuché, vigneron.
> Charles Penard, charron.
> Henri Dubillion, vigneron.
> Louis-Pierre Cuzin, perruquier.
> Antoine Caton, chef des peintres à la manufacture de porcelaine de Sèvres.
> Jacques Fontaine, peintre.
> Antoine Bonastre, chirurgien.
> Etienne-Jean Chabry, épicier.
> Charles-Antoine Joly, tourneur en bois.
> Jacques Regnault, aubergiste.
> Pierre-Joseph Rosset, peintre.
> Pasquier, perruquier.
> Louis Pétion, perruquier.
> G. Hocquiny, pâtissier-traiteur.
> Denis Claude, vigneron.
> Jacques-Charles Feuché, vigneron.
> Jacques-François Besse, vigneron.
> Joseph-Antoine Lewerec, serrurier.
> François Leroux, pâtissier-traiteur.
> Etienne-Denis Levé, peintre.

On ne voit pas sans étonnement huit vignerons dans cette petite liste ; en général, les signatures sont bonnes et annoncent des mains exercées. Quant au cahier de doléances, il a été écrit par Coupin, marchand de fer, ou par Regnault, aubergiste.

Cahier des doléances, remontrances et instructions de l'assemblée du tiers état de la paroisse de Sèvres.

Le tiers état de la paroisse de Sèvres, assemblé dans la forme prescrite par les art. 24 et 25 du règlement fait par le roi, pour l'exécution de la lettre de convocation de S. M. pour les Etats généraux de ce royaume, du 24 janvier de la présente année, par-devant Me Henri Rouvaux, commissaire de police du bailliage royal de Versailles, pour la résidence de Sèvres, nommé par M. le bailli de ladite ville, le 11 du présent mois, pour présider à ladite assemblée, suivant son ordonnance dudit jour,

Croit, avant de s'expliquer sur les articles des doléances, remontrances et instructions qu'il se propose d'établir, devoir se livrer au vœu pressant de son cœur, qui est de donner au roi des témoignages de sa reconnaissance et de son amour, en chargeant les députés de cette paroisse de se réunir aux autres députés du bailliage de Versailles, de ceux de la province de l'Ile-de-France et aux autres députés des communes du royaume, et enfin aux autres députés des deux premiers ordres de l'Etat, si, comme ils l'osent espérer, l'objet de cette invitation leur est agréable, pour charger l'orateur du tiers état ou celui des trois ordres de supplier S. M. d'agréer et de recevoir de la nation un surnom digne des qualités éminentes d'un si grand monarque, qui caractérise spécialement ses vertus patriotiques : c'est-à-dire le *Père du peuple et régénérateur de la France;* que cet acte de patriotisme et d'amour du souverain pour ses sujets soit transmis à la postérité par un monument suffisant pour éterniser l'importance de cet évènement, et imprimer dans le cœur des Français, et même des nations étrangères, l'unité des sentiments de respect dont cette assemblée est pénétrée pour son souverain.

Art. 1er. — Le tiers état demande qu'à la prochaine assemblée des Etats généraux les voix soient prises par tête et non par ordre.

Art. 2. — Qu'ils soient assemblés périodiquement tous les trois ans ou tous les cinq ans au plus tard, et qu'à eux seuls appartienne de statuer avec le roi, sur les besoins de l'Etat, de faire des lois et d'établir des impositions.

Art. 3. — Que *la Nation assemblée* examine à fond la dette de l'Etat, et de quelle manière elle s'est si subitement accrue, afin d'aviser au moyen de l'acquitter.

Art. 4. — Que tous les ministres des différents départements de l'Etat rendent à la nation un compte fidèle de leur administration, toutes fois et quantes la nation le requerra.

Art. 5. — Qu'il soit établi une caisse nationale et qu'elle demeure toujours sous la direction de la nation.

Art. 6. — Qu'aucun membre du clergé ne soit appelé aux emplois du ministère, ni de l'Etat, attendu que sa vocation ne l'appelle qu'au spirituel et non au temporel.

Art. 7. — Que les fermes, dénommées sous le titre de fermes du roi, soient abolies, et les fermiers généraux supprimés et cités devant *la Nation assemblée*, pour y rendre compte de leur conduite dans l'administration desdites fermes.

Art. 8. — Que les aides soient anéanties comme mettant trop d'entraves au commerce, et attendu que le public est trop maltraité par les personnes qui en ont la direction, et par les commis qui en remplissent les exercices.

Art. 9. — Que la gabelle soit aussi abolie, étant hors de la conception humaine qu'une denrée de si peu de valeur dans son principe soit vendue aussi cher.

Art. 10. — Que les tailles, capitations, impositions militaires, corvées, vingtièmes, la ferme du tabac, les traites de l'intérieur du royaume, la marque des cuirs, papiers, cartons et autres impositions de cette nature, soient également supprimées comme trop onéreuses au peuple.

Art. 11. — Que les Etats généraux prennent en considération et examinent si un subside en argent, perçu sur toutes les propriétés foncières, indistinctement et proportionné à leur produit, n'est pas suffisant pour remplir tous ces impôts désastreux qui ruinent le cultivateur et le commerce, augmentent la fortune des traitants et produisent peu dans la caisse de l'Etat (la majeure partie de tous les impôts ci-dessus étant consommée) par les frais de régie et de perception), et par une capitation perçue sur les capitalistes, banquiers, commerçants, rentiers, artisans et autres, qui ne tiennent à aucune corporation, et enfin par un impôt sur les effets royaux relatifs aux emprunts, lequel obligerait ceux qui ont toute leur fortune dans un portefeuille, de participer aux charges de l'Etat.

Art. 12. — Que le contrôle des actes se perçoive indistinctement par tout le royaume, même sur les actes des notaires de Paris; mais que la perception soit plus juste, que les droits soient moins considérables : le contrôle n'ayant été établi, dans son origine, que pour donner une date certaine aux actes, et l'impôt uniquement destiné au salaire des commis employés à cette perception.

Art. 13. — Qu'il soit dressé un nouveau tarif invariable des droits de contrôle, centième denier, d'insinuation et de scel, dans lequel le contrôle des actes soit modifié; les contrats et les citoyens seront classés de manière à ne plus prêter à l'arbitraire; que ce tarif soit déterminé, quant au contrôle et à l'insinuation, sur les sommes et quotités; que les quittances ne donnent plus d'ouverture à un droit aussi considérable que l'acte constitutif de la créance; qu'il soit déterminé sur quelles sentences le droit de scel sera à percevoir et la quotité du droit.

Qu'il ne sera plus perçu de droit du centième denier sur

les démissions de biens faites par père et mère à leurs enfants, ni d'insinuations sur les donations faites par père et mère à leursdits enfants, en avancement d'hoirie, ni encore d'insinuations sur les pensions constituées par les enfants à leur père et mère, ni sur les reversibilités consenties par les enfants ou autres, d'une rente ou pension d'un mari à une femme, ou d'une femme à un mari ; que toute interprétation du tarif soit défendue à peine de concussion ; que le tarif soit imprimé et affiché, en caractères très lisibles aux frais du gouvernement, dans toutes les villes, bourgs, bureaux de contrôle et études de notaires, afin que chacun puisse en avoir une parfaite connaissance ; que toute recherche ultérieure pour raison des droits résultants des actes et sentences soit interdite, sous tel prétexte que ce puisse être, toutes les fois que les actes auront été portés au contrôle et le droit payé.

Art. 14. — Que la connaissance de l'exécution du tarif appartienne aux juges ordinaires, lesquels rendront leurs jugements sur de simples mémoires écrits sur papier libre, sans frais ni amende, sauf l'appel qui s'instruira de la même manière, aussi sans frais ni amende.

Art. 15. — Que les impôts ou subventions royales soient réparties également sur toutes les propriétés et supportées également par les trois ordres, suivant leurs classe, valeur et rapport, sans aucune distinction de propriétaire et tous privilèges pécuniaires, de quelque nature qu'ils soient, relatifs à l'exemption des impositions et charges publiques, irrévocablement supprimés.

Art. 16. — Que tous les négociants, fabricants, artistes, etc., soient imposés suivant le produit et bénéfice de chaque classe de commerçants.

Art. 17. — Que toute personne puisse faire le commerce sans déroger à la naissance, charge, grade, etc., excepté le roi, les princes du sang, généraux et lieutenants des armées en exercice de leurs emplois, ministres de l'Etat, membres du clergé, ni aucun des juges des tribunaux du royaume, excepté les juges consulaires.

Art. 18. — Que les domaines de l'Etat soient rendus aliénables. Il serait même avantageux qu'ils fussent tous vendus, vu qu'ils coûtent presque autant de frais de régie qu'ils produisent de revenu au roi, et qu'étant devenus biens ou propriétés des particuliers, ils paieraient à l'Etat la subvention qu'ils ne paient point au roi.

Art. 19. — Qu'aucun ministre de l'Etat ne puisse aliéner ni échanger aucun domaine de l'Etat, sans le consentement de la nation.

Art. 20. — Que les douanes du centre du royaume soient supprimées, et qu'on n'en laisse subsister qu'aux entrées du royaume seulement.

Art. 21. — Que le commerce soit libre dans toute l'étendue du royaume et sur toutes marchandises quelconques.

Art. 22. — Que toutes les manufactures quelconques soient considérées et encouragées par la nation : ce qui est un point important pour les faire revivre.

Art. 23. — Qu'il soit mis de gros impôts sur toutes marchandises fabriquées venant de l'étranger et qui entreront dans le royaume, et de légers sur celles qui y seront apportées dans leur première nature, c'est-à-dire sans aucun degré de fabrication.

Art. 24. — Que la liberté et la propriété de tous les citoyens soient respectées par toutes les personnes, même par le souverain régnant ; qu'en conséquence la liberté personnelle ne puisse être violée en aucun cas ; qu'il ne puisse être à la volonté des ministres ni de qui que ce soit, d'en priver le citoyen, et qu'il soit préalable de faire ordonner la détention d'un accusé par un juge ordinaire et non par un juge d'attribution ; que dans le cas de flagrant délit, le délinquant arrêté soit constitué prisonnier ; mais qu'il ne puisse être retenu qu'autant qu'il sera prouvé que le délit par lui commis tendra à peine afflictive, auquel cas, son procès sera instant dans le temps le plus bref, et il lui sera accordé un conseil; comme aussi que nul ne pourra s'emparer de l'héritage du citoyen, soit pour faire un chemin, une route ou autre chose d'agrément, au préjudice du propriétaire, même sous le prétexte d'ordre du roi, de son service ou du bien public, sans, dans ces derniers cas, en avoir fait faire une estimation dans la forme qui sera indiquée par les Etats généraux, en présence du propriétaire, ou lui dûment appelé, et sans lui en avoir remboursé l'estimation franche et exempte de tous droits, même des frais de quittance, que l'on exige du propriétaire, souvent au bout de dix ans de possession, et après l'avoir fait attendre après son paiement pendant un si long espace de temps.

Art. 25. — Que toutes les capitaineries des chasses du roi, des princes et seigneurs quelconques, soient abolies, et que tout propriétaire soit libre de cultiver et dépouiller à volonté toutes ses propriétés.

Art. 26. — Qu'il soit établi dans chaque département des provinces, des magasins de grains pour le public, sous la direction des assemblées provinciales.

Art. 27. — Qu'il ne soit permis de faire l'exportation des grains et autres denrées et productions du royaume que lorsque la nation l'aura décidé, et qu'elle aura prescrit la quantité de denrées qui peuvent être exportées hors du royaume, sans que dans aucune province il en soit ressenti aucun effet de la disette.

Art. 28. — Que les poids, mesures et jauges soient uniformes par tout le royaume : le défaut d'uniformité étant le plus souvent la cause de contestations ruineuses, et si faire se peut, qu'il n'y ait aussi qu'une même loi, une même coutume et un même usage pour toutes prières, catéchisme, instructions chrétiennes.

Art. 29. — Que le tirage de la milice soit aboli comme attentatoire à la liberté des citoyens, en enlevant aux campagnes les cultivateurs et aux père et mère le soutien de leur vieillesse ; et d'ailleurs n'étant plus aujourd'hui qu'un objet de commerce très productif aux intendants des provinces et ruineux pour le peuple.

Art. 30. — Qu'il soit établi dans chaque province des États provinciaux érigés ou organisés dans la même forme que ceux du Dauphiné.

Art. 31. — Qu'il ne soit accordé aucun arrêt de surséance ou lettre de répit aux commerçants, et encore moins aux gens qui font profession de surprendre la bonne foi publique, et trouvent leur salut dans ces sortes d'arrêts ou lettres.

Art. 32. — Que tous droits de servitude, banalité de four, de moulin, droits de main-morte et autres de ce genre, soient supprimés comme contraires au bonheur et à la liberté du peuple, étant à charge à la classe la plus pauvre.

Art. 33. — Que les privilèges qui ont pour objet l'attribution de juridiction, tels que celui des bourgeois de Paris, des commensaux de la maison du roi, et ceux connus sous le nom de scel du Châtelet, garde-gardienne, *committimus* au grand et petit sceau, et autres, de quelque qualité et dénomination qu'ils puissent exister, soient irrévocablement supprimés, ainsi que l'usage des évocations et le droit de suite, que prêtent les officiers du Châtelet, comme contraires au bon ordre, tendant à la ruine des citoyens, facilitant les vexations des gens titrés ou puissants, dépouillant le cultivateur et tout citoyen du droit qu'il a d'être jugé par son juge naturel et territorial, enfin contraires au bonheur du peuple et à la prospérité de l'État.

Art. 34. — Que toutes rentes foncières non rachetables, rentes foncières et seigneuriales et tous droits seigneuriaux quelconques, autres toutefois que le simple cens, lods et ventes, quint et requint, et autres auxquels les mutations donnent ouverture, soit qu'ils appartiennent au roi, au clergé, aux fabriques, aux hôpitaux, aux communautés séculières et régulières, aux seigneurs, aux propriétaires de fiefs ou autres, soient à toujours rachetables à la volonté des débiteurs, au principal qui sera arbitré par les États généraux.

Art. 35. — Que tous archevêques, abbés, abbesses, chanoines, chanoinesses, etc., seront tenus de rester pendant tout le cours de l'année dans leurs diocèses, abbayes et lieux de leurs bénéfices.

Art. 36. — Que le dédale des codes civil et criminel soient refondus par la nation, et que ces codes soient rétablis dans des bornes moins équivoques et plus concises; qu'après avoir puisé dans des codes anciens, romains et autres ce qui sera jugé nécessaire pour la formation des nouveaux, ils ne soient plus cités dans aucuns tribunaux du royaume.

Art. 37. — Que tout citoyen soit jugé par ses juges naturels.

Art. 38. — Que la nation limite le terme de la procédure de tous procès quelconques, et de quel genre qu'ils puissent être.

Art. 39. — Que tous procès, qui maintenant sont pendants dans tous les tribunaux du royaume, soient jugés définitivement dans le cours d'une année, à compter de la décision qui sera prononcée par les Etats généraux.

Art. 40. — Que l'immensité des degrés de juridiction soit supprimée, et qu'il ne soit admis que deux degrés.

Art. 41. — Que tous citoyens capables de plaider leurs causes, soient dispensés de se servir du ministère des avocats et procureurs dans tel tribunal que ce puisse être.

Art. 42. — Que toutes les charges publiques cessent d'être vénales et soient données sans distinction, excepté le clergé, aux personnes qui seront reconnues les plus capables, tant par les mœurs que par les talents, d'en remplir les fonctions.

Art. 43. — Que toutes juridictions seigneuriales soient supprimées et l'administration de la justice, par tout le royaume, remise aux mains du roi.

Art. 44. — Que tous les tribunaux d'exception et d'attribution, tant en première instance qu'en dernier ressort, en matière civile, criminelle et d'impôts, à l'exception néanmoins des juridictions consulaires dans les villes qui l'exigent, soient aussi supprimés, et les finances remboursées par l'Etat.

Art. 45. — Qu'il n'y ait dans chaque ville ou bourg considérable, qu'un seul et unique tribunal ayant la connaissance de toutes les matières possibles, comme de celles de commerce dans les lieux où il n'y aura pas de juridiction consulaire établie, et qu'il soit composé d'un nombre de juges et d'officiers proportionné à son étendue, en y joignant au moins un commerçant, choisi annuellement parmi les gens de commerce.

Art. 46. — Que toutes les charges de judicature et de finance, même des chancelleries, conférant la noblesse, soient supprimées.

Art. 47. — Que le nombre des notaires, procureurs et huissiers, soit réduit dans la proportion des besoins de son arrondissement.

Art. 48. — Qu'il soit avisé au moyen de prévenir les frais et la longueur des procédures, et que tous les droits qui se perçoivent sur les actes de justice contentieuse, et qui en augmentent considérablement le coût, tels que les droits de représentation, défauts et congés, droits réservés, de huit sols pour livres, d'émoluments, contrôle, tiers, contrôles de dépenses, dommages et intérêts, et autres droits de cette nature, autres toutefois que le droit de scel, soient supprimés.

Art. 49. — Que toutes loteries soient supprimées, comme étant une ressource indigne d'un Etat policé, qui entraînent la ruine et le déshonneur de beaucoup de familles.

Art. 50. — Que la nation établisse des hôpitaux et maisons de charité dans le royaume où il en sera besoin, afin d'y recevoir les pauvres malades, et y retirer tous les mendiants qui pullulent dans le royaume.

Art. 51. — Que le préjugé injuste qui déshonore la famille d'un criminel soit aboli par la nation.

Art. 52. — Qu'il soit permis à tout citoyen de communiquer ses idées à ses compatriotes par la voie de l'impression, en signant ses productions et indiquant sa qualité et demeure.

Art. 53. — Qu'il soit libre d'établir dans le royaume toute correspondance, étant contre tout principe que les secrets d'une famille, confiés à la poste, soient violés.

Art. 54. — Que la caisse de Poissy soit supprimée. Les Etats généraux sont suppliés de prendre en considération que cet impôt a été établi en 1743 pour subvenir aux besoins de la guerre, qu'il a été supprimé en 1776, et a été rétabli depuis, et se perçoit dans les marchés de Sceaux et de Poissy; que c'est un impôt ruineux pour les consommateurs, et désastreux pour la liberté du commerce de la boucherie; qu'il n'y a pas de branche de commerce chargée comme l'est le commerce de la viande; les entrées de Paris, pour cette espèce de marchandise, sont inappréciables; la régie des cuirs et des peaux de veaux et moutons produit 70 millions; les tailles et impositions accessoires que paient ceux qui font les élèves des bœufs, ceux qui se tirent sur ceux qui ont des herbages et en font des engrais, sur les bouchers qui les tuent, sur les tanneurs, corroyeurs, mégissiers, peaussiers qui en fabriquent les cuirs et peaux; sur les manufactures qui emploient les laines; les selliers, bourreliers, cordonniers qui en font l'emploi; les fondeurs, les chandeliers, relativement aux suifs; en sorte qu'un bœuf qui est vendu sur le marché 300 livres, produit en impôts le même prix de sa vente, lorsqu'il se trouve entièrement consommé.

Art. 55. — Que pour suppléer au défaut actuel de l'espèce, les fermiers et laboureurs soient obligés de faire l'élève d'un veau mâle par chaque charrue par an; cette précaution mettra les marchands forains des provinces de Normandie, du Cottentin et pays du Maine, à portée d'acheter, les génissons pour en faire des élèves de bœufs dans leurs pays, et rétablira l'espèce détruite par la rareté et cherté des fourrages, que les dernières années de sécheresse ont causées.

Art. 56. — Qu'il soit défendu, pendant tout le temps qui sera fixé pour le rétablissement de l'espèce des bestiaux de consommation, aux bouchers de Paris, de Versailles et des environs de tuer des agneaux (viande qui ne tient pas lieu de nourriture et de laquelle il se tire au moins 30,000 chaque année, depuis Noël jusqu'à la Pentecôte) cette précaution formerait en moins de deux ans des moutons de 30 à 40 livres pesant, et les suifs et laines : c'est le moyen, en moins de trois ans, de faire jouir le public d'une diminution du tiers du prix auquel la viande est portée aujourd'hui, et le pauvre pourra s'en nourrir ainsi que le riche.

Art. 57. — Que le commerce du vin soit interdit aux suisses et portiers des maisons royales, qui ne paient aucun impôt, et qui d'ailleurs sont gagés, logés, habillés, chauffés, éclairés par le roi et les seigneurs, au service desquels ils sont.

Art. 58. — Que la paroisse de Sèvres est chargée actuellement de 600 francs pour la garde du territoire, ce qui augmente d'autant plus ses impositions ; que, pour éviter ce genre d'impositions, S. M. est suppliée de faire clore la garenne de Sèvres et celle de Ville-d'Avray, ce qui serait très peu dispendieux.

Art. 59. — Que défenses soient faites aux trésoriers de France de s'immiscer en façon quelconque dans la police et la grande voirie de Sèvres, soit relativement aux alignements concernant les constructions, ou tout autrement, et que ce droit soit déclaré appartenir à M. le bailli de Versailles seul, comme juge territorial.

Art. 60. — Que les peines afflictives et infamantes soient les mêmes pour les nobles, le clergé et le tiers état.

Art. 61. — Qu'il soit établi dans la paroisse de Sèvres un marché public déterminé à un jour de la semaine, attendu la grande population du village ; et ce, sans avoir égard à ceux qui peuvent être établis dans les endroits voisins, non plus qu'aux étapes.

Art. 62. — Que les annates, qui se paient à la cour de

Rome, et qui font sortir beaucoup d'argent du royaume, soient supprimées.

Fait et arrêté en ladite assemblée, cejourd'hui 16 avril 1789.

(Suivent les signatures).

Ces 62 articles embrassent assurément une foule de questions, et quelques-unes sont traitées avec beaucoup de clarté; la rédaction est sobre en détails.

Cependant, il faut croire que le temps a fait défaut aux électeurs chargés de composer le cahier; on désirerait une classification plus rigoureuse; les articles se succèdent sans avoir assez de relation les uns avec les autres; une division en trois ou quatres chapitres aurait permis de saisir plus facilement l'ensemble d'un exposé fort curieux et représentant plusieurs des côtés de la vie rurale sous l'ancien régime.

IV

CAHIER DE MONTIGNY

Cahier de doléances que les habitants de la paroisse de Montigny chargent leurs députés de présenter pour eux en l'assemblée qui se tiendra le 18 avril 1789, devant M. le bailli de Versailles, pour être ensuite présenté et remis en l'Assemblée des Etats généraux.

Art. 1er. — Les habitants de la paroisse de Montigny-le-Bretonneux demandent qu'il soit procédé à la simplification et réduction des impôts directs et indirects dont ils sont accablés, à l'égalité de répartition entre les citoyens des trois ordres, sans distinction de rang, de prérogatives et sans exemption.

Art. 2. — Que l'assiette, répartition et perception des impôts ou des subsides arrêtés par le souverain et la nation appartiennent, à l'exclusion de tout agent du fisc, à des Etats provinciaux ou d'arrondissement composés de membres des trois ordres, librement élus par les habitants des dites provinces ou arrondissements ; qu'ils soient également chargés de la confection des chemins et de tous les détails de l'administration, et que ces Etats provinciaux ou d'arrondissement soient tellement constitués et organisés qu'il résulte de leur influence en matière de subsides et de toute autre partie d'administration, qui leur sera confiée, liberté, justice et allègement pour eux, le peuple et l'universalité des citoyens; en conséquence, que les intendants ou commissaires de police départis, et subdélégués soient supprimés, ainsi que les receveurs généraux et particuliers des finances; au remplacement desquels lesdits Etats pourvoiront par des receveurs à leur choix.

Art. 3. — Que toute taille personnelle et industrielle soit abolie, comme attentatoire à la liberté naturelle du citoyen français, soumis aujourd'hui à tous les genres de contributions, comme nuisible à l'activité et à l'extension du commerce.

Art. 4. — Que l'*Assemblée de la nation* s'occupe de la suppression des impôts désastreux de la gabelle et de ceux des aides, comme donnant lieu à une foule de vexations connues sous la dénomination de *trop bu*, du *sol anglais*, etc., et à une infinité de procès ruineux pour le peuple, victime de la cupidité et de la tyrannie exercée par des suppôts de régisseurs avides; et qu'il soit avisé au remplacement de ces impôts par des subsides faciles à percevoir, et qui soient payés à raison de la fortune et de l'étendue de la consommation.

Art. 5. — Suppression de la milice.

Art. 6. — Que la corvée en nature demeure à jamais supprimée; que la prestation en argent qui lui a été substituée soit modérée, et qu'elle soit supportée à l'avenir par tous les propriétaires à proportion de leurs revenus, seulement à l'égard des grandes routes et grands chemins de communication de villes à autres; et pour ce qui regarde les chemins vicinaux, appelés chemins de 3ᵉ classe, en proportion du degré d'intérêt qu'ils auront à la confection desdits chemins; qu'il soit obvié à l'inconvénient de l'application arbitraire d'une seule province ou district de la totalité des contributions de plusieurs provinces, et examiné s'il ne serait pas convenable, en observant les règles d'une juste proportion, à cet égard, aux lieux et aux circonstances, d'employer exclusivement les fonds perçus dans chaque province ou arrondissement, à la construction et réparation des routes et chemins qui les traversent.

Les habitants de Montigny n'ignorent pas que dans diverses généralités, notamment dans celle de l'Ile-de-France, il existe des exemples frappants d'un pareil abus, qui a donné lieu aux plus fortes réclamations de la part des habitants des cantons privés des communications les plus intéressantes.

Art. 7. — Que les cantons de la capitainerie de Saint-Germain-en-Laye, appelés cantons de réserve, dans lesquels se trouve comprise, hors le parc de Versailles, moitié de Montigny, soient supprimés, ainsi que tous règlements arbitraires faits pour la conservation et augmentation du gibier dans ces sortes de cantons; qu'aucun particulier domicilié ne puisse être soumis, pour fait de chasse dans lesdits cantons, à une peine corporelle; que les amendes soient toujours modérées, suivant la nature du délit et les facultés des personnes.

Que les députés proposent à l'Assemblée de la nation de prendre en considération les abus innombrables qui résultent des procès-verbaux des gardes, crus sur leur simple affirmation.

Qu'il soit permis aux propriétaires ou fermiers de faucher leurs prés naturels ou artificiels, et d'arracher en tout temps dans leurs champs les chardons et autres herbes.

Qu'ils ne soient plus assujettis après la récolte à garnir d'épines et à leurs frais les terres dépouillées.

Qu'il ne puisse être établi indifféremment dans les terres, des garennes ou buissons, sans qu'il soit accordé aux propriétaires une indemnité proportionnée à la valeur intrinsèque et au produit dont lesdites terres sont susceptibles.

Que la majeure partie de ces buissons plantés en bois qui n'a aucune valeur soient arrachés; attendu qu'en favorisant la multiplication des lapins, ils préjudicient aux cultivateurs, sans profiter au roi; et que le terrain soit défriché et remis en culture.

Art. 8. — Que le roi soit supplié d'ordonner dans le parc de Versailles la destruction du lapin, et que la quantité énorme de lièvres, perdrix, faisans, soit considérablement diminuée, ainsi que le nombre des bêtes fauves, dans les forêts de S. M., qui bordent le territoire de Montigny, et, attendu que les bois appelés *ceinture* offrent au gibier une retraite suffisante, que toute retraite quelconque soit détruite.

Art. 9. — Que le roi soit pareillement supplié de n'ordonner de chasse qu'après l'entière récolte des foins et grains de toute espèce ; qu'en conséquence il soit défendu, sous les peines les plus rigoureuses, à toutes les personnes de quelques conditions qu'elles soient, d'oser, sous prétexte d'une permission du roi ou de son capitaine des chasses, chasser dans le parc ou autres cantons des plaisirs de S. M. avant et pendant le temps des récoltes.

Art. 10. — Que les gardes, au mépris des droits de la propriété, des ordonnances de nos rois et des eaux et forêts, ne puissent à l'avenir se prévaloir de leurs titres pour faire pâturer par leurs bestiaux ou par ceux des personnes auxquelles ils en confient la garde, les bois taillis, tant qu'ils seront défensables.

Art. 11. — Que ceux qui ont droit d'avoir des pigeons soient tenus de les tenir enfermés dans leurs colombiers.

Art. 12. — Que la dîme, qui se perçoit dans l'étendue de la paroisse de Montigny, à raison de huit gerbes par cent, tandis que dans les autres paroisses qui l'avoisinent, elle ne se perçoit qu'à raison de quatre gerbes par arpent, soit réduite au même taux.

Art. 13. — Que toutes les dîmes vertes, ensemble celles des basses-cours, soient supprimées.

Art. 14. — Qu'il soit permis aux habitants de la paroisse de Montigny de faire pâturer leurs bestiaux sur les territoires des paroisses voisines, comme les habitants des paroisses voisines font pâturer leurs bestiaux sur la paroisse de Montigny ; ou qu'il soit défendu à tous les habitants de faire pâturer leurs bestiaux ailleurs que sur le territoire de leur paroisse.

Art. 15. — Qu'il soit permis à tous les habitants de la paroisse de Montigny d'aller cueillir et couper dans les bois les herbes qui y croissent, pour la nourriture de leurs bestiaux.

Art. 16. — Que les curés soient tenus de résider habituellement dans leur presbytère, ou, lorsqu'ils s'absentent, qu'ils soient tenus de se faire remplacer par un vicaire qui résidera dans le même presbytère.

Art. 17. — Qu'il soit ordonné que dans toutes les paroisses les heures des grand'messes et offices divins soient fixées d'une manière invariable, si ce n'est pour des cas extraordinaires.

Art. 18. — Que les chirurgiens destinés à exercer dans les campagnes passent par les mêmes épreuves et subissent les mêmes examens que ceux qui se destinent à exercer dans les villes.

Art. 19. — Qu'il soit défendu aux ordres mendiants de recevoir et faire des novices, afin d'opérer leur suppression totale.

Voici le début du procès-verbal de la convocation :

Aujourd'hui 14 avril 1789 sont comparus dans l'auditoire de ce lieu, par devant nous M° François Benoist, avocat en Parlement, prévost, juge civil, criminel et de police de la prévôté de Montigny-le-Bretonneux, pour madame *l'Abbesse de Port royal des champs*, dame de ce lieu, assisté de Jacques-David Guyon, que nous avons nommé greffier pour l'absence de M° Floquet, greffier de cette juridiction, afin de rédiger la présente délibération, etc.

> Raymond *Huart*, Noel *Mulot*, J. *Leseimple*, J. *Prévost*, François *Legris*, François *Michon*, Jacques Leclerc, Jean-Baptiste *Largemain*, Antoine *Dartun*, Jean Thiébot, Jean-Baptiste Corbière, Jérôme *Douillet*, Antoine Chamard, François *Largemain*, Antoine

Maillet, François Bernard, Jean-Louis Legrand, Jean-Baptiste *Lépicier,* Louis Maillet, Jean-Baptiste *Soyer, Bossus,* Guyon.

Benoist, président.

Les noms en italique indiquent les signatures des électeurs qui savaient écrire, et de ces signatures, cinq ou six dénotent une main un peu exercée.

Guyon, greffier d'office, a rédigé le cahier dont l'écriture est bonne et très lisible.

Le cahier fut porté à Versailles par Largemain et Lépicier.

COMMENTAIRE

Sur le **trop bu** ou **gros manquant**.

Nous avons déjà trouvé dans les cahiers précédents les termes : *trop bu, gros manquant,* le cahier de Montigny emploie le premier à l'article 4. Les cahiers du bailliage de Versailles ne cherchent pas les longs développements : ce qu'ils exprimaient par un mot était alors facile à comprendre ; mais, de nos jours, il n'en est pas de même. Je ne sortirai pas de mon sujet en empruntant à un cahier d'une paroisse de l'Ile-de-France une interprétation plus pittoresque.

Les propriétaires et les habitants de Chevannes (bailliage de Nemours), dont la plupart sont vignerons, ne peuvent qu'être encore très affligés de l'impôt des *aides,* qui forme une double imposition sur les vignes, déjà chargées de la taille, et vingtièmes, comme les autres biens ; qui resserre le débit d'une des principales productions de leur territoire, en la renchérissant pour les consommateurs : 1° de la valeur de l'impôt ; 2° de tous les frais considérables qu'entraîne sa levée ; 3° de tous ceux non moins grands qu'occasionnent les procès et les accommodements auxquels ils donnent lieu, et ce qui de plus est très nuisible à leur liberté personnelle, par les visites domiciliaires auxquelles elle autorise les commis, et par le trouble qu'elle apporte dans les relations les plus simples de l'amitié ou de la bienfaisance.

Aucun propriétaire ou habitant ne peut rassembler ses amis le dimanche, sans être exposé au soupçon de leur avoir vendu le vin qu'il leur donne, et à un procès-verbal en conséquence, et sans en avoir au moins à payer, avant la fin de l'année, les droits de ce qu'on jugera qu'eux et lui *auront bu de trop* à la santé du roi, en raisonnant sur les bonnes intentions et sur les soulagements qu'il se propose de donner à son peuple. Et si, pour éviter de payer *le trop bu* sur la provision d'une seule maison, chacun d'eux veut porter sa bouteille, en allant chez son ami, afin qu'il n'y ait de bu pour chaque propriétaire que la quantité allouée à sa consommation, ils seront tous saisis et maltraités, condamnés à de grosses amendes et flétris dans des procès-verbaux, par l'accusation de *fraude manifeste*.

Le curé lui-même envoyant, par la bienfaisance à laquelle le portent sa charité et son ministère, une bouteille de vin à un pauvre malade pour lui fortifier l'estomac, sera exposé à la même imputation et à la même amende. Il ne pourrait y échapper qu'en portant le vin lui-même ; et si sa santé ne le lui permet pas, il faut que le malade pâtisse ou que le pasteur soit compromis, et risque de voir consumer en amendes et en procès l'argent dont il aurait besoin pour assister et secourir ses paroissiens indigents.

Si quelqu'un d'entre eux (les habitants) n'a point envie de tenir cabaret, mais seulement de débiter le vin de son crû, et se fait autoriser à le vendre à pot ou en bouteille, il faut qu'il renonce à donner jamais à dîner ou seulement à goûter à ses parents les plus proches, à ses amis les plus intimes ; il faut qu'il renonce même à donner le plus léger secours d'aliments à l'infortuné qui peut tomber exténué de besoin devant sa porte ; sinon, procès-verbal contre lui, comme ayant vendu son vin *à assiette :* accusation *de fraude manifeste*, saisie, confiscation, amende, ruine pour sa maison, et souvent les commis ont, par des scélérats apostés et feignant de se trouver mal, tenté ainsi la charité des contribuables, pour les punir ensuite de s'être conduits en hommes et en chrétiens. Si dans une cave humide des cerceaux se pourrissent, si dans une cave sèche des vins percent le bois, si une pièce de vin se perd, et si les commis n'ont pas le temps de se transporter à l'instant où ils en sont requis, ou si, lorsqu'ils s'y transportent, le vin répandu leur paraît de trop faible qualité et ne pas exhaler une odeur assez vineuse, non seulement le propriétaire perd son vin, non seulement on ne lui tient aucun compte de l'exactitude avec laquelle il s'est hâté d'avertir les commis, procès-verbal contre lui, condamnation au paiement des droits du vin qu'il a perdu, amende par delà.

Et si l'impatience excitée par toutes ces vexations, et si l'indignation des ruses par lesquelles on l'aura conduit à une contravention apparente, qui paraît n'être qu'un acte d'humanité, entraîne un homme honnête et fier, ou même un homme doux et paisible, mais qui par hasard aura effectivement *trop bu* d'un coup, à la moindre expression de colère ou de mépris, on fait usage contre lui des armes permises aux commis, de l'épée, du sabre, des pistolets, du bâton, avec procès-verbal de rébellion, et amende plus forte, et s'il défend sa vie, et si pour la sauver, il frappe à son tour, les galères.

Les propriétaires et habitants de Chevannes sont convaincus que les Etats généraux ne pourront approuver une telle forme d'imposition, etc.

Le cahier de cette paroisse est rédigé de cette façon, et il est très développé : aussi les habitants le firent-ils imprimer : Il faut croire qu'en assemblée électorale, à Nemours, les députés de Chevannes eurent du succès, car le cahier général prit de grandes proportions, et l'on ne se fit pas scrupule de puiser dans leur rédaction villageoise. Voici l'alinéa relatif *au trop bu :*

La nation assemblée ne pourra voir sans étonnement, et le cœur bienfaisant du roi ne pourra considérer sans indignation que, dans un tiers du royaume, les citoyens sont obligés d'ouvrir leurs portes, de jour et de nuit, à des hommes armés, qui n'ont aucun uniforme, aucune marque caractéristique qui puisse les distinguer d'avec les brigands, qui sont crus à leurs serments en justice, sans qu'il soit permis aux procureurs généraux de S. M., ni aux procureurs du roi dans les sièges inférieurs, de faire aucune information sur leur vie et mœurs, lorsqu'on les installe dans leurs fonctions, et que l'on confie à leur périlleuse parole la fortune, l'honneur et quelquefois la vie des citoyens.....
..... On ne sait ce qui l'emporte de l'horreur ou du ridicule d'une législation qui condamne un homme pour *avoir bu* ou *fait boire* à ses amis, dans le cours d'une année, plus qu'il n'a été arbitré qu'il devait boire ; qui le punit, si ses tonneaux se sont trouvés mauvais, et si son vin a été perdu, qui ne règle pas même ce qu'il sera permis de boire dans une famille, à raison des individus dont elle est composée, et qui n'accorde pas une bouteille de plus au père de douze enfants qu'au célibataire isolé.

Que de pages aussi finement et vigoureusement écrites on trouverait dans les cahiers de 89 !
Lisons encore sur *le trop bu* quelques lignes tirées d'un cahier d'une paroisse, située à quelques lieues de

Versailles : La commune *de Goupillières*, qui ressortissait au bailliage de Montfort-l'Amaury ; son cahier se compose de sept articles ; les aides ne présentent pas le moins intéressant ; par là nous rentrons dans les pièces inédites, comme pour le bailliage de Versailles.

Art. 2. — Il y a abus dans les droits d'aides en ce qui est du gros manquant que l'on appelle communément *le trop bu*. Tout le monde sait que les années ne se suivent pas en abondance ; les cultivateurs, dans les années abondantes en fruits, ont la précaution de faire des cidres en y mettant beaucoup d'eau, quelquefois pour une année et demie ou pour deux ans, suivant les circonstances, qui se consomment pour leurs domestiques et moissonneurs dans l'année de disette ; et de cette boisson employée dans une année de disette, on en fait payer le gros manquant aux cultivateurs, et on l'absorbe ensuite en frais de poursuite et de contrainte, droits qui se trouvent en partie consommés par les employés à leur perception. Il serait juste de supprimer ce droit établi sur la prévoyance et industrie du cultivateur, qui, de deux années une, n'a de cidre qu'au moyen de l'abondance d'eau qu'il ajoute à son cidre dans l'année de récolte, et que c'est absolument mettre un impôt sur l'eau : prévoyance sans laquelle le cultivateur manquerait de boisson pour ses domestiques et ses moissonneurs.

Le lecteur voudra bien me pardonner si dans un sujet aussi douloureux je place en guise de document un morceau de poésie légère de Voltaire. Le philosophe de Ferney, en 1775, ne vivait pas dans un pays soumis aux *aides*, mais il n'ignorait pas ce qui se passait ailleurs.

Les Finances.

Quand Terray nous mangeait, un honnête bourgeois,
Lassé des contretemps d'une vie inquiète,
Transplanta sa famille au pays champenois :
Il avait près de Reims une obscure retraite ;
Son plus clair revenu consistait en bon vin.
Un jour qu'il arrangeait sa cave et son ménage,
Il fut dans sa maison visité d'un voisin,
Qui parut à ses yeux le seigneur du village.
Cet homme était suivi de brillants estafiers,
Sergents de la finance habillés en guerriers.
Le bourgeois fit à tous une humble révérence,
Du meilleur de son cru prodigua l'abondance ;
Puis il s'enquit tout bas quel était le seigneur
Qui faisait au bourgeois un tel excès d'honneur.
Je suis, dit l'inconnu, dans les fermes nouvelles,
Le royal directeur *des aides et gabelles...*
— Ah ! pardon, Monseigneur, quoi, *vous aidez* le roi ?...
— Oui, l'ami... Je révère un si sublime emploi !
— Le mot *d'aide* s'entend : *gabelle* m'embarrasse.
D'où vient ce mot ? — D'un juif appelé Gabelus...
— Ah ! d'un juif ! Je le crois. — Selon les nobles *us*
De ce peuple divin, dont je chéris la race,
Je viens prendre chez vous *les droits* qui me sont dus.
J'ai fait quelques progrès par mon expérience
Dans l'art de *travailler un royaume en finance.*
Je fais loyalement deux parts de votre bien :
La première est au roi, qui n'en retire rien ;
La seconde est pour moi. Voici votre mémoire.
Tant pour les brocs de vin qu'ici nous avons bus ;
Tant pour ceux qu'aux marchands vous n'avez point vendus,
Et pour ceux qu'avec vous nous comptons encor boire.
Tant pour le sel marin duquel nous présumons

Que vous deviez garnir vos savoureux jambons :
Vous ne l'avez point pris où vous deviez le prendre.
Je ne suis point méchant, et j'ai l'âme assez tendre,
Composons, s'il vous plaît, payez dans ce moment
Deux mille écus tournois, par accommodement.
Mon badaud écoutait d'une mine attentive
Ce discours éloquent qu'il ne comprenait pas,
Lorsqu'un autre seigneur en son logis arrive,
Lui fait son compliment, le serre entre ses bras :
Que vous êtes heureux ! votre bonne fortune,
En pénétrant mon cœur, à nous deux est commune.
Du domaine royal je suis le contrôleur :
J'ai su que depuis peu vous goûtez le bonheur
D'être seul héritier de votre vieille tante.
Vous pensiez n'y gagner que mille écus de rente :
Sachez que la défunte en avait trois fois plus.
Jouissez de vos biens par mon savoir accrus.
Quand je vous enrichis, souffrez que je demande,
Pour vous être trompé, dix mille francs d'amende.
Aussitôt ces messieurs, discrètement unis,
Font des biens au soleil un petit inventaire ;
Saisissent tout l'argent, démeublent le logis,
La femme du bourgeois crie et se désespère ;
Le maître est interdit ; la fille est tout en pleurs ;
Un enfant de quatre ans joue avec les voleurs ;
Heureux pour quelque temps d'ignorer sa disgrâce !
Son aîné, grand garçon, revenant de la chasse,
Veut secourir son père, et défend la maison :
On les prend, on les lie, on les mène en prison ;
On les juge, on en fait de nobles Argonautes,
Qui, du port de Toulon, devenus nouveaux hôtes,
Vont ramer pour le roi vers la mer de Cadix.
La pauvre mère expire en embrassant son fils :
L'enfant abandonné gémit dans l'indigence ;
La fille sans secours est servante à Paris.
C'est ainsi qu'on *travaille un royaume en finance.*

Si Voltaire eût vécu jusqu'en 1789, et qu'il eût rédigé un cahier, il aurait pu mettre en prose ce conte en vers, et rester dans l'exacte réalité ; et s'il eût été nommé député aux Etats généraux, sans aucun doute il eût voté l'abolition des aides et de la gabelle. Cependant les vers de Voltaire avaient besoin des cahiers pour bien être compris.

V

CAHIER DE BOUGIVAL

Les syndic, notables et autres habitants de la paroisse de Bougival, assemblés le 14 avril 1789, en exécution, etc., ont arrêté :

1° Qu'il sera rendu de très humbles actions de grâce au roi de la généreuse résolution qu'il a prise d'assembler les Etats généraux de son royaume, à l'effet d'écouter les plaintes des opprimés, et d'apporter remède à tous les abus qui se seraient introduits dans les diverses branches d'administration. Il sera humblement supplié de persister dans une si sainte résolution, et, afin de rendre son bienfait solide et durable, de vouloir bien prendre l'engagement de les rendre périodiques, et de les convoquer au moins désormais une fois tous les cinq ans, dans le temps et le lieu qu'il jugera convenable ; n'entendant ses fidèles sujets lui imposer aucune obligation à cet égard, et n'attendant que de sa bonté et de sa justice leur soulagement et leur repos ;

2° Qu'il sera très humblement supplié de rendre à ses provinces leurs Etats provinciaux et d'en simplifier leur nouvelle formation, à la charge par eux de veiller à l'exécution des règlements, qui auront été arrêtés dans l'assemblée des Etats généraux, sans souffrir qu'il y soit dérogé en aucune manière ; et auront lesdits Etats une autorité suffisante pour contraindre les réfractaires, au moyen de quoi, chacun de ceux dont ils seront composés, demeurera responsable des contraventions qu'il aurait été en son pouvoir d'empêcher, et pourrait être librement accusé à l'assemblée suivante des Etats généraux.

C'est sur ces deux articles préliminaires que les syndic, marguilliers, notables et autres habitants *exigent* que leurs députés insistent principalement et avant tout ; parce que ce n'est qu'après les avoir obtenus de la clémence et de la justice du roi, leur souverain, qu'ils croiront pouvoir se permettre l'exécution des règlements qu'il est bien plus facile de rédiger par écrit que de mettre en pratique ; et qui ne sont qu'un scandale de plus dans un Etat, lorsque personne ne veille à les faire observer ; dans la ferme persuasion où ils sont, que le roi désire leur soulagement, ils vont exposer sommairement les principaux règlements dont l'utilité leur paraît la plus générale et la plus frappante.

Article 1er. — De l'Eglise.

Quoique la piété de nos pères ait doté avec une sainte profusion tous les établissements qui de leur temps contribuaient à faire fleurir la religion et à soulager les malheureux, il est arrivé, contre leurs intentions, que ces grands biens sont devenus le partage de quelques cénobites séquestrés de la société, tandis que les vrais ministres des autels, qui supportent le poids du jour et de la chaleur, sont réduits à un état de détresse qui ne leur permet pas d'exercer la charité envers les pauvres, et les expose à voir périr sous leurs yeux des malades qui n'auraient besoin que de secours, tandis que les églises paroissiales tombent de vétusté et menacent d'ensevelir sous leurs ruines des infortunés qui aiment mieux courir ce danger que de se charger d'une dépense qui passerait leurs forces, tandis enfin qu'un grand nombre de villages très peuplés n'ont *ni maîtres ni maîtresses d'école pour apprendre à lire* à leurs enfants, parce que leurs fabriques ne peuvent fournir à ce besoin de première nécessité.

Pour remédier à ces inconvénients, il semble aux syndic, marguilliers, notables et habitants que le roi et les Etats généraux *qui sont aux droits des fondateurs et qui réunissent tous les pouvoirs* sont suffisamment autorisés à statuer :

1° Que toutes les abbayes et prieurés commanditaires, vacants par la mort du titulaire, demeureront affectés pendant quatre ans à la caisse des économats, pour employer les *frais* qui en proviendraient à la reconstruction, entretien et réparation tant des églises paroissiales que des presbytères, vicariats, cimetières et autres bâtiments de toutes espèces y relatifs, à la décharge des habitants, et même du curé gros décimateur, lorsqu'il serait prouvé que sa dîme est d'un produit trop modique pour supporter la dépense de la portion de bâtiment qui le concerne ;

2° Qu'indépendamment de cette caisse générale, il en soit formé une autre dans chaque diocèse, sous la direction de l'évêque diocésain, de deux archidiacres et de trois membres des Etats provinciaux, à laquelle demeurent invariablement annexés les fonds et revenus des couvents et communautés religieuses, qui sont déjà ou qui seront, dans la suite, dans le cas d'être supprimés ; en second lieu, un certain nombre de prébendes dans chaque chapitre ou collégiale à nomination ecclésiastique ; troisièmement et enfin le montant des sommes provenant des bulles et annates payées en cour de Rome, pour servir à stipendier des vicaires dans les paroisses qui ne peuvent s'en passer, et dont la dîme est trop faible pour fournir à ce besoin.

En second lieu, des maîtres d'école et des sœurs de charité dans les paroisses considérables privées de ces deux secours, et enfin pour venir au secours des hôpitaux et des maisons de charité ; par ce moyen, on délivrera les vicaires de la honte *de la quête,* usitée aujourd'hui dans presque tous les diocèses, et les paroissiens, d'une contribution qui, pour être volontaire, n'en est pas moins une surtaxe ;

3° Que les villages, dans le territoire desquels sont situés des maladreries, dont les revenus ont été réunis à des hôpitaux particuliers, puissent y envoyer leurs malades, et que lesdits hôpitaux soient obligés de les recevoir ;

4° Que tout bénéfice ecclésiastique, de quelque nature qu'il soit, sera déclaré incompatible, de sorte que celui qui en obtiendra un second soit tenu de se démettre du premier sous peine d'être privé de l'un et de l'autre ; car un petit bénéfice simple, quelque modique qu'on le suppose, aidera à substanter un vicaire de campagne, ou servira de titre clérical à un étudiant. On se plaint généralement aujourd'hui de la *disette des prêtres :* n'en doit-on point chercher la cause dans l'abus qui concentre sur le même individu la subsistance de plusieurs ?

Article 2. — De la justice.

La justice, établie pour être la sauvegarde des propriétés et le rempart des opprimés, est devenue l'un des fléaux les plus destructeurs des campagnes. Qu'il plaise à notre souverain seigneur d'ordonner, sur la requête des Etats généraux :

1° Que dans toutes les justices seigneuriales qui ne sont essentiellement composées que d'un juge qui doit être gradué, d'un procureur fiscal et d'un greffier, les parties seraient admises à exposer elles-mêmes leurs droits sans employer le ministère d'un procureur ; que le juge, assisté de quatre notables au choix des parties, soit obligé de tenir les plaids, les fêtes et les dimanches à l'issue du service divin, et de juger les contestations qui se présentent jusqu'à la concurrence et en dernier ressort de 200 livres de capital, et qu'à l'égard des cas prévôtaux, ils soient tous renvoyés aux bailliages royaux ;

2° Que les tribunaux, bornés à rendre un jugement sommaire, dont il y aura toujours appel au-delà de 200 livres de capital à la justice royale, ne puissent, sous aucun prétexte, faire durer un procès au-delà d'un mois, du jour de l'assignation ;

3° Qu'à l'égard des droits de voirie et autres de même

nature, ils ne puissent prononcer d'amendes qu'en vertu d'un tarif enregistré dans les cours souveraines et affiché dans la salle d'audience, afin que chacun puisse savoir ce qu'il doit légitimement et se mettre à couvert de la surprise ; il faut encore que les honoraires du juge y soient taxés comme *devant résider* dans le lieu, et non pas en raison de l'éloignement dont il en est ;

4° Que tout bailliage royal soit assimilé pour la compétence aux présidiaux, et puisse juger en dernier ressort jusqu'à la concurrence de 12,000 livres de principal ou de 500 livres de rentes, et qu'il n'y ait d'appel aux cours souveraines qu'en matière criminelle ou pour des sommes ou rentes qui excéderaient celles énoncées ci-dessus ;

5° Que la vénalité des offices de judicature soit généralement abolie, et qu'il soit établi une caisse pour rembourser successivement tous ceux qui viendront à vaquer, en y comprenant même les charges de procureur dans tous les sièges où ils sont érigés en titre d'offices ;

6° Qu'aussitôt que les juges auront été réduits au nombre absolument nécessaire, il plaise au roi de leur assigner des gages suffisants qui leur tiennent lieu d'épices, et généralement de tout ce qu'ils pourraient exiger des parties ; car, puisque le roi doit la justice à tous ses sujets, il doit faire en sorte, sinon qu'elle soit absolument gratuite, du moins aussi peu coûteuse et aussi prompte que possible ;

7° Qu'aucun jugement, dans aucun tribunal, pas même dans ceux des cours souveraines, ne puisse désormais être rendu que publiquement et portes ouvertes, et que, dans l'arrêt qui interviendra, les motifs de condamnation y soient énoncés et expliqués d'une manière claire et précise.

Article 3. — **Des impôts.**

Puisque le roi, en montrant le désir de soulager ses sujets, leur annonce en même temps une dette énorme dont le Trésor public se trouve écrasé, ses fidèles sujets se garderont bien de lui demander la suppression des impôts; ils savent que c'est une dette sacrée, sans laquelle la société ne peut exister; ils se borneront à requérir que le fardeau ne tombe plus comme auparavant sur la classe de citoyens le moins en état de le porter; qu'il soit réparti, comme la raison l'exige, graduellement et proportionnellement aux facultés de chaque individu; en conséquence, ils requièrent :

1° Qu'il plaise au roi de communiquer aux Etats généraux ses états de recettes et de dépenses, afin qu'ils puissent juger au vrai de l'emploi qui a été fait des deniers publics et de la cause du déficit énorme;

2° Qu'il daigne écouter favorablement les représentations qui lui seront faites pour modérer et réduire toutes les dépenses qui ne seraient pas nécessaires, ou du moins fondées sur une grande utilité publique;

3° Qu'il veuille bien ordonner que tout contribuable, sans aucune propriété, sans aucune industrie, et qui n'a que ses bras pour pourvoir à sa subsistance et celle de sa famille, ne puisse être imposé à plus de vingt sols, et seulement pour connaître son existence;

4° Qu'à l'égard des droits qui se perçoivent sur la récolte du vin, tant ce qui se paie par les vignerons que par les débitants, ils se trouvent beaucoup augmentés depuis environ vingt-cinq ans; qu'il plaise à Sa Majesté d'ordonner un seul droit qui puisse être supportable; que le droit levé dans la province sous le nom de *gros manquant* (vulgairement appelé *trop bu*) soit supprimé comme un de ceux qui donnent lieu aux plus grandes vexations, et le plus contraire aux droits naturels, surtout par la manière dont il est perçu;

5° Qu'il se perçoit un droit de régie pour déchirage de bateaux de toute espèce de grandeur, jusqu'aux batelets de pêcheurs; que ce droit est très considérable et ne se perçoit que depuis environ trente ans; que l'on en demande la suppression;

6° A l'égard des droits de gabelle pour le sel, qui augmente depuis environ quinze ans, que l'on en demande une diminution ;

7° Qu'attendu la modicité de leurs récoltes qui, vu le peu d'étendue de leur territoire, fournissent à peine à la moitié de leur subsistance, à laquelle ils ne peuvent suppléer le surplus que par l'industrie la plus active, leurs impositions soient modérées ; comme étant bordé par la rivière, une partie des habitants faisant leur état de la pêche se trouve souvent interrompue par les messieurs des eaux et forêts, demandent à être moins gênés dans leur travail ; et qu'en même temps quant à la dîme sur les groseillers, dont un arrêt du Parlement, rendu il y a environ 40 ans, a fixé le droit trop onéreux de cent sols par arpent, on demande à être fixé comme les paroisses circonvoisines.

Article 4. — **Des corvées.**

Comme le bonheur et l'aisance en général du peuple dépendent autant des débouchés faciles qu'on lui procure pour le débit de ses denrées que de la modération dans les impôts, les syndic, marguilliers, notables et habitants représentent que, se trouvant placés dans une gorge très resserrée, peu distante de deux grandes routes, ils sont cependant exposés une grande partie de l'année à n'en pouvoir profiter, faute de chemin vicinal pour y arriver, et que même ils courent les risques, une partie de l'hiver, d'être privés de secours spirituels, par l'impossibilité de leurs pasteurs de pouvoir aborder chez eux. Ils représentent encore qu'accablés du poids de toute espèce de nature de corvées, non seulement communes aux autres paroisses, mais encore qui leur sont particulières, à cause de leur proximité de Versailles, comme d'être commandés par tous les chemins de communication ordonnés aux environs de cette ville, de l'obligation de *marcher avec leurs voitures dans tous les déplacements de la cour pour le transport des bagages, pour la fourniture du linge,* pour les cent suisses, de la garde qu'ils faisaient de temps immémorial ; ils sont dans l'impossibilité de faire pour eux-mêmes ce chemin qui leur serait d'une si absolue nécessité ; c'est pourquoi ils espèrent de la bonté de S. M. qu'Elle voudra bien leur tendre une main secourable, et ordonner que les fonds pour sa confection en seront pris sur ceux destinés aux travaux de charité de la province. Ce chemin peut avoir 1,200 toises environ pour communiquer aux deux routes, et serait de la même utilité pour nombre de villages de la plaine, habitués à porter leurs denrées à Versailles, en ce qu'il leur en faciliterait le transport à moins de frais.

Article 5.

La liberté individuelle étant le premier des biens comme le plus inviolable des droits, aucun citoyen domicilié, de quelque rang qu'il soit dans les villes comme dans les campagnes, ne pourra être arrêté sans un décret judiciaire, excepté dans le cas de flagrant délit et de désignation d'un coupable par la clameur publique, auquel cas il sera remis entre les mains de son juge ordinaire.

Article 6.

Le roi sera supplié de vouloir bien diminuer la trop grande étendue de ses capitaineries, et les borner à ce qui lui est nécessaire pour ses chasses personnelles ; mais il est en même temps de sa justice de faire indemniser les propriétaires qui se trouveront dans ses enclaves de la perte qu'ils seront dans le cas d'éprouver dans la diminution de leurs récoltes.

Les trois articles suivants ont été ajoutés à la première rédaction par une autre main.

Article 7. — **Concernant les droits curiaux.**

Les habitants de Bougival se plaignent que dans leur paroisse les droits curiaux pour les mariages et enterrements ont été depuis longtemps perçus arbitrairement.

Ils supplient très humblement S. M. d'ordonner qu'il sera fait un règlement pour les fixer à l'avenir.

Article 8.

Ceux des habitants du hameau de Saint-Michel dépendant de ladite paroisse, situé sur une montagne escarpée, observent qu'étant éloignés de la rivière de plus d'un quart de lieue, se trouvent privés des eaux de source que la situation de leur sol leur présente, par le défaut de travaux qu'il serait nécessaire d'y faire ;

Pourquoi ils supplient très humblement les Etats généraux de statuer sur les moyens les plus convenables pour faire les travaux publics nécessaires dans chaque paroisse, tant pour les fontaines que pour les chemins et autres choses publiques.

Article 9.

Suppression totale du droit de péage, de pontonnage et barrage.

Le tout fait et arrêté devant M. Jean Maître, notaire et greffier de la prévôté de Bougival, pour l'absence de M. le Prévôt.

Le présent a été signé par ceux desdits habitants qui le savent.

Noms inscrits sur le procès-verbal de présence.

Louis Decamps, syndic municipal. — Pierre Couturier. — Antoine Laroche. — Henri Tailleur, procureur fiscal. — Joseph-Martin Maurie. — Louis Lacroix, tous membres municipaux de ce lieu, anciens marguilliers, excepté ledit Lacroix. — Robert Lavigne. — Louis Maurie. — Louis-Jacques Crosnier. — Louis-Marin Tailleur. — Jacques Berthaut. — Etienne Labbé. — Pierre-Noël Maurie. — Jean-Louis Couturier. — Jean-Baptiste Couturier. — Philippe Motte. — André-François Couturier. — Nicolas Desroches. — Antoine Berthaut. — Louis-André Berthaut. — Denis-Pierre Lacroix. — Jérôme-Nicolas Barbé. — Joseph Mention. — Claude Grenet. — Joseph Lavigne. — Denis-Jean Thuilleaux. — Pierre Levanneur. — Antoine Gilbert. — Alexandre Couturier. — Antoine Pellin. — François Giraudet. — Thomas Lecointre. — Charles-François Mention. — Louis Arnould. — Pierre Bailly. — Louis-Jacques Hemon. — Henri Levanneur. — Jean-Louis Subtille. — Louis Couturier. — Nicolas Gilbert. — Antoine Toussaint. — Jean-Sulpice Hubert. — Antoine Lamaréon. — François Montura. — Jean Bailly. — Pierre Martin. — Pierre Thibault. — *La veuve Blaise.* — Michel-Jean-Jacques Pillard. — *La veuve Jean-Toussaint Couturier.* — *La veuve André Trumeau.* — *La veuve Gilles Savarin.* — — Louis Couturier, adjoint de la municipalité. — Michel Dulud. — Nicolas Leroux. — Louis Yvon.

Les signatures, pour la grande moitié, sont mauvaises.

4 femmes ont délibéré sans signer, parce qu'elles ne savaient pas écrire. — C'est la seule paroisse où il soit fait mention de femmes admises à délibérer dans l'ordre du Tiers.

Les trois députés chargés de porter le cahier à l'Assemblée de Versailles étaient : Tailleur, procureur fiscal, Louis Couturier, pêcheur, et Pierre-Louis Couturier. — La première partie de la rédaction jusqu'à l'article 7 est de la main de Trumeau, greffier, le reste a été écrit par Berthaut. — Le président était Maître, notaire, délégué par le bailli.

VI

CAHIER DE LA CELLE-SAINT-CLOUD

Les syndic, notables et aux autres habitants de la Celle, assemblés le 12 avril 1789, en exécution de, etc.

Les habitants de la Celle, pénétrés de la plus vive et de la plus sincère reconnaissance pour toutes les bontés paternelles de S. M. qu'ils ont éprouvées en diverses occasions, s'empressent avec zèle et soumission de répondre à ses ordres, en adressant aux Etats généraux le cahier de leurs doléances, relativement aux maux dont ils sont accablés, soit par les impôts et charges publiques, soit par la disette de vivres, soit enfin par les incommodités locales, et supplient les Etats généraux de les prendre en considération.

1° Les habitants demandent qu'il soit établi, dans leur village, un vicaire afin que les fêtes et dimanches il y ait deux messes; il arrive souvent que, lorsqu'ils y vont tous, ils sont volés pendant leur absence;

2° Que les fonds à ce nécessaires soient pris sur les biens de l'Eglise, destinés originairement pour le service des pauvres;

3° Que sur les mêmes fonds il soit pris de quoi établir un maître d'école, et lui procurer un logement. L'instruction dans les villages est très nécessaire et tient à la religion;

4° Que tout ce qui concerne le casuel soit fixé irrévocablement;

5° Enfin que la reconstruction ou les trop fortes réparations des églises soient portées sur les mêmes fonds ecclésiastiques : les villages déjà chargés d'impôts n'étant pas en état de supporter de pareilles dépenses ;

6° Que les biens vendus et mis aux hypothèques du sceau soient affichés à la porte de l'église et à celle de la juridiction ;

7° Que les droits de contrôle et d'insinuation soient fixés d'une manière invariable, qu'ils ne soient plus arbitraires ;

8° Qu'il ne soit plus permis de retenir dans les prisons un homme sans, dans les 24 heures, en instruire la justice du lieu, et qu'il soit autorisé à donner caution, excepté dans les affaires criminelles ;

9° Enfin, que la forme des procédures, et surtout celles des campagnes, soit réformée et abrégée ;

Que les plus petits procès n'y occupent plus, pendant plusieurs années, ceux qui sont obligés de les soutenir ;

Que les juges soient plus instruits ; qu'ils aient des appointements autres que les amendes qui leur en tiennent lieu, et que pour cette raison ils portent au-delà de leurs droits ;

10° La suppression des aides et des droits qu'ils entraînent, principalement *le trop bu* ;

11° La suppression des tailles de l'industrie, du vingtième, de la capitation, auxquels sera substitué un seul impôt que supporteront les trois ordres, sans distinction ;

12° Suppression de la milice si à charge aux villages, qui n'en versent pas moins leur sang pour la défense de la Patrie, comme ils l'ont fait jusqu'à présent, avec plus de profusion qu'aucun autre ordre, et sans intérêt ;

13° Suppression de la gabelle qui, comme le dit notre bon roi, est déjà jugée ;

15° La suppression des capitaineries, la destruction du gibier dans les champs, et surtout celle du lapin ;

16° Qu'il ne soit plus permis aux gardes d'entrer dans les enclos, à tous les chasseurs de traverser à cheval et avec leurs chiens les moissons, de chasser dans les vignes aux approches des vendanges.

Besoins particuliers.

19° Qu'il soit établi une sage-femme instruite et reçue après examen particulier de Saint-Côme. Il n'arrive que trop souvent dans les villages de voir périr, par l'ignorance des sages-femmes, une infinité de mères de famille, et par là des citoyens utiles à l'Etat; et que leurs droits soient fixés (1);

20° Qu'il soit rendu aux habitants de la Celle un chemin qui existait autrefois, et qui, malgré l'opposition des habitants, leur a été enlevé pour agrandir un clos ou parc:

Ce chemin allait de la Celle à Vaucresson et procurait une communication prompte et facile entre les villages de Ville-d'Avray, Marnes, *Sèves*, Meudon, Clamart, Vanves et Issy; et de ces mêmes villages avec Saint-Germain et Poissy. Il ne s'agit que d'abattre deux pans de murailles, l'un d'un côté de la Celle, et l'autre du côté de Vaucresson, dans la largeur de quelques toises;

21° Il se trouve que les habitants reconnaissent qu'il a été fait des rigoles sur le terroir, qui ne sont d'aucune utilité à S. M., puisqu'elles ne produisent pas une goutte d'eau à la mare des Bruyères;

Elles occupent et ôtent beaucoup de terrain pour cet effet: ce qui cause un tort considérable aux habitants;

22° La suppression de la corvée qui devient très onéreuse aux villages;

Les habitants de la Celle bornent ici l'exposé de leurs doléances, ne voulant pas entrer dans ce qui regarde l'administration, les règlements à faire pour la sûreté des personnes et des propriétés, la stabilité ou le retour des Etats

---

(1) Aux quatre points cardinaux du royaume, on trouve des plaintes à ce sujet, et quelquefois exprimées plus énergiquement.

généraux, objets sur lesquels ils s'en rapportent à la bonté du roi, et à la prudence de l'*Assemblée de la Nation*, donnant à cet égard tout pouvoir à leurs députés, s'ils ont le bonheur d'être admis.

> P.-L. Maugé, syndic; Jean-Louis Lefèvre, Jean-Claude Fouache, Martial, Pointelet, Le Prince, Pierre Lechaillié, Jean Filliette, Jean-François Gaulard, Jean-François Bissonnet, Gabriel Balduc, François Delaissement, Nicolas Maugé, Jean Laîné.

Le syndic Maugé avait écrit et rédigé le cahier. Les deux députés qui portèrent le cahier furent Maugé, syndic, et Delaissement.

VII

CAHIER DE GUYANCOURT

Les habitants de cette paroisse demandent :

Article 1er. — Que tous les impôts soient payés par les trois ordres, sans aucune exception, chacun suivant ses facultés.

Art. 2. — Une même loi et coutume partout le royaume.

Art. 3. — La suppression entière des aides et gabelles.

Art. 4. — La franchise de toutes les foires et marchés et l'abolition de tous les péages.

Art. 5. — La suppression entière de toute espèce de dîmes en nature.

Art. 6. — Nous prions d'observer que le roi n'est pas seul propriétaire dans son grand parc ; en conséquence, tous les propriétaires et cultivateurs demandent une modération sur la quantité du gibier, notamment la destruction du lapin ; diminuer au moins les deux tiers des lièvres, et principalement des chevreuils, qui se multiplient en grand nombre depuis quelques années, ce qui fait un tort très considérable aux récoltes ; il y aurait assez de gibier en faisans, perdrix tant grises que rouges, pour préjudicier aux récoltes ; mais la conservation doit en être respectée, comme étant les plaisirs de S. M. ;

Qu'il soit permis à tous les cultivateurs d'aller dans leurs grains jusqu'au 1er juin, pour y cueillir et nettoyer toutes les mauvaises herbes ;

Qu'il leur soit permis de faucher tous leurs foins, tant prés qu'herbes artificielles, au temps de leur maturité, sans qu'ils soient obligés d'attendre au 24 juin, auquel temps, dans des années de sécheresse, les dits foins sont desséchés et brûlés sur pied ; et dans les années tendres, les dits foins versent et pourrissent sur le champ ; ce qui nous fait récolter du foin d'une mauvaise qualité et très préjudiciable à la santé des bestiaux.

Art. 7. — La destruction des pigeons, comme faisant un tort considérable dans le temps des semences et maturité des grains.

Art. 8. — Que les droits de propriété soient sacrés et inviolables.

Art. 9. — Que la justice soit rendue plus promptement et avec moins de partialité.

Art. 11. — Abolir entièrement toutes les corvées de quelque espèce et nature qu'elles soient.

Art. 12. — Que la levée des milices n'ait lieu que dans les cas urgents, et que dans lesdits cas, toutes les villes y contribuent sans aucune exception ni exemption quelconque.

Art. 13. — La suppression des charges des huissiers-priseurs.

Art. 14. — Qu'il ne soit permis à aucun cultivateur d'exploiter plusieurs fermes dans le même pays, en ce qu'un seul cultivateur fait la loi aux habitants, tant pour le prix des comestibles que pour le travail des mercenaires.

Demandes particulières.

On demande qu'il soit distrait 150 arpents de terre des différentes fermes du roi, pour être loués par lots de 4 à

5 arpents, afin de faciliter les paroissiens, et de leur procurer des secours nécessaires pour les aider à vivre.

Qu'il leur soit permis de mener paître leurs bestiaux sur tout le territoire de la paroisse, dans les temps convenables.

Art. 15. — Le peuple demande la diminution du blé, vu la grande misère qui est dans toutes les campagnes ; qu'il lui soit permis d'aller ramasser le bois sec et couper la fougère dans les temps convenables, et qu'il lui soit permis de ramasser les chaumes, à l'issue de la récolte.

Art. 16. — La paroisse a grand besoin d'un vicaire, vu l'éloignement de ses hameaux. Elle a besoin aussi d'un maître et d'une maîtresse d'école pour l'éducation de la jeunesse. Il existe dans cette paroisse un bénéfice simple, nommé la Chapelle de la Vierge, qui a été donné à un prêtre du dehors, estimé 600 livres environ. On désirerait que ce bénéfice fût réuni à la fabrique pour aider à avoir un vicaire.

La paroisse a aussi un extrême besoin d'être pavée, vu que toutes ses sorties sont impraticables.

Art. 17. — Que tous les curés soient obligés de faire toutes les fonctions de leur ministère, sans exiger aucune rétribution.

Art. 18. — Que le délai pour les baux soit prorogé jusqu'à 18 ans, sans être tenu de payer d'autres droits que pour les baux ordinaires.

> M. Ivoré. — Saintbelie père. — P. Saintbelie fils. — Lerondeau. — Pluchet. — Lurois. — Mithouard. — Leblanc. — Chaufray. — Bainville. — Joseph Bossu. — C. Bossu. — J. Varin. — M. Mithouard. — Duval. — J. Camerel. — J. Chaufray. — Bouton. — Bertonne. — Charon, syndic. — Louis Bedier.—Charon, syndic (4 signatures convenables.)

Paraphé *ne varietur*, par nous avocat en parlement, commissaire de police au bailliage royal de Versailles, président nommé pour l'assemblée de la paroisse de Guyancourt, par la décision de M. le Bailli, le 11 avril présent mois.

En la salle d'école de ce lieu.

Lefèvre, *président*.

Michel Ivoré a écrit le cahier.

Les députés pour porter le cahier furent Saintbelie, père, maître en chirurgie, et Pierre Bainville, voiturier.

VIII

CAHIER DE FONTENAY-LE-FLEURY

Ce cahier a dû être écrit par le citoyen qui a tenu la plume dans celui de Bois-d'Arcy, néanmoins les formules sont modifiées.

1er chef. — Nous demandons que les impôts perçus sous différentes dénominations en cette paroisse soient réduits, étant portés à un degré trop haut : la plus grande partie du territoire n'étant occupée qu'en marais ; son sol n'étant pas aussi favorable que celui des paroisses circonvoisines, ayant beaucoup de difficultés à en faire sortir et entrer les denrées, faute de chemins praticables ; en conséquence il paraîtrait naturel de confondre toutes les impositions sous une seule dénomination, de manière que chaque individu puisse connaître facilement pourquoi et à quel titre il participe à l'impôt.

2e chef. — Nous demandons expressément la suppression des gabelles et des aides, comme absolument onéreuses au peuple, notamment aux habitants des campagnes.

3e chef. — Nous demandons la destruction de tous les colombiers. Il est de notoriété publique que les pigeons font un tort considérable aux productions de la terre, notamment dans les temps de la semence et de la maturité des grains.

4e chef. — Nous demandons, non pas que nous prétendions priver notre monarque de ses plaisirs dans ses parcs, la destruction seulement d'une partie du gibier qui lui procure le moins d'agrément, et nous fait beaucoup plus de tort, qui est le lapin, le lièvre et le chevreuil. Ces animaux font un ravage incroyable, le chevreuil surtout ne ménage rien, pas même les arbres fruitiers, et il arrive souvent que le cultivateur, fondant ses espérances sur une récolte, s'en trouve privé, au moins pour la plus grande partie, au moment où il croyait la posséder. Le roi est trop juste pour souffrir la ruine des habitants de son parc, en conservant une quantité énorme de gibier de cette espèce, qui ne lui procure personnellement aucun agrément.

4° chef (*bis*). — La dîme n'est ni un droit divin, ni un droit humain; nous ne nous étendrons pas sur l'origine de son établissement. Nous sommes bien persuadés que les commissaires qui seront nommés pour l'examen de nos cahiers y porteront toute l'attention que cet objet mérite; mais nous demandons incessamment la suppression en nature de cette dîme, et comme il est nécessaire de faire un sort raisonnable aux ministres de l'autel, nous croyons qu'il serait juste de leur allouer une somme déterminée à raison de l'arpent de chaque propriété, de manière qu'il sera tenu d'administrer les sacrements et faire les inhumations sans aucune rétribution.

5° chef. — Nous demandons que le curé de notre paroisse ne puisse s'absenter (s'il n'a pas de vicaire) plus de deux jours, et en cas d'absence plus prolongée, qu'il soit permis au syndic de la paroisse d'en informer M. le procureur du roi au bailliage de Versailles;

Pourquoi nous demandons que les juges ordinaires aient la connaissance des contestations dans cette partie, et que la justice de l'officialité, quant à ce point, soit supprimée;

Qu'il soit fait une loi par laquelle il sera imposé une amende au profit des habitants sur les revenus du curé, lorsqu'il se sera absenté un plus long temps que celui qui lui sera prescrit.

6° chef. — Nous demandons qu'il soit permis aux pauvres

de cette paroisse d'aller journellement, depuis le mois d'octobre jusqu'au mois d'avril, ramasser du bois sec dans les bois plantés sur cette paroisse;

Nous supplions le gouvernement de s'occuper des moyens les plus salutaires pour faire garnir les marchés de blé, et en conséquence de faire diminuer le prix du pain, qui est excessivement cher, surtout pour les habitants de la campagne.

7ᵉ chef. — Nous demandons que les frais de justice soient diminués; ces frais absorbent souvent le prix du mobilier des campagnes, et il arrive qu'un habitant de ces mêmes campagnes paie beaucoup plus que les habitants des villes, par le défaut d'officier public dans chaque paroisse du ressort du siège principal.

8ᵉ chef. — L'objet de la corvée en argent n'a procuré à cette paroisse que le paiement et non l'effet; car il n'y a aucun chemin pour y arriver et en sortir, et le commerce est absolument suspendu en la saison d'hiver;

Nous demandons qu'il soit pratiqué un chemin qui communique à cette paroisse de celle de Saint-Cyr; notre demande est d'autant plus juste, que nous avons payé par avance la contribution de la corvée.

Fait et arrêté en l'assemblée desdits habitants de la paroisse de Fontenay-le-Fleury, en présence de M. Antoine Flamion, avocat au Parlement, demeurant à Versailles, commis à cet effet par l'ordonnance de M. le bailli de Versailles, en date du 11 du présent mois, ce jourd'hui 15ᵉ jour d'avril 1789, 3 heures de relevée; et ont signé ceux des habitants qui savent signer, et ledit Mᵉ Flamion a signé les présentes doléances.

Mercier, Baudouin, Gilbert, Laborne, Auger, Beunon, Leduc, Auger, Leger, Bely, Masson (1).

Les députés furent, Jean Mercier et Ch. Baudoin.

(1) En général aucune de ces signatures ne permet de reconnaître le nom de l'auteur du cahier.

IX

CAHIER DE BOIS-D'ARCY

Plaintes et doléances que présentent les habitants de la paroisse de Bois-d'Arcy pour se conformer à la lettre du roi du 24 janvier 1789, et aux règlements y annexés, et qu'ils adressent d'abord à M. le bailli de Versailles, leur juge naturel, dans la confiance que, comme sujets français aussi soumis que laborieux, ils seront écoutés et déchargés du joug et de l'esclavage dont eux et leurs ancêtres ont été victimes depuis des siècles, et qu'ils reverront naître, avec la même joie qu'un beau printemps, le vrai siècle d'or, en supportant les charges de l'Etat, par une égalité proportionnée aux facultés de chaque individu, et que le malheureux ne sera plus opprimé par le riche, et qu'il sera établi une liberté louable que la nature accorde à tous les hommes indistinctement.

1er chef. — Nous nous plaignons que les trois classes d'impositions de cette paroisse, sur les terres, sont à un dégré trop élevé, relativement à la fertilité de son sol et à sa mauvaise position, situé entre deux grands étangs qui contiennent plus de six cents arpents d'eau, qui le rendent très malsain et tellement aquatique qu'on ne parvient à en obtenir de récolte qu'en doublant les frais de culture;

Nous demandons que la taille, la capitation, les vingtièmes

et toutes les autres impositions soient comprises sous une seule dénomination, et supportées par chacun à raison de sa propriété.

2° chef. — La dîme en nature est révoltante à tous les bons cultivateurs ; elle leur ôte les engrais dont ils ont toujours besoin, elle leur empêche souvent de faire toutes les dépenses dont les terres seraient susceptibles ; persuadés que tout le fruit de leurs travaux sera pour celui qui y contribue le moins ; et la nécessité de laisser enlever cette dîme avant les autres grains cause souvent un tort considérable aux cultivateurs ; cinq à six heures de retard apportées dans l'enlèvement lui font souvent tout perdre. Nous demandons la suppression de cette dîme en nature, et nous consentons de la payer en argent, à raison de 3 livres par arpent, en raie, en classant les champtiers, à raison de leur fertilité ou stérilité. Cela serait plus que suffisant pour procurer aux curés une honnête subsistance. Cette paroisse étant composée d'environ 1,100 arpents de terre, ce qui, avec 900 livres de revenu attaché à la cure, produirait plus de 4,000 livres de revenu.

Il serait même à désirer qu'il ne fût rien alloué au curé pour ses honoraires *pécuniers* pour l'administration des sacrements, même pour les convois ; et dans le cas où on ne se déterminerait pas à supprimer cette dîme en nature, nous demandons que tout décimateur ne puisse vendre aucune partie des pailles et foins aux habitants des paroisses. Nous demandons aussi que la police du spirituel extérieur des paroisses appartienne aux juges naturels laïques ; en conséquence : qu'il soit défendu au curé de s'absenter plus de deux jours s'il n'a un vicaire qui soit tenu de célébrer un service divin, à des heures réglées suivant le vœu des habitants ; qu'il soit tenu d'assister en personne à tous les convois, sans distinction de personnages. Nous demandons aussi *le mariage des prêtres,* et nous regardons cet article comme essentiel pour éviter le scandale que malheureusement plusieurs prêtres autorisent, en troublant souvent l'union des ménages. Nous demandons aussi que les baux des fermes soient de dix-huit années au lieu de neuf. Cela donnerait le temps aux cultivateurs d'étudier les sols et d'y faire les dépenses nécessaires. Il serait à désirer que les décès des gens de main-morte n'entraînent plus à l'avenir la suppression des baux.

3º chef. — Nous demandons aussi l'entière abolition des aides et gabelles, la diminution des frais de justice qui, à défaut d'officiers résidants dans chaque paroisse, surchargent considérablement les habitants de la campagne, et leur font payer des frais beaucoup plus chers que leur fortune ne peut les supporter.

4º chef. — Par respect pour S. M. dans le parc duquel notre territoire se trouve enfermé, nous ne demandons pas la suppression entière du gibier, comme on l'a demandé pour la capitainerie, mais nous La supplierons d'ordonner la destruction de la moitié des lièvres, des lapins dans toutes les remises de la plaine où il y a du blé, et des deux tiers des chevreuils, qui sont en très grande quantité dans ce canton, lesquels ravagent non seulement les bois, mais viennent encore par troupeaux, en franchissant les murs et haies des jardins, manger tout ce qui s'y trouve, même les arbres fruitiers, et réduisent les pauvres habitants à la dernière misère.

Nous demandons que le gouvernement s'occupe de la diminution du prix du pain, et des moyens de se procurer des blés plus abondamment; qu'il soit permis aux pauvres d'aller journellement, depuis le mois d'octobre jusqu'au mois d'avril, ramasser le bois sec dans les bois.

Nous demandons qu'il soit permis aux habitants de faire le glanage après les récoltes entièrement enlevées, et de faire de l'herbe dans les chaumes en respectant les terres réservées pour faire les regains et les arbres fruitiers.

Nous demandons la destruction des colombiers et volières: les pigeons faisant un tort considérable, lors des semences, lorsque les grains sont renversés et lorsqu'ils sont en maturité.

Nous demandons qu'il soit permis de faucher les prés et herbes artificielles sur notre territoire, lorsque leur maturité l'exigera, en respectant strictement les *nids*, sans être forcés d'attendre le 29 juin, époque fixée par un règlement très préjudiciable, en ce qu'il fait souvent tout perdre et confond ensemble les foins avec les moissons.

Nous demandons aussi qu'il soit permis de nettoyer les blés et autres grains des herbes qui les dévorent, en tous temps, et diminuent considérablement les résultats, aussi en respectant les nids.

Nous demandons aussi l'entretien exact du seul chemin qui conduit de ce village à celui de Saint-Cyr. Nous avons à nous plaindre d'avoir considérablement payé pour la *corvée en argent,* sans avoir obtenu la moindre chose pour l'utilité intérieure ou extérieure.

5e chef. — Nous demandons avec instance la suppression de la milice, comme très préjudiciable à l'agriculture et ruineuse pour les familles. Qu'en temps de paix, les soldats soient renvoyés dans leurs patries, pour y travailler à la culture ou à des ouvrages publics.

6e chef. — Nous demandons la suppression de toutes les pensions que le gouvernement fait à tous les ministres et autres, qui n'auront pas été méritées.

7e chef. — Nous demandons à être déchargés des impôts, tant de la présente année que celle suivante, à la disposition des Etats généraux, pour nous servir d'indemnité de la perte que nous avons éprouvée des trois quarts de notre récolte par la grêle du 13 juillet dernier.

Fait et arrêté en l'assemblée desdits habitants de la paroisse de Bois-d'Arcy, ce jourd'hui le 15e jour d'avril 1789, en la maison des écoles de la paroisse, par devant Antoine Flamion, avocat au parlement, demeurant à Versailles, commis à cet effet, par M. le bailli de Versailles, suivant son ordonnance en date du 11 du présent mois. Lequel présent cahier a été signé par lesdits habitants de ceux qui savent signer.

> David, J. Liou, Petit, P. Liou, Marc, Dablon, Chevalier, Lefevre, Lalande, Paris, Galichon, Hebert, Quidé, Villiaume, Bias, Dalotel, Collet, Bossu, Gillot, Grandin, Pourelle, Le Viel, C. Hébert, Pluchet, Trochet, Langot, Pelevé, Pitard, P. Rousse, Gillot (1).

Signé et paraphé *ne varietur* : FLAMION.

L'écriture de ce cahier est la même que celle du cahier de Fontenay-le-Fleury, comme il a été dit plus haut.

Les députés furent : Thomas Pluchet et P. David.

COMMENTAIRE

Sur la **Gabelle**.

J'ai ajouté plus haut (v. page 38) quelques développements sur *les aides*, etc., c'est-à-dire sur l'impôt des boissons. On a déjà pu voir que la suppression de la gabelle est réclamée dans tous les cahiers, mais avec des plaintes relativement modérées : peut-être parce qu'autour de Versailles les commis et les officiers abusaient moins de leur autorité discrétionnaire, et que

---

(1) Onze des signatures dénotent absence complète d'instruction.

le grenier à sel, placé à Versailles même, se trouvait ainsi plus à la portée des consommateurs. Cependant, si les plaintes formulées dans nos cahiers sont parfois assez motivées, celles que nous allons présenter compléteront le tableau.

Des historiens n'ont pas craint de dire que la gabelle seule pouvait justifier le soulèvement de la nation.

Pour bien mettre la question en lumière, j'emprunterai une page à un document officiel qui permettra de juger si les doléances étaient exagérées. « Les peuples sont plaintifs, » écrivait Bossuet dans une lettre à Louis XIV. Ils l'étaient encore en 1789 : avaient-ils tort ? Necker nous renseignera bientôt à cet égard, dans un compte rendu officiel ; mais le cahier du bailliage de Nemours nous donnera la première note :

Tout chef de famille est assujetti à remplir tous les ans un devoir de gabelle qui l'oblige à prendre au grenier à sel un minot de sel à raison de 14 personnes ; et si ce chef de famille est pauvre, s'il n'a pas le moyen de faire à la fois la dépense d'un minot ou au moins le quart d'un minot, (25 livres) et s'il prend au regrattier à la livre, à la demi-livre ou au quarteron, selon sa misère, le sel du roi renchérit même par cet intermédiaire ; il est poursuivi au bout de l'année pour n'avoir pas rempli son devoir de gabelle, et condamné à payer au grenier le sel qu'il n'a pas consommé, quoique ayant déjà payé celui dont il a fait usage et qui a été tiré de ce même grenier.

On mesure dans ces greniers avec un art perfide : le sel y tombe doucement dans le minot par une trémie dont la distance a été calculée de manière qu'il se tasse le moins possible. Le peuple attend la commodité des commis pour cette opération par laquelle on parvient à remplir avec quatre-vingt quinze livres de sel le minot, qui devrait en contenir un quintal, ou 100 livres.

Dans ces 95 livres on a soin d'ajouter, sous prétexte de distinguer le sel de gabelle, 2 ou 3 livres de terre, de cailloux ou d'autres matières viles et insipides que l'on vend au prix du sel (1), de sorte que, si on voulait dissoudre le sel au moyen d'une cristallisation nouvelle, on ne trouverait guère que 92 livres au minot; mais il faut être revêtu d'une grande autorité et sûr d'en imposer par son rang ou par sa place aux visites des commis, pour oser purifier le sel, et en rendre ainsi pour soi-même la consommation plus agréable.

Un simple particulier qui se le permettrait serait poursuivi comme faux-saunier; car son sel ne ressemblerait plus au sel de la gabelle : il faut qu'il mange la terre dont on l'a chargé.

Si tous ceux qui demandent au grenier du sel si mal mesuré et si falsifié n'ont pas été servis, attendu que la méthode employée ne réussit à mesurer parfaitement mal que parce qu'elle est peu expéditive, ils sont obligés de revenir, et quelquefois de cinq ou six lieues, trois jours après; car, pour la commodité des officiers, le grenier ne s'ouvre que deux fois la semaine.

Je tire d'un autre cahier de la paroisse de Bry-sur-Marne la plainte suivante :

On a trouvé une autre manière d'augmenter nos impositions sur la dénomination de devoir de gabelle! Qu'est-ce

---

(1) « Nous demandons de la modération sur le prix du sel, et qu'il soit dorénavant défendu d'y mettre de la terre sous prétexte que c'est un moyen pour les commis de le reconnaître d'avec le sel des greniers voisins ou d'un autre grenier. Il n'est pas juste de faire payer de la terre 13 souls la livre au peuple, comme le grenier de Poissy est dans l'habitude de le faire à notre égard. » (Extrait du cahier de Maule, bourg situé à 14 kilomètres de Poissy, et il y a un siècle les voies de communication étaient affreuses).

que l'on entend par ce devoir? C'est l'obligation indispensable, sous peine d'amende et de visites de meuble, de lever à la gabelle quelquefois éloignée de notre domicile de quatre à cinq lieues, la quantité de sel dont nous sommes imposés dans le rôle. Ayez de l'argent ou non, consommez-le ou non, voilà un impôt ; de manière que, ne pouvant faute d'argent payer nos autres impositions, nous sommes poursuivis, et si ne pouvant faire mieux pour éviter de perdre une journée qui nous est si précieuse, nous prenons le sel d'un endroit voisin d'une autre gabelle, c'est un crime que l'on a peine à racheter avec de l'argent : il serait bien à désirer que cela fût supprimé ou abrogé.

La paroisse de Fosses met dans son cahier.

Il n'y a pas d'impôt plus mal, plus injustement, plus ridiculement réparti que celui de la gabelle, il semble que ceux qui l'ont inventé aient dit : il faut trouver un moyen de faire contribuer les pauvres autant ou à peu près que les riches..... mais comme nous ne pouvons pas les imposer à la taille, à ses accessoires, à l'industrie, à la corvée, à la capitation, aux vingtièmes, etc., parce qu'ils ne paieraient pas, et que nous ne trouverions rien chez eux qui puisse répondre de leurs impositions, imaginons d'imposer chèrement le sel : la dépense qu'ils feront pour cela compensera en partie les impôts dont nous ne pouvons les charger : tel est ce cruel raisonnement qu'ont dû faire les suppôts du fisc lorsqu'ils ont inventé ce détestable impôt..... Nous éprouvons en effet par nous-mêmes la vérité de ce que nous venons de dire sur la consommation du sel. Un ménage très pauvre, parmi nous, composé de l'homme, de la femme, d'une fille de 18 ans, d'un jeune garçon de 10 à 12 ans, consomment, quarteron à quarteron, c'est-à-dire 3 sous et demi par 3 sous et demi, 78 livres de sel par an. Un autre ménage aussi pauvre, composé de 3 personnes, dont deux sont batteurs en grange, en consomment au moins 60 livres par an ; au lieu que dans une maison bourgeoise, où il y a également trois personnes, nous savons qu'il s'en consomme à peine 25 livres par an. C'est donc avec raison que nous nous plaignons de cet impôt comme injustement réparti, et que nous en demandons la suppression ou au moins la diminution au tiers.

NOTA. — Les 78 livres de sel, au prix indiqué, faisaient 54 livres 12 sous, les 60 livres de sel, 42 livres, et, de nos jours, représenteraient pour le premier article, au minimum, 127 francs, et pour le second 100 francs.

Les cahiers de la noblesse elle-même n'ont pas oublié la gabelle.

Voici l'article du cahier de la noblesse du bailliage de Sens et Villeneuve-le-Roi, remis à M. le duc de Mortemart, élu député aux Etats généraux.

Droits d'aides et gabelles.

Des abus affreux ont eu lieu jusqu'à ce jour dans la perception des droits d'aides, des gabelles et autres impositions de ce genre, impositions qui désolent le peuple, qui entretiennent une guerre intestine, sans venir, autant qu'elles le devraient, au secours de l'administration, et qui coûtent des frais énormes de perception et de procédure ; ces abus demandent donc une réforme instante, et le député de l'ordre est spécialement chargé d'insister sur l'abolition d'une telle source de malheurs et de haine entre les concitoyens.

Les pays de petites gabelles, les pays de salines, etc., n'étaient pas moins foulés que les pays de grandes gabelles. Je ne puis résister à la tentation d'emprunter une page à un livre de l'abbé Mathieu : *La Lorraine sous l'ancien régime* (1878).

La ferme des salines disposait d'une armée de limiers exercés, elle pouvait requérir à chaque instant les officiers de justice et la force publique, elle assurait des primes aux dénonciateurs, multipliait les visites domiciliaires et fouillait jusqu'aux processions qui venaient dans les villages frontières. Sous Léopold même, elle était aidée d'une pénalité sévère : 500 livres d'amende au faux-saunier pour la première fois ; s'il était insolvable, le fouet et le bannissement à perpétuité. Ces châtiments parurent trop doux à M. de la Galaizière (intendant, le Baville de la Lorraine) et sous son inspiration, Stanislas *le bienfaisant,* dès la première année de son règne, commua pour les insolvables la peine du bannissement en celle des galères à trois ans pour le premier délit, et à perpétuité pour la récidive, avec la flétrissure au fer chaud et à la marque des trois lettres GAL. Les coupables encouraient cette pénalité dès l'âge de quatorze ans. Les Lorrains ne connaissaient les galères que de nom, et ce fut avec une indignation contenue, mais profonde, qu'ils virent passer les premières chaînes emmenant à Toulon les malheureux qui n'avaient pas 500 livres pour se racheter. — De 1738 à 1789, ils eurent sous les yeux ce triste spectacle, car le très grand nombre des contrebandiers étaient insolvables, et les tribunaux pendant ce temps punirent à l'égal d'un forfait un délit qui pèse le moins à la conscience d'un honnête homme.

Je m'arrête, il faudrait citer le chapitre en entier. Je n'ose pas conseiller la lecture de l'ouvrage de l'abbé Mathieu aux personnes qui, prévenues en faveur de l'ancien régime, ne veulent pas qu'on leur en présente les côtés peu flatteurs.

On trouve dans les archives de Seine-et-Oise peu de papiers relatifs à la gabelle. Je ne sais si les nombreuses juridictions qui existaient en France sur cette branche du fisc ont laissé beaucoup de pièces, mais les quelques registres que l'on rencontre peuvent donner une idée suffisante de la manière dont on procédait; le jugement suivant est tiré d'un registre des procès-verbaux du grenier de Versailles :

Audience tenue par M. le président, le mardi 17 mars 1789, pour M. Jean-Baptiste Mager, adjudicataire général des fermes du roi, demandeur Berthault, contre le sieur Bellet, défendeur en personne ;

Parties ouïes, le défenseur en personne et le procureur du roi en ses conclusions, nous donnons acte à la partie de Berthault, substitué par Devignes, de la déclaration faite par le sieur Bellet, que le sel sur lui saisi est faux et dissemblable à celui de la masse en vente du grenier de cette ville ; en conséquence, déclarons bonne et valable la saisie de deux tonneaux de sel pesant ensemble 664 livres, d'un saloir pesant 85 livres, et d'un pot de terre rempli en partie, ainsi que ledit saloir, de chair salée pesant 31 livres, le tout brut ;

Déclarons le tout acquis et confisqué au profit de la partie Berthault, condamnons ledit Bellet à l'amende de 200 livres pour faux sel, suivant l'article 16 du titre 17, et en celle de 300 livres, pour chair salée sans déclaration (1), suivant l'article 32 du titre 8 de l'ordonnance de 1680, au paiement desquelles il sera contraint même par corps, ordonne que notre présente sentence sera imprimée et affichée jusqu'à la concurrence de 100 exemplaires, aux frais dudit Bellet, que

(1) Observation importante : outre le sel de devoir, ou de salière ou de pot, il y avait aussi le sel pour salaison, qu'il ne fallait pas confondre dans la consommation : l'un ne remplaçait pas l'autre. Un paysan tuait-il un porc, il devait en faire la déclaration, et prendre le sel destiné à cet usage ; en cas de négligence, ou d'impuissance, confiscation et amende comme nous l'avons vu ; et ce sel ne comptait pas en déduction pour le sel de devoir.

nous condamnons en outre aux dépens liquidés à 7 livres, non compris le coût des présentes et affiches ;

Ce qui sera exécuté.

Jean-Baptiste Le Cointre. — Lecocq. — Lamalmaison. — Pompey.

Passons maintenant au compte-rendu que Necker publia de son administration; on ne saurait accuser d'exagération ce ministre, qui alors s'adressait au roi lui-même.

On ne peut arrêter son attention sur l'excessive cherté du sel dans plusieurs parties du royaume, sans regretter amèrement que le peuple y soit forcé d'user avec une grande réserve d'un bien dont la nature s'est montrée si prodigue envers la France. Je ne me servirais point cependant de cette observation pour condamner indistinctement tout impôt sur le sel, sans aucun égard aux limites que le souverain eût pris soin d'y apporter ; car il n'est point de tribut universel qui n'entraîne quelque sacrifice, et il en est peu qu'on ne voulût abolir, si on les examinait séparément et abstraction faite des inconvénients attachés à tel autre impôt, auquel on serait obligé de recourir : les *aides*, qui renchérissent une boisson si nécessaire à l'entretien des forces, et dont la perception est si dispendieuse, donneraient lieu sans doute aux objections les plus graves.....

Je ne dirai donc point que dans l'état actuel des revenus et des dépenses, il faut *anéantir* la gabelle et trouver de quelque autre manière les 60 millions que le roi en tire au moins aujourd'hui, y compris les derniers sols pour livre ajoutés à cet impôt (en 1776).

Je ne dirai point que dans la partie des grandes gabelles, égale seulement au tiers du royaume, et où l'impôt du sel produit plus de quarante millions, il faut remplacer ce revenu par une augmentation de taille, puisque ce serait presque y doubler cette dernière contribution.....

Avant de communiquer aucune idée de réforme à ce sujet, il est indispensable que je donne quelques éclaircissements sur l'état actuel de l'impôt du sel en France.

C'est des recherches que j'ai faites et fait faire que je vais tâcher d'extraire les résultats les plus dignes d'attention.....

Le royaume est sujet à des lois différentes pour l'impôt du sel. Je rappellerai seulement que les principales divisions sont :

Les provinces de grandes gabelles.
— de petites gabelles.
— de salines.
— franches.
— rédimées.
Le pays du quart-bouillon.

La population du pays des *grandes gabelles*, abstraction faite des lieux privilégiés, est d'environ 8,300,000 âmes. La quantité de sel débité pour le compte du roi dans cette même étendue de pays s'élève à environ 760,000 quintaux. Ainsi la consommation moyenne est de 9 livres 1/2 par tête d'habitant de tout sexe et de tout âge :

Le prix moyen, depuis l'établissement des deux nouveaux sols pour livre, est d'environ 62 livres par quintal ou minot. La population des petites gabelles est d'environ 4 millions 600,000 âmes. Les quantités de sel débité s'élèvent à environ 540,000 quintaux, ainsi la consommation moyenne est de 11 livres 3/4 par tête d'habitant.

Le prix moyen du sel dans les petites gabelles est aujourd'hui de 33 livres 10 sous par quintal.

Pays de salines. — On donne cette désignation à la partie du royaume qui est approvisionnée par du sel tiré des salines de Franche-Comté, de Lorraine et des Trois-Evêchés.

La population de cette étendue de pays est d'environ 1,960,000 âmes; les ventes pour le compte du roi s'élèvent à environ 275,000 quintaux : la consommation doit être arbitrée à 14 livres pesant par tête.

Le prix moyen est aujourd'hui en raison de 21 livres 10 sols par quintal.

Pays rédimé. — On donne ce nom aux provinces qui, pour une somme d'argent une fois payée, se sont libérées des gabelles. Ce rachat est fort ancien, il eut lieu sous Henri II, et pour un capital de 1,750,000 livres monnaie de ce temps-là. Ces provinces ne sont restées soumises qu'à un droit modique perçu sous le nom de *convoi*, de *traite de Charente*.

Le commerce du sel étant libre dans cette partie de la France, on ne peut pas en connaître la consommation avec certitude. Cependant d'après le produit des droits, il y aurait droit d'évaluer la consommation des provinces rédimées à 830,000 quintaux, et cette quantité rapportée à une population de 4,625,000 âmes, ferait 18 livres pesant par tête d'habitant. Il y a lieu de présumer que plusieurs parties échappent au paiement du droit, mais aussi quantités considérables sont versées en contrebande dans les provinces limitrophes.

La valeur courante du sel varie depuis 6 jusqu'à 10 et 12 livres le quintal.

Provinces franches. — Bretagne, Artois. etc., population d'environ 4,737,000 âmes. Le prix du sel dans ces provinces varie depuis 40 sols jusqu'à 8 ou 9 livres le quintal.

Pays de quart-bouillon. — Sauneries particulières de la Basse-Normandie où l'on fait bouillir un sable imprégné d'eau saline. L'on a réglé la quantité de sel que chaque établissement pourrait fabriquer, et comme ces sauneries étaient obligées autrefois de remettre gratuitement dans les greniers du roi le quart de leur fabrication, de là le nom *de quart-bouillon*.

Le prix de ce sel est de 16 livres le quintal. Il s'en consomme à raison de 25 livres par tête au-dessus de huit ans.

La population de cette partie de la Normandie est d'environ 585,000 âmes, ce qui fait 19 livres par tête, mais ce sel ne vaut pas celui des marais salants.

Franc-salé. — On donne ce nom aux distributions de sel

qui sont faites de la part du roi aux personnes qui occupent de grandes places, ou aux grands magistrats. Ces distributions sont ou gratuites ou à prix réduits, elles montent à environ 15,000 quintaux.

Note de Necker sur la pénalité : « D'après les dépouillements qui ont été faits en vertu des ordres que j'avais donnés de la part du roi, il paraîtrait que le faux-saunage aurait occasionné, année commune pour tout le royaume, 3,700 saisies dans l'intérieur des maisons.

« L'on voit de plus qu'on a arrêté, année commune, sur les grands chemins ou dans les lieux de passage, et principalement dans les directions de Laval et d'Angers, frontières de Bretagne, 2,300 hommes, 1,800 femmes, 6,600 enfants, 1,100 chevaux, 50 voitures.

« Mais il est juste d'observer que le plus grand nombre des femmes et des enfants qui composent cette liste, sont relâchés promptement : la punition à leur égard se bornant, dans les cas ordinaires, à la confiscation et à une courte détention; cependant comme ces femmes et ces enfants retournent à leurs habitudes, il arrive que les mêmes individus sont arrêtés et relâchés à plusieurs reprises dans la même année. Le nombre des hommes envoyés annuellement aux galères pour la contrebande du sel et du tabac passe 300, et le nombre habituel des captifs pour délits envers le fisc est de 17 à 1,800, c'est à peu près le tiers des forçats. »

Necker, après avoir longuement discuté les moyens de remédier aux désordres qu'entraînent les *grandes gabelles*, examine les économies à faire sur les frais de perception. La principale ne peut consister que dans la suppression des gardes et des employés chargés de s'opposer à la contrebande qui s'exerce de province à province, en raison de la disparité du prix du sel, et la dépense de cette partie de la milice des fermes ne peut pas être évaluée à moins de 2 millions (1).

---

(1) Le corps de brigade chargé de s'opposer à la contrebande est aujourd'hui composé de plus de 23,000 hommes, dit Necker.

État des Gabelles de 1770 à 1777

DISTRICTS	DÉNOMBREMENT OU population.	CONSOMMATEURS	CONSOMMATION annuelle	PAR TÊTE	IMPÔT par tête.
			quintaux.	livres.	liv. sous.
Grandes gabelles	8,291,097	6,218,243	734,616	12 2/5	envir. 7 10
Petites gabelles du Lyonnais, Forez, Beaujolais, Bresse, Bugey et Mâconnais	1,023,282	767,461	97,438	12 4/5	
Autres petites gabelles	3,581,318	2,685,998	431,107	15 3/4	
Gabelles des 3 Évêchés, Lorraine et Barray	1,175,330	881,497	112,843	12 7/8	
Gabelle du Retheloy et Franche-Comté	786,040	589,860	114,737	19 1/2	
Pays de quart bouillon	586,040	439,530	112,292	25 1/2	
Provinces rédimées	4,621,838	3,466,379	819,621	23 2/3	
	20,064,945	15,048,968	2,422,654		

Ainsi, d'après l'évaluation du sel dans un pays de grandes gabelles, supposons un pauvre ménage de 7 personnes, dont 6 dépassent l'âge de huit ans, il fallait acheter par an, pour 75 livres de sel, et cela sans compter le sel pour salaisons, *etc.*, 50 francs environ par année.

Nous n'entendons plus les cahiers; c'est un ministre qui nous parle, qui a pénétré dans toutes les parties du sujet qu'il traite, qui a compté l'argent recueilli de ce pressoir, et qui même est forcé par sa position d'adoucir l'horreur du tableau.

Malgré qu'on en ait, il faut se rendre à l'aveu que la cruelle réalité a arraché à Necker.

Opinion d'Arthur Young.

Les écrivains contemporains qui défendent l'ancien régime empruntent volontiers quelques lambeaux de phrases à l'anglais Arthur Young, qui étudia la France dans ses voyages exécutés en 1787-88-89, etc.

Il a signalé ainsi la gabelle :

Le Code pénal des finances fait frissonner d'horreur, par la disproportion entre la peine et le délit : quelques extraits suffiront à caractériser le gouvernement de la France :

1° Faux-sauniers armés et réunis au nombre de cinq, pour la Provence, amende de 500 livres et 9 ans de galères ; pour le reste du royaume : la mort ;

2° Faux-sauniers armés, mais en nombre inférieur à cinq, amende de 300 livres et 3 ans de galères ; récidive, la mort ;

3° Faux-sauniers sans armes, mais avec des chevaux, des charrettes ou des bateaux, amende de 300 livres ; à défaut, 3 ans de galères ; récidive : 400 livres et 9 ans de galères. En Dauphiné, galères à vie ; en Provence, 5 ans ;

4° Faux-sauniers portant le sel à dos et sans armes, amende de 200 livres ; à défaut, fouet et marque ; récidive, amende 300 livres et 6 ans de galères ;

5° Femmes mariées ou non, fraudant le sel, 100 livres ; récidive, 300 livres ; deuxième récidive, fouet et bannissement à vie ; maris responsables par corps et biens ;

6° Enfants pris en fraude, de même que pour les femmes, le père et la mère en répondent et sont fouettés à défaut de paiement ;

7° Faux-sauniers nobles, ils sont dégradés et leur maison rasée ;

8° Employés des gabelles, la mort ; ceux qui aident à voler le sel dans le transport, sont pendus ;

9° Soldats fraudant avec leurs armes, pendus ; sans armes, galères à vie ;

10° Achat de sel fraudé pour revendre, même peine que pour la fraude ;

11° Les employés aux gabelles à deux ou seuls, et assistés de deux témoins, sont autorisés à faire perquisition, même chez les privilégiés ;

12° Toutes les familles, tous les individus sujets à la taille dans les provinces de grandes gabelles, sont enregistrés et leur consommation pour pot et salière (c'est-à-dire rien que pour les besoins journaliers, non compris les salaisons des viandes, etc.), fixée à 16 *livres* par individu, qu'il leur est enjoint de prendre, qu'ils en aient besoin ou non, sous peine d'amende variable selon les cas.

Cette *paternelle* législation était l'œuvre de Colbert, et datait de 1680.

Quelques lignes de Michelet sur la Gabelle, Histoire de la Révolution. *Tome I, p.* cviii.

« Persépolis, dit Voltaire dans un de ses contes, a trente rois de la finance qui tirent des millions du peuple, ou qui en rendent au roi quelque chose. »

La gabelle, par exemple, qui rapportait 120 millions. *La ferme générale* en gardait soixante, et daignait en laisser 50 ou 60 au roi.

La perception n'était rien de moins qu'une guerre organisée, elle faisait peser sur le sol une armée de 200,000 mangeurs; ces sauterelles rasaient tout, faisaient place nette. Pour exprimer quelque substance d'un peuple ainsi dévoré, il fallait des lois cruelles, une pénalité terrible; les galères, la potence, la roue.

Les agents de la ferme étaient autorisés à employer les armes; ils tuaient et ils étaient jugés par les tribunaux spéciaux de la ferme générale.

Le grand peintre Michelet résume d'une façon saisissante dans ce petit tableau les abominables horreurs dont la gabelle était la cause. Tout ce que nous avons recueilli de preuves et de faits sert de commentaire aux lignes de l'historien.

La Gabelle devant l'Assemblée nationale.

Extrait du procès-verbal du 23 septembre 1789 :

Art. 2. — La gabelle sera supprimée aussitôt que le remplacement en aura été concerté et assuré avec les assemblées provinciales.

Art. 3. — Provisoirement et à compter du 1er octobre prochain, le sel ne sera plus payé que 30 livres par quintal ou 6 sous la livre de 16 onces, dans les greniers des grandes et petites gabelles. Les provinces qui paient le sel un prix moindre n'éprouveront aucune augmentation. — Comme on le voit, l'Assemblée nationale écoutait les plaintes formulées dans les cahiers, et, si elle procédait avec prudence, elle attaquait le mal avec décision, tout en ménageant les finances de l'Etat. Au 1er mars 1790, tout impôt était anéanti, et le sel ne coûta plus qu'un sou la livre.

La royauté absolue peut-t-elle profiter des leçons de l'histoire?

A la fin de juillet 1879, 90 ans après la destruction de

l'ancien régime, un prétendant à la royauté écrivait dans une lettre destinée au public les lignes suivantes :

« On a répété que j'avais repoussé volontairement l'occa-
« sion merveilleuse de remonter sur le trône de mes pères...
« Je vous remercie encore une fois, mon vieil ami, d'avoir
« protesté avec l'indignation que mérite un pareil soupçon.
« Vous auriez pu ajouter, parce que cela est vrai, que le
« retour à la monarchie traditionnelle correspondait aux
« aspirations du plus grand nombre; que l'ouvrier, l'artisan
« et le laboureur entrevoyaient avec raison ces paisibles
« jouissances de la vie laborieuse, dont, sous la *paternelle*
« autorité du chef de famille, tant de générations dans le
« passé ont connu les douceurs. »

On doit supposer que le comte de Chambord (il faut bien le nommer, puisque c'était lui qui aspirait à nous ramener à *la monarchie traditionnelle)* s'exprimait dans sa lettre avec la conviction d'un honnête homme : un prince pieux, un descendant de saint Louis aurait rougi de recourir à la dissimulation et au mensonge.

Comment cet homme avait-t-il donc étudié l'histoire pour venir avec assurance vanter les *douceurs* que les générations du peuple français ont goûtées jadis sous les dynasties dont il se disait l'héritier légitime ?

X

CAHIER DE RENNEMOULIN

Cette paroisse représente humblement que le sol de son territoire est, pour la plus grande partie, de très médiocre qualité, couvert par une grande quantité de remises à gibier ; — que la quantité énorme de gibier de toute espèce, ainsi que les pigeons, dévorent annuellement les récoltes : ce qui prive souvent le cultivateur de faire des blés d'hiver ; — que rigoureuse et vexatoire est l'inquisition qu'exerce continuellement le régime arbitraire des officiers et gardes-chasse contre les habitants de ladite paroisse, duquel régime il s'ensuit que, dans aucun temps les susdits habitants ne sont sûrs de la liberté de leurs personnes et du libre usage de leurs propriétés. En effet, personne n'ignore que la haine d'un simple garde, dirigée contre un particulier, suffit pour conduire en prison le soutien de toute une famille, et que les cultivateurs ne peuvent ni façonner, ni ensemencer leurs terres, même récolter leurs grains et leurs fourrages, sans dépendre de l'inspection des officiers des chasses, lesquels n'en usent pas toujours avec modération ; enfin que la multitude prodigieuse de gibier, particulièrement du lapin, qui est perpétuellement sur leur territoire, force le cultivateur d'employer une quantité de grains toujours double de celle que les terres exigent : que si cette précaution était suffisante pour les mettre à l'abri de la voracité du gibier, peut-être ne se plaindraient-ils pas, mais il y a des années où rien ne tient contre la voracité du gibier, et où les champs sont absolument dévastés.

Article 1er. — Qu'à l'avenir la liberté de leur personne et le respect de leur propriété soient assurés conformément aux vues de leur Auguste Roi; qu'en conséquence lesdits habitants ne soient plus dans la dépendance d'aucun régime arbitraire, mais bien soumis aux lois communes à tous les sujets du royaume.

Art. 2. — Que les impôts soient répartis de manière que les riches soient tenus de supporter les charges publiques en proportion de leurs biens, et les pauvres, en raison de leurs facultés.

Art. 3. — La suppression des aides et gabelles, ainsi que l'abolition de tous les privilèges et exemptions; que pour remplacer ces droits, l'impôt territorial soit établi.

Art. 4. — Que la milice soit également abolie et qu'il y soit suppléé par une disposition différente et plus conforme aux lois de la raison et de l'humanité.

Art. 5. — Que la quantité du gibier soit réduite à celle qui est nécessaire pour le prince seulement; que le lapin et le chevreuil soient totalement détruits, et que tous les colombiers soient supprimés.

Art. 6. — Que la cherté excessive du blé et les calamités qu'elle entraîne soient prises le plus promptement possible en considération, et qu'il soit avisé à l'avenir au moyen de prévenir le retour de ce fléau terrible qui frappe à mort, dans ce moment-ci, d'un bout de la France à l'autre, les meilleurs sujets du roi.

Art. 7. — Qu'il soit ordonné un examen des remises à gibier, qui couvrent, pour ainsi-dire, le territoire de Rennemoulin, ainsi que du dommage occasionné par la multitude desdites remises.

Art. 8. — Que les droits d'Eglise soient supprimés, par la raison que les gros décimateurs doivent subvenir au paiement de ce qui est nécessaire aux ecclésiastiques, pour desservir les paroisses, ou que les dîmes soient supprimées, et que le gouvernement avise au paiement des ecclésiastiques, en gardant tant qu'il serait possible d'égalité.

Quant au surplus, la communauté de Rennemoulin se confie entièrement dans la justice, la bonté et la vertu de son Roi, s'unissant de cœur et d'espérance aux sages patriotes dont les lumières et le courage, ainsi que les bonnes intentions, environnent le trône et secondent avec tant d'énergie les vœux du Roi. Elle espère que son bien-être particulier sera pris en considération, et sera la suite nécessaire de la prospérité publique qui va s'opérer.

Telles sont les expressions que dictent aux habitants de cette communauté le respect, l'amour et la fidélité qu'ils portent au Roi.

Aujourd'hui mercredi 15° jour d'avril 1789, en l'assemblée convoquée au son de la cloche, etc., sont comparus en l'une des salles basses de la ferme appartenant à S. M., située à Rennemoulin, où est demeurant Jérôme Sénéchal, fermier et syndic de la municipalité de Rennemoulin, par-devant nous Jean-Germain Prissette, notaire et commissaire de police, au bailliage royal de Versailles, à la résidence de Villepreux, soussigné, auquel lieu nous nous sommes transporté, à la réquisition des habitants de la paroisse de Rennemoulin, Jérôme Sénéchal, syndic ci-devant nommé ; François Robine, meunier ; Louis Leroux, Pierre Salles, Joseph Bouland, Simon Laurent, Pierre Milsot, Denis Milsot, Joseph Rochard, tous nés Français, etc. (1).

(La lecture de la lettre du roi avait été faite au prône la veille.)

Les députés à Versailles furent Sénéchal et Pierre Salles.

(1) Excepté la signature de Sénéchal, les autres dénotent le manque absolu d'instruction.

XI

CAHIER DE VILLEPREUX

Griefs et doléances des habitants de Villepreux.

La communauté de Villepreux représente très respectueusement que Villepreux était originairement une ville vivifiée par un marché considérable et traversée par de grandes routes, lesqu'elles communiquaient de Paris à la Normandie et à la Bretagne ; ce qui lui procurait une grande population, un commerce étendu et conséquemment beaucoup d'opulence ; que le séjour permanent du roi et de la cour à Versailles, indépendamment de plusieurs autres circonstances, ayant fait perdre à Villepreux presque tous ses avantages et sa richesse, cette ville a commencé à déchoir, en devenant un bourg dont elle n'a pu même conserver la faible importance, puisqu'elle est réduite aujourd'hui à n'être qu'un faible village assez misérable pour que beaucoup de ses habitants soient dans le cas de vivre d'aumônes ; que, dans cet état, la déchéance de Villepreux est arrivée au dernier terme possible. Ce village malheureux voit encore sa misère augmenter :

1° Par les droits d'entrée sur les boissons, suivant le détail ci-après ; droits peu profitables au roi et très onéreux pour ceux qui les supportent ;

Détail des droits d'entrée sur les boissons, savoir :

Par muid d'eau-de-vie	12 l.	4 s. »
— de vin	3 l.	9 s. 6 d.
— de cidre ou de bière	1 l.	3 s. 9 d.
— de cidre poiré	»	12 s. »

2° Par l'inégalité de la répartition des impôts, laquelle est occasionnée par les exemptions attribuées à différents propriétaires privilégiés ; ce qui est contre toute raison et toute justice ;

3° Par l'énorme quantité de pigeons et de gibier de toute espèce, qui dévastent annuellement les récoltes ;

4° Par l'inquisition rigoureuse et vexatoire qu'exerce continuellement contre les habitants de Villepreux le régime arbitraire des chasses, duquel régime il s'ensuit que dans aucun temps les susdits habitants ne sont réellement sûrs de la liberté de leurs personnes et du libre usage de leurs propriétés. En effet, tout le monde sait que la haine d'un simple garde dirigée contre tel ou tel peut suffire pour conduire en prison le soutien de toute une famille, et que les cultivateurs ne peuvent ni façonner ni ensemencer leurs terres, ni récolter leurs grains ou leurs fourrages, sans dédépendre de l'inspection des officiers des chasses, lesquels n'en usent pas toujours avec modération.

Enfin les habitants de Villepreux croient devoir ajouter à tout ce que dessus, que la quantité prodigieuse de gibier qu'on entretient perpétuellement sur leur territoire les force à employer toujours le double du grain que les terres exigent naturellement pour être convenablement ensemencées.

Encore si cette précaution les mettait à l'abri de la voracité du gibier, peut-être ne se plaindraient-ils pas, mais il y a des années où rien ne tient contre la surabondance du gibier, et où les champs sont absolument dévastés.

En conséquence de l'exposition sommaire des griefs

énoncés ci-dessus, les habitants de Villepreux prennent la liberté de former les demandes qui suivent :

1° Que les droits imposés sur les boissons soient supprimés, comme étant onéreux à la communauté et peu profitables au roi, sauf à remplacer ces droits ou leur produit par une subvention quelconque que les habitants indiqueront, s'il est nécessaire ;

2° Qu'à l'avenir la liberté de leur personne et le libre usage de leurs propriétés soient assurés conformément aux vues paternelles du meilleur des rois ; qu'en conséquence les susdits habitants ne soient plus dans la dépendance d'aucun régime arbitraire quelconque, mais bien soumis aux lois justes positives et communes à tous les sujets du royaume ;

3° Que les impôts soient tellement répartis, que les riches soient tenus de supporter les charges publiques en proportion de leurs biens et les pauvres en proportion de leurs facultés ;

4° Que par une suite de l'article ci-dessus, tous les privilèges et les exemptions, de quelque nature qu'ils soient, soient absolument abolis ;

5° Que l'objet du contrôle des actes et insinuations soit pris en considération pour être rectifié. (Cet article rappelé ici pour mémoire a déjà fixé l'attention des officiers du bailliage de la municipalité de Versailles et est traité à fond dans un excellent mémoire qui vient d'être publié par un notaire d'Orléans ;)

6° Que la milice soit supprimée, et qu'il y soit suppléé par une disposition différente de celle qui existe, et plus conforme aux lois de la raison et de l'humanité, qui ne cessent de solliciter la bienveillance universelle en faveur de la classe indigente et utile des campagnes, laquelle classe supporte présentement seule et en entier tout le poids de cet impôt ;

7° Que la quantité de gibier soit restreinte à celle qui est nécessaire au service seul et au plaisir du roi, et que tous les colombiers soient supprimés sans distinction de rang ni de personne ;

8° Que la cherté excessive du blé et la calamité qu'elle entraîne soient prises le plus promptement possible en considération, et qu'il soit avisé à l'avenir aux moyens de prévenir le retour de ce fléau terrible qui frappe à mort, dans ce mement-ci et d'un bout de la France à l'autre, les meilleurs sujets du roi, et qui souvent n'a pour cause que les combinaisons odieuses des avares et des mal-intentionnés ;

9° Qu'il soit ordonné un examen des remises à gibier qui couvrent dans ce moment-ci le territoire de Villepreux, et du dommage qui résulte pour ledit territoire de l'énorme quantité de ces remises ;

10° Que les gros bénéficiers soient tenus à résidence, autant pour l'avantage des paroisses et des communautés que pour celui des mœurs ;

11° Que tous les droits d'Eglise soient supprimés et remplacés par une portion du revenu des gros bénéficiers ;

12° Qu'il y ait enfin une assemblée provinciale, au tribunal de laquelle tous les habitants puissent sans cesse recourir dans leurs besoins, lesquels ne sont que brièvement exposés dans les présentes doléances ;

Quant au surplus, la communauté de Villepreux se confie entièrement dans la justice, la bonté et les vertus de son roi, dont la sollicitude paternelle veut le bonheur de tous et de chacun, sans exception de titres et de dignités. Les habitants de cette commune s'unissent de cœur, de vœux et d'espérance aux sages patriotes, dont les lumières et le courage, ainsi que les bonnes intentions, environnent le trône et secondent avec tant d'énergie les vues du roi. Elle espère que son bien-être particulier sera la suite nécessaire de la prospérité publique qui s'opérera.

Telles sont les expressions que dictent, aux habitants de Villepreux, le respect, l'amour et la fidélité qu'ils portent au roi.

Les députés à Versailles furent :

Jean-François Heurtier, inspecteur des bâtiments du roi, et Jean Brault à Villepreux.

> Latour, L. *Bon, Moingot,* Beguin, *Guinard, Marc, Feret,* Charrier, *Lemaître,* Pierre *Gervais,* Brunot, Louis *Coquelin,* Pitar, *Langlois, Lambert,* Chupin, *Gilbert, Lescur, Meunier, Bon,* Perrot, Naudin, *Galle,* Maillard, *Barbé,* Robert, *Perrot,* Robert, Cacheux, *Rayer, Hersant, Brault,* Antoine, *Etienne Mongrolle,* syndic ; *Heurtier* (1).

Le président : Prissette.

Si le cahier de Villepreux présente plusieurs articles semblables dans leur rédaction à celui de Rennemoulin, il faut songer que les deux paroisses étaient voisines l'une de l'autre, et que les mêmes misères les accablaient ; rien de plus naturel que les habitants se soient entretenus à l'avance sur les plaintes à formuler, et aient pour ainsi dire exprimé des doléances communes en se communiquant leur cahier.

Le cahier paraît avoir été écrit par Hersant.

(1) Les signatures en italiques sont bonnes ou passables.

XII

CAHIER DE NOISY-LE-ROI

Le cahier de cette paroisse est le plus modeste quant à la forme ; 3 pages de papier écolier assez grossier, huit articles en tout.

Art. 1ᵉʳ. — Les habitants représentent que leurs terres situées dans les plaisirs du roi sont continuellement exposées au gibier qui *détruisent* la production ; que cependant il ne leur est pas permis, qu'il leur est même défendu comme un crime capital, de prendre aucune précaution pour s'en garantir ; que ces défenses étant contraires au droit naturel et au tort de la propriété, ils en demandent la suppression ; qu'il soit permis à chacun de s'enclore et de veiller à la conservation de son bien, observant que les terres restent en friches aux environs des remises qui sont situées dans la meilleure partie du territoire, parce qu'il n'y a pas de récoltes à espérer.

Art. 2. — Demandent que les impôts soient simplifiés, qu'ils soient supportés également par le clergé et la noblesse, et qu'il n'y ait plus de privilèges à cet égard, afin que le cultivateur ne soit pas surchargé, et que la classe qui nourrit les autres ne soit pas elle-même privée pour sa subsistance.

Art. 3. — Que la gabelle soit supprimée, ou que le prix en soit diminué au moins les trois quarts, afin que le peuple, à qui le sel est de première nécessité, puisse s'en procurer.

Art. 4. — Que l'on fasse la suppression sur le monopole qui s'exerce sur les blés, et qu'on prenne des mesures pour empêcher qu'il ne s'exerce à l'avenir.

Art. 5. — Qu'il soit permis à tous les habitants d'aller sur leurs terres propres, pour échardonner quand bon leur semblera, et de faire la récolte de leurs fruits quand ils sont mûrs, sans se voir réduits, comme ils ont été jusqu'à ce jour, à l'alternative de laisser pourrir leurs foins sur pied, ou de se voir traîner en prison pour les avoir voulu sauver.

Art. 6. — Suppression des droits d'aides sur les vins et les cidres, comme nuisibles à la culture, puisque dans cette paroisse les habitants aiment mieux laisser pourrir le fruit d'un arbre que de payer des droits pour l'employer.

Art. 7. — Que les fonctions curiales soient faites gratuitement, sauf à indemniser les curés d'une autre manière.

Art. 8. — Que la suppression des grosses dîmes soit faite comme étant un impôt très onéreux.

> Nic. Mignot, syndic mun. Lucas. Heudié. Daloyau. H. Germiau. P. Bornay. Lebeau. Lesieur. Girard. J. Bertrand. J.-Jacques Girardet.

Trevet, *greffier*.

Le président ou officier délégué par le bailli était Guillery, avocat et procureur au bailliage de Versailles.

Les députés furent : François Bornay et Michel Heudié.

XIII

CAHIER DE BAILLY

Cahier des doléances, plaintes et remontrances des syndic et habitants de la paroisse de Bailly, aux Etats généraux.

Représente le tiers état de la paroisse de Bailly, grand parc de Versailles, en implorant le secours des Etats généraux, l'humanité et bonté de S. M., et dit :

Qu'ils ne voient qu'avec une peine extrême leurs moissons dévastées par le nombre incroyable de gibier de toute espèce.

Le respect et l'amour qu'il a pour S. M. le persuade de la légitimité de ses plaisirs de chasse, mais en même temps il attend avec confiance d'être dédommagé par une modération sur la taille et autres impôts, sur la taille surtout, qui jusqu'à présent est imposée dans le parc de Versailles au même taux qu'ailleurs où il n'y a pas tant de gibier, quoique les semences soient plus dispendieuses et la récolte beaucoup moindre ;

Le territoire de Bailly est chargé de trois grandes remises en futaies et taillis d'environ 10 arpents chacune ; par conséquent, les terrains limitrophes sont ruinés, au moins en pareille quantité, au détriment du fermier et autres particuliers ; le même territoire est garni d'avenues de grands arbres, qui causent les mêmes inconvénients aux terres adjacentes.

Depuis quelques années, on a lâché dans le grand parc un grand nombre de chevreuils, qui ont considérablement propagé.

Ils broutent et arrachent les blés en herbe, écorcent les arbres fruitiers, passent par dessus les haies et dévastent les jardins ; d'où il est aisé de conclure qu'ils portent un tort considérable à la récolte, aux fruits et aux légumes, choses de première nécessité aux gens de la campagne.

Les officiers des chasses sont d'accord avec ces fléaux, ils défendent de récolter les foins et les luzernes dans le temps utile, de peur de nuire au gibier de plume.

On sait que huit ou dix jours plus tard, dans les années avancées, portent un préjudice considérable.

Les moineaux ne font pas moins de dégâts : une pièce de blé une fois attaquée, pour peu qu'il soit versé, est bientôt détruite, et les pailles détériorées.

D'où il suit que les petits propriétaires du parc de Versailles sont tous malheureux et hors d'état de payer leurs impôts.

Le tiers état souhaiterait la suppression des entraves des aides, dont les employés abusent souvent de leurs devoirs, trouvent des crimes où il n'y a pas même intention de fraude ; tout le monde sait les inconvénients qui en résultent pour la tranquillité et la liberté des citoyens.

1° Ledit tiers état demanderait aussi un soulagement dans les tailles, surtout en faveur de ceux qui n'ont point ou très peu de propriétés ;

2° Une répartition plus proportionnée à la propriété de chacun ;

3° Une recette moins dispendieuse ;

4° La liberté de faire la répartition entre eux ;

5° La diminution du prix du sel.

Le tiers état supplie très humblement S. M. de donner des ordres à l'effet de surveiller la conduite des riches fermiers ou gros propriétaires, à l'occasion des emmagasinements et monopoles sur les blés, qui sont la cause de la cherté excessive du pain.

Item. — Demande ledit tiers état, que la répartition des impôts soit également faite entre le clergé, la noblesse et le tiers état.

Item. — Souhaiterait aussi que les pigeons fussent détruits, ou qu'il y ait une police qui les empêche de dévaster les blés nouvellement semés, afin qu'on pût récolter, car ainsi est le vœu général du tiers état de la paroisse de Bailly.

Ont été élus députés, pour porter le cahier :

Thuillier, charpentier, et Claude Brunette, grand messager de l'Université.

L'assemblée s'est tenue en l'église et à la tablette de ce lieu, devant les syndic, marguilliers, et membres de la municipalité.

Ont signé : Jean-Baptiste Leymarie de la Combe, maître en chirurgie. Antoine Leroy. Jacques Lévêque, greffier (1). Jacques Deschamps. Moutet. Loison. Drost. Michel de Bord. Michaux, syndic. Jamais. Auger. Pierre Reyé. Guillemin. Thuillier. Brunette. Lucas. Bazile. Robillard.

Ont déclaré ne savoir signer : François Lemaire. Nicolas-Noel Brassin. Jean Brassin. Louis Anguerraud. Antoine Bertrand. Antoine Lebas. Claude Chaussat. Antoine Joutel. Sulpice Robillard. Jacques Cadier.

---

(1) Lévêque a tenu la plume et rédigé ou écrit le cahier.

XIV

CAHIER DE LOUVECIENNES

Aujourd'hui mercredi, 15 avril, sont comparus en la maison du presbytère de ce lieu, par-devant nous Nicolas-Gilles Bertault, avocat au parlement et procureur au bailliage royal de Versailles, désigné par M. le bailli de Versailles, etc.; les soussignés et autres ne sachant pas signer, et la lecture des lettres et ordonnances, etc., ayant été faite au prône de la messe de paroisse, par M. le curé Avigot, le 15 du présent mois (le jour même), les affiches aussi apposées le même jour, nous ont déclaré qu'ils allaient d'abord s'occuper de la rédaction de leur cahier, etc., et y ayant vaqué, ils nous ont représenté ledit cahier qui a été signé par ceux qui savent signer et par nous.

Puis après délibération, ont nommé, pour porter à Versailles ledit cahier :

Les sieurs Lecoulteux (1) et Louis-Nicolas Thuilleaux.

BERTAULT, *président*.

---

(1) Lecoulteux a écrit le cahier et, à la teinte seule de l'encre dans les signatures, on voit que ce cahier était composé et écrit avant l'entrée en séance.

Le premier vœu de tous les habitants doit être la conservation des jours du roi, et une adresse de remerciements à S. M. pour avoir daigné s'occuper si particulièrement de tous ses sujets, et principalement de la classe la plus malheureuse, les faisant rentrer dans les droits naturels à tous les hommes : ceux de la liberté individuelle et de la propriété. Puisque, par sa bonté, nous nous trouvons réunis et qu'il nous est permis de représenter les abus sous lesquels nous et nos pères avons gémi, et que nous avons tout lieu d'espérer que, sous le nouvel ordre de choses, nos enfants jouiront de ce que nous allons obtenir, nous profiterons de l'invitation expresse que fait S. M. à tous ses sujets, de solliciter tout ce qu'ils croient convenable au bien de l'Etat, et en conséquence ordonnons à nos députés au bailliage secondaire de Versailles de demander en notre nom ce qui suit :

1° Que l'on s'occupe avant de nous assurer pour l'avenir et indépendamment de tout événement, le droit qui vient de nous être accordé à cet effet : que les Etats-généraux soient convoqués tous les trois ans au plus tard, et dans les cas d'un renouvellement de règne ;

2° Qu'il soit immédiatement après statué sur la forme dans laquelle tous les citoyens devront être convoqués, afin qu'il n'y ait point pour l'avenir de défaut de représentation d'un pays comparé à un autre ; lequel défaut existera nécessairement dans la forme actuellement adoptée à cause de l'inégalité des bailliages en population et en impositions ; laquelle n'a été que très faiblement remédiée en augmentant dans quelques-uns le nombre de députations. Il est d'autant plus permis aux habitants de la prévôté de Paris, une des plus considérables du royaume, et une de celles qui paient le plus d'impositions, de faire cette observation, qu'elle n'a que six députés du tiers lorsque le bailliage de Chaumont-en-Vexin, par exemple, moins grand que le moindre de nos bailliages secondaires, en a deux ;

3° Qu'une meilleure proportion soit établie pour l'avenir

entre les représentants de la nation ; que le tiers, qui à lui seul forme plus des quatre cinquièmes de la population, ait la moitié des voix, c'est-à-dire que sur six personnes, le tiers ait trois députés, la noblesse deux et le clergé un seul ; mais que dans les trois députés du tiers, pour obvier à ce que les intérêts divers du tiers des villes et des campagnes ne soient pas également représentés ou qu'ils ne le soient qu'imparfaitement, ce qui arrivera si une classe domine, il soit statué que sur trois députés il y aura nécessairement un agriculteur ou propriétaire, un négociant ou manufacturier, et un homme de loi ou bourgeois ;

4° Que les impositions ne soient accordées que pour l'intervalle entre la tenue des Etats généraux, et qu'elles cessent de droit au bout de trois ans, ne pouvant être renouvelées que par eux seuls ;

5° Que toutes les impositions quelconques soient supportées par tous les citoyens sans aucune distinction de rang ou d'état ; que tous les privilèges pécuniaires, toutes les exemptions des droits aux entrées des villes, soient abolis ;

6° Que pour remédier à l'arbitraire et au vexatoire des vingtièmes de la taille, surtaille et capitation, tant dans leur essence que dans leur perception, ces impôts soient fondus dans un seul impôt territorial, qui sera fixé à tant pour cent des produits de toutes les terres du royaume, sans en excepter les parcs et clos ;

Que la perception en sera confiée, en premier lieu, aux assemblées provinciales, ou pour mieux, aux Etats de chaque province, qui s'entendront avec le gouvernement pour l'évaluation de ce tant pour cent, en raison : 1° de la population ; 2° de la qualité des terres, qui seront divisées en trois classes : *bonnes*, *médiocres* et *mauvaises* ; 3° des débouchés des productions du sol, d'après la proximité des rivières, des grands chemins, des grandes villes, ou d'après la qualité desdits produits ; qu'ensuite les Etats feront leur répartition par municipalités, et celles-ci, par paroisses qui nommeront elles-mêmes des collecteurs pris tour à tour et gratuitement parmi les paysans. Ces paroisses verseront ensuite les fonds aux municipalités, et celles-ci aux Etats, sans frais;

7° Que l'impôt connu sous le nom de *cote personnelle,* qui existe dans ce village et dans plusieurs autres sans doute, soit aboli, comme frappant sur le plus pauvre journalier, et en général que tout impôt *sur l'industrie* soit supprimé comme anéantissant toute émulation ;

8° Qu'il y ait des changements considérables sur l'impôt des aides et gabelle, que ces noms *trop bu* et *pas assez consommé,* qui ont trait aux liqueurs et au sel, et dont tout le monde connaît la véritable signification, soient bannis à jamais de la mémoire des Français ; que ces impôts désastreux soient remplacés par d'autres sur les consommations de luxe, et, si enfin ils sont nécessaires, qu'ils soient modérés, perçus comme ceux sur les terres, par les provinces elles-mêmes, également répartis et fixés, de sorte que l'arbitraire n'y puisse rien, et que le malheureux habitant de la campagne, à l'abri des vexations d'une armée de commis, puisse en paix, moyennant une contribution raisonnable, boire ou vendre à volonté le vin qu'il récolte, et faire un usage libre du sel, cet heureux don de la nature, dont elle est si prodigue, et dont l'avarice mal entendue de notre gouvernement nous prive depuis si longtemps, au grand détriment de notre sol, de notre industrie, de nos troupeaux et de nos jouissances ; car tout le monde sait que là où le sel est à bon compte, on en répand sur les terres, on en donne aux troupeaux ; il sert pour les provisions conservées de la campagne, et on l'emploie utilement;

9° Qu'en cas de guerre le roi puisse ouvrir sur-le-champ un emprunt de 100 millions ; mais que les lettres de convocation pour l'assemblée des Etats généraux paraissent le même jour, pour qu'ils pourvoient aux intérêts, remboursements dudit emprunt, et à de plus puissants secours, si le besoin y est.

10° Que la corvée, qui a déjà éprouvé l'amélioration d'avoir été changée en argent, au lieu d'être exigée personnelle, ayant pour but de servir à la confection et réparation des chemins, il est naturel que chaque ville ou chaque village jouisse de ce qu'il paie ; ainsi qu'il soit statué que sur la somme payée par chaque endroit, la moitié seulement ira à la masse générale, pour la confection des grandes routes et autres chemins publics, et l'autre moitié restera dans le pays pour la formation et réparation des lieux circonvoisins, de traverses, et autres améliorations, soit des mares, des fontaines, du pavé, etc., des diverses paroisses ;

11° Que pour remédier à l'inconvénient et au malheur de la milice, tous les garçons de dix-huit à quarante ans paieront annuellement, entre eux, la somme nécessaire pour fournir à S. M. le nombre de soldats, auquel ils sont tenus dans le moment actuel, et que chaque village fournira ainsi à volonté les hommes ou la valeur en argent avec laquelle ils pourront se les procurer ;

12° Que, comme d'un côté, la paye actuelle du soldat n'est pas assez forte pour le faire vivre, qu'ainsi il en est plus sujet à la rapine et à d'autres vices, et que, d'un autre côté, la moindre augmentation deviendrait très considérable, il soit pourvu à ce que les soldats, en temps de paix, puissent gagner leur vie en exerçant différents métiers, excepté deux jours la semaine : le jeudi et le dimanche, qu'ils feront l'exercice ; et que ce soit aussi les pionniers et autres soldats, qui doivent en cas de besoin être endurcis à la fatigue, qui fassent les grandes routes, etc., bien entendu, payés pour cela. Les soldats cessent, dès lors, d'être regardés par le paysan comme des ennemis, et on ne se plaindra plus amèrement du logement des gens de guerre, dont, dans l'état actuel des choses, nous demandons absolument la suppression ;

13° Que les capitaineries soient supprimées, et si, sans croire trop perdre de ses droits dans un moment où la noblesse s'est montrée si juste envers le tiers, elle voulait rendre la chasse libre à tout le monde, on serait bientôt débarrassé du fléau qui résulte, aux campagnes, du gibier par trop multiplié ;

14° Que la liberté de l'homme soit sous la sauvegarde de la loi, mais que la loi mal interprétée ne puisse pas la faire perdre à l'homme ; ainsi que tout accusé, mené en prison pour cause civile puisse donner caution et, soit pour cause civile ou criminelle, ne puisse pas y rester plus de vingt-quatre heures, sans être présenté devant le juge ;

15° Que dans les campagnes, toutes discussions qui naîtront, et dont le fond ne s'élèvera pas au-dessus de vingt écus, les parties seront obligées de s'en rapporter à des arbitres nommés par chacune, qui ne seront parents ni alliés ; lesquels, à défaut d'être d'accord, nommeront un surarbitre, pour juger en dernier ressort ; que pour les différends plus majeurs, pour lesquels il faut avoir recours aux tribunaux, la justice leur sera établie le plus près possible, et aucun procès ne pourra durer plus d'un mois sans être jugé, sauf recours contre le juge. On pourra appeler du jugement, mais seulement une seule fois, et à un tribunal égal, mais d'un autre ressort ;

16° Qu'il soit statué par les Etats généraux sur les moyens à adopter pour que les charges de judicature ne soient plus vénales, que la justice se rende sans frais, qu'aucune charge ne donne la noblesse transmissible ; qu'on ne puisse plus posséder, avant l'âge de 30 ans, celles qui mènent en droit de prononcer sur la vie ou sur la fortune des citoyens ; et que pour y parvenir, on ait fait des études relatives, et pratiqué sept ans au moins les offices inférieurs ;

17° Qu'aucun sujet de S. M., quelle que soit sa naissance, ne soit jugé inhabile à posséder la première dignité de judicature d'église ou d'épée, toutefois que ses talents et son mérite l'en auront rendu digne ;

18° Que, d'un autre côté, le commerce et les arts libéraux ne soient plus considérés comme dérogeant par la noblesse qui voudra s'y attacher, mais bien au contraire, que ceux qui auront dans ces états mérité de la Patrie, soit par de nouvelles découvertes utiles à l'industrie nationale, et de nouveaux débouchés donnés à nos productions, en reçoivent la récompense par des encouragements publics. Cela est d'autant plus à désirer qu'il est à observer qu'il existe peu d'états ou de professions, surtout parmi le tiers, que celui qui les remplit, n'aspire à quitter pour un autre, aussitôt qu'une légère augmentation de fortune le lui permet. Quelle en est la cause ? C'est l'espèce de prééminence que dans la société quelques états ont peu à peu acquis sur d'autres.

Tout le monde méprise l'état qu'on vient de quitter, et on est tout prêt à mépriser celui que l'on a, aussitôt qu'on aura pu en changer. Il s'ensuit que rarement on parvienne à la perfection dans aucun, et que les connaissances et les capitaux des pères sont perdus pour les enfants et pour la nation ;

19° Que pour parvenir à fixer sur ces deux points l'esprit national, il soit statué d'abord, que toutes *les fautes* et *les vertus* seront personnelles, c'est-à-dire : 1° que les délits d'un homme repris de justice, et sa punition, même capitale, ne seront d'aucune tache pour sa famille, qui pourra toujours prétendre à tout ; 2° que la noblesse ne sera dorénavant accordée à des personnes du tiers état que pour service, ne sera transmissible qu'autant que les enfants la feront renouveler et en auront mérité la continuation, ou en restant dans l'état qui la leur aura acquise, ou en se distinguant également dans une nouvelle carrière ;

20° Qu'il soit procédé également et sans délai à une réforme dans la justice criminelle, d'après le vœu que S. M. en a déjà manifesté, et qui n'a point été exécuté ; qu'à cet égard il soit formé un conseil composé des jurisconsultes les plus habiles, et surtout que l'établissement des jurés, l'abolition de la question, de conseil donné à l'accusé, la récusation des témoins nécessaires, le ressort des cours souveraines diminué, soient la base du nouveau code;

21° Que toute personne revêtue d'un emploi public soit tenue de l'exercer au moins dix mois de l'année, dans le lieu où il existe. En conséquence, que les gouverneurs de province, colonels, intendants, évêques, abbés, prieurs, vivent dans leurs gouvernements, régiments, provinces, évêchés, abbayes et prieurés, sans pouvoir venir à Paris, sans un congé exprès et motivé;

22° Que nulle personne ayant des pensions de la cour ne puisse les conserver, du moment qu'il possèdera une autre faveur ou place pécuniaire; puisque les pensions doivent être destinées et bornées aux personnes qui en ont absolument besoin;

23° Qu'aucun individu dans l'épée, la robe, la finance ou l'Eglise, ne puisse posséder à la fois les émoluments de deux emplois, et qu'il soit obligé de résilier le moins avantageux, lorsqu'il en obtiendra un plus lucratif.

Les canons de l'Église défendaient pour les ecclésiastiques la pluralité des bénéfices, il est très juste de les faire revivre, et le même motif qui ne permettait pas de se charger de plusieurs emplois ecclésiastiques, l'impossibilité d'en remplir plus d'un dignement, doit décider à faire le même règlement pour les emplois laïques;

24° Que les ministres soient comptables envers la nation et puissent être dénoncés aux États généraux, mais seulement sur deux points: l'abus d'autorité et le péculat. Il serait injuste d'exposer les ministres à toutes les vengeances secrètes de tous ceux qu'ils auront pu mécontenter, ce qui serait, si l'on pouvait les attaquer sur les fautes d'incapacité, d'inconduite, ou les préjuger par des évènements successifs, malheur qu'ils n'auront pas pu ou su prévoir;

25° Que le sort du bas clergé ou deuxième ordre, dans les campagnes, soit réglé d'une manière invariable, qui le mette à l'abri du besoin, dans une position relative à son caractère et à la nécessité où il est de secourir les pauvres et les malades, et aussi dans l'indépendance de ses paroissiens, à qui ils ne peuvent inspirer ni respect, ni déférence, lorsqu'ils sont souvent en discussion d'intérêt, soit pour leurs dîmes, soit, ce qui est encore pis, pour les frais de baptême, mariage, enterrement, etc., qui tous devraient *être gratuits;*

26° Qu'à cet effet chaque province se charge de recueillir les dîmes actuelles, qu'on y joigne tous les bénéfices simples, qui seront affermés au plus offrant, et aussi tous les biens des ordres religieux, dont les couvents ne seront pas suffisamment pleins, en renvoyer les moines avec des pensions viagères, dans d'autres établissements de leur ordre, et que, sur ces divers revenus joints à celui des dîmes, la province paye aux curés une certaine quantité fixe de boisseaux de froment, dont la valeur en argent sera évaluée, chaque année, par le prix du grain dans le pays à la Saint-Martin, et cette quantité sera plus ou moins forte, en raison du nombre des feux du village confié à ses soins ;

27° Que le sort des vicaires soit aussi fixé comme celui des curés, dans une proportion décente, pour qu'ils puissent vivre, et que les vicariats soient attachés aux cures, comme en faisant partie : de sorte que les vicaires soient permanents comme le curé ;

28° Que sur ce même fonds, le sort des curés et des vicaires étant assuré, chaque village ait une *fondation d'un maître d'école,* une bibliothèque et de deux sœurs grises, le tout dépendant et relevant de la municipalité. Ainsi le pauvre sera assuré pour l'avenir de n'être pas privé des secours temporels ni spirituels, lorsqu'il sera malade, et sera à même, en santé, d'être instruit des premiers principes de religion et d'éducation, et rendu capable par là de participer aux écoles gratuites d'éducation en tout genre, qui pourront aussi être formées dans les villes, et alimentées par les octrois ;

29° Qu'on ne puisse plus être admis dans les ordres religieux, hommes ou femmes, avant 30 ans accomplis. Les Etats généraux s'occuperont et renouvelleront les défenses qui ne permettent pas aux testateurs de laisser leurs biens aux gens de main-morte ;

30° Que les Etats généraux autorisent l'aliénation des domaines de la couronne, excepté celle des parcs, eaux et forêts royales, dont il est au contraire nécessaire de fixer d'une manière sage l'exploitation progressive, en évitant les abus énormes dont cette partie a été de tout temps la proie. Quant aux autres domaines, il paraîtrait raisonnable que chaque pays d'Etats vendît ceux qui existent dans la province, au plus offrant, en vente publique, par trois enchères successives, et, afin qu'on en tirât tout le parti possible, nul lot ne pourrait être au delà de 100 arpents. Le produit en serait employé en diminution de la dette nationale, et formerait un objet majeur ;

31° La cherté actuelle du pain expose la majeure partie du peuple à la misère la plus déplorable, et les Etats généraux ne peuvent apporter trop de célérité à y pourvoir. Ce doit être l'un des objets qui doit occuper les Etats généraux de prendre en considération le commerce presque toujours abusif des grains, et d'empêcher qu'il n'en sorte du royaume, qu'après que les provisions nécessaires pour chaque province auront été vérifiées et assurées ;

32° Qu'enfin on s'occupe des moyens, non pas d'acquitter la dette nationale, car cela n'est pas nécessaire dans un royaume comme la France, qui donne à ses créanciers une sûreté financière mille fois plus satisfaisante que celle de toute autre puissance du monde, mais qu'on s'occupe des moyens de la consolider, et d'assurer d'une manière fixe, positive et indépendante du ministre et du ministère, le paiement des intérêts à époques égales et constantes, et sur lesquelles enfin l'étranger, qui nous apportera bientôt alors ses capitaux, puisse compter. Et cette opération n'est pas aussi difficile que l'on pense : dès que la dette sera acceptée et reconnue par la nation, qui en répondra solidairement, alors la foi publique sera conservée, et l'opinion méritée dont jouira la nation française la mettra bientôt, ainsi que son roi, au rang que sa situation, ses richesses territoriales, sa population et le caractère de ses habitants, doivent lui donner dans la balance politique de l'Europe; notre puissance même sera pour nous le gage d'une paix longue et heureuse, que personne n'osera troubler.

Comme c'est à la bonté et à la sagesse de Louis XVI que nous devrons tous ces bienfaits, nous désirons que les Etats généraux lui décernent le titre d'*Ami du peuple,* et un monument élevé à sa gloire sur la place de la Bastille détruite et rasée, ainsi que toutes les prisons d'Etat, inutiles à une nation libre, et qui devra être délivrée du fléau des lettres de cachet, sous quelque forme que ce puisse être. Les trois ordres se feront sans doute un honneur de concourir à cet hommage libre de la reconnaissance, si non le tiers état l'élèvera à lui seul.

Que le ministre, moderne Sully, qui nous a fait retrouver un autre Henri IV, ait un médaillon en bronze, aux pieds de son maître, et soit honoré par les Etats généraux de lettres de *naturalisation de citoyen français.*

>Leduc. — Jean-Louis Capon. — Etienne Colombel. — Jacques-Christophe Bicault. — L. Bonnet. — Jean Mondhuit. — Jean Richard. — Louis Thuilleaux. — B.-N. Jorre. — Pouilliard. — Le Couteulx. — Penot. — Jean Jorre. — Thuilleaux. — Jean-Pierre Heraville. — Chetou. — A. Michel. — Jean-Louis Allain. — Jean-Baptiste Peltier. — Jean-Baptiste Leclaire. — Jean-François Despois. — J. Richard. — Thuilleaux. — Jean Bouchard. — Antoine Grenet. — Michel Gagné. — Jean Guillotel. — Louis Lauret. — J.-L. Lacroix. — Toussaint Thuilleaux. — Noel Sulpice Vilain. — Louis-Prix Ollivon. — Charles Biloré.
>
>BERTHAULT, président.

La rédaction, quant à l'écriture, est de la main de Lecoulteux, et la note suivante permettra d'assurer que la teneur du cahier était également de lui.

Ce cahier, dont le lecteur a dû remarquer l'exposition calme et judicieuse, ne manqua pas de fixer l'attention dans l'Assemblée générale de Versailles, quand la commission, nommée pour réduire toutes les doléances dans un unique cahier, choisit parmi les vingt celui qui pouvait servir de cadre à recevoir et à embrasser, sous différents chapitres, la pensée commune des paroisses du bailliage.

On en préféra un autre, celui de Boislandry, de Versailles, que nous lirons plus loin, mais un des membres de la commission, De Plane, de Marly-le-Roy, traça la note suivante sur la feuille destinée à recevoir les indications relatives aux cahiers :

« Notre compétence actuelle ne me paraît pas comporter l'admission du plan de travail de M. Boislandry. Je préfère le plan de *M. Lecoulteux*, pour les raisons qu'il en a données.

« J'insisterais pour que M. Boislandry fît imprimer particulièrement ses idées dans un mémoire dont je désire l'adoption aux Etats généraux; et probablement, son mémoire y parviendra par sa comparution aux Etats généraux. »

Nous aurons à revenir sur Boislandry et son cahier; mais tout d'abord il n'est pas sans intérêt de constater que, même avant l'élection définitive des députés, déjà dans le bailliage de Versailles, l'opinion se prononçait en faveur de Boislandry.

COMMENTAIRE

Sur la Milice.

Recherches sur cette partie de l'organisation militaire avant 1789.

Dans les cahiers, c'est un cri général : *abolition* ou *suppression de la milice*. Comme pour les aides, la gabelle et les capitaineries ou la chasse, le souvenir des vexations que la milice causait aux habitants des campagnes est allé en s'affaiblissant ; et aujourd'hui bien des gens, sur la foi d'écrivains audacieux qui sacrifient les droits de la vérité à l'intérêt de leur parti, reprochent à la Révolution française la conscription et le service militaire, comme une charge nouvelle et inconnue avant elle, qu'elle aurait imposée aux générations modernes.

Certes je n'ai pas le dessein de réfuter une à une les assertions d'auteurs qui ferment les yeux de propos délibéré. Je me contenterai de produire des textes clairs et précis, comme les arrêts d'un juge impartial ; et la vérité éclatera et s'imposera aux hommes de bonne foi.

Je ne puis mieux faire que d'analyser un mémoire sur les milices, lu au sein de l'Assemblée provinciale de l'Ile-de-France à Melun, dans la séance du mardi 29 octobre 1787, par M. le vicomte de Noailles (1) :

..... La milice fait partie des impositions en nature ; elle est chez tous les peuples un tribut plus ou moins rigoureux, mais toujours indispensable ; comme elle frappe plus directement sur la classe laborieuse que sur la classe oisive, elle prive les villes et les campagnes d'une activité dont elles ne peuvent se passer.....

La constitution actuelle de la milice doit son organisation au ministère de M. de Louvois ; il fut prescrit en 1688, à chaque paroisse qui doit fournir un homme, de choisir celui qu'elle voudra présenter et de le payer 2 sols par jour ; ainsi la première intention du gouvernement a été de n'affecter au service de la milice que des soldats engagés volontairement.

En 1769 (2), M. de Choiseul sentit la nécessité de conserver l'ordre des tirages qui avaient été négligés pendant près de 6 années (sur l'initiative du maréchal de Belle-Isle).....

Alors il s'éleva des émeutes qui prouvèrent combien l'esprit militaire avait dégénéré dans l'ordre qui compose la milice.....

La population de l'Ile-de-France (Paris excepté) monte à 1,101,700 âmes (selon le calcul de M. Necker sur les finances de la France). Cette province fournit sept bataillons de troupe provinciale, composés de 710 hommes, ce qui fait 4,970. Le rapport de la milice à la population est dans la généralité de 221 à 1 ; mais ce premier calcul, qui est en faveur de la somme totale de ses habitants, change rapide-

---

(1) M. de Noailles, membre de l'ordre de la noblese dans l'Assemblée provinciale, faisait aussi partie de la commission intermédiaire siégeant à Paris. Cette commission préparait et étudiait les questions et faisait les rapports.

(2) Erreur : c'est en 1766.

ment et se dénature au point que le fardeau de la milice est, pour les classes qui la supportent, dans la proportion de 30 à 3 (ces bases ont été données par M. l'Intendant (Bertier).

La différence énorme qui existe entre ces deux rapports laisse croire qu'outre les *privilégiés* il y a encore un grand nombre d'exemptions. La loi ainsi éludée en faveur des uns en devient d'autant plus cruelle pour les autres, puisque le nombre de ceux sur qui elle frappe est d'autant plus diminué ; et c'est ainsi que souvent un père de famille se voit arracher celui de ses enfants qui lui est le plus nécessaire, tandis qu'un homme inutile à l'Etat est *quelquefois* ménagé. Toute exemption sollicitée contre la loi prépare une injustice, mais quand elle peut influer sur la liberté d'un citoyen, celui qui l'accorde doit trembler de faire usage du pouvoir qui lui est confié. Les exemptions pour la milice ont encore un autre effet non moins funeste : celui d'avilir ceux qui ne peuvent parvenir à se faire exempter.

Le tirage des milices demande donc une justice sévère dans son exécution. *Il est confié à une seule personne qui ne doit pas un compte public de sa conduite :* l'espoir de le corrompre est lui seul un germe de désordre.

Les sommes levées pour la milice sont imposées avec la capitation ; elles ont monté à 47,000 livres depuis 1780, savoir : pour frais de levée aux subdélégués à raison d'un sixième, et de 5 livres par homme, ajoutant 11 hommes par bataillon pour mort ou désertion : 4,196 liv. 13 s. 6 d.

Pour former le petit équipement d'après le marché qui est de 192,000 livres, et qui doit être acquitté la cinquième année en retenant chaque année : 39,563 fr. 6 s. 8 d.

Pour l'entretien de ces effets 1,000 livres. Il est sans doute nécessaire de compléter les armements pour les milices ; la prudence exige que tout ce qui demande un espace de temps pour être fabriqué soit toujours préparé pour les troupes ; mais il paraît inutile de conserver dans un magasin des effets qu'on peut se procurer en quelques heures et tels sont ceux qui constituent le petit équipement ....

L'impôt fixe que paie la province, sous la dénomination d'imposition pour la milice, n'est pas le seul qu'elle supporte pour ses levées, il est d'autres abus consacrés par le temps, et qui ne sont pas sanctionnés par la loi.

Le trop grand arrondissement des lieux où se font les tirages occasionne aux cultivateurs des déplacements qui leur font perdre un temps précieux, et cette division vicieuse et trop étendue oblige les habitants d'un grand nombre de villages à perdre une journée pour aller au lieu du tirage, et une journée pour attendre la décision du sort, et une journée pour s'en retourner. La journée étant évaluée dans la généralité de Paris à 25 sous, et 25,000 hommes tirant à la milice (1), il en résulte que la province souffre chaque année une perte réelle de 93,750 liv.; et c'est la classe la moins fortunée qui supporte cet impôt aussi onéreux pour elle que la taille. A ces pertes déjà si considérables il faut ajouter encore ce qu'il en coûte pour la cotisation.

Les paysans font une bourse pour celui qui tombe milicien; ces bourses montent communément à 300 livres, et la totalité peut être évaluée dans la généralité de Paris à 240,000 livres.

Le gouvernement s'est opposé à la cotisation, mais ses efforts ont été inutiles, parce que l'opinion du déshonneur attachée au refus de la cotisation est nécessairement plus forte que la loi.

(1) 25,000 hommes tirant à la milice, sur 1,100,000 âmes de population, représenteraient pour la France, en supposant la population générale de 22 millions, une mise en mouvement de 500,000 jeunes gens au moins tous les ans pour former le 6º (environ 13,000 hommes) d'un corps de miliciens de 75 à 80 mille hommes : c'était insensé. Il est vrai qu'on arrachait, pendant quelques jours à leurs travaux, des hommes depuis l'âge de 18 jusqu'à 40 ans, et que ces hommes pouvaient être appelés ainsi 22 fois.

Les maux qu'occasionne la forme des tirages sont beaucoup plus grands qu'on ne pense.

La promulgation de la loi, qui en détermine l'époque, se faisant longtemps d'avance, invite aux déplacements, décide les émigrations et détermine les mariages prématurés (1).

L'opinion généralement reçue dans les campagnes est qu'on oblige la généralité (province de l'Ile-de-France) de fournir un plus grand nombre de soldats qu'elle ne doit pour son contingent, et que cette augmentation a lieu pour compléter le nombre d'hommes que la faveur veut dégager.....

Il est aussi des contraintes qui troublent les soldats provinciaux, et qu'on pourrait éviter ; ils sont obligés de se présenter tous les ans, à des époques fixes, au subdélégué dont ils dépendent.

Ils perdent au moins une journée de travail pour remplir ce devoir ; s'ils s'en écartent une seule fois, ils sont condamnés comme déserteurs à une prolongation de service, et cette loi contraire à son but leur fait regarder comme un châtiment un état qu'ils devraient aimer.

Ce ne peut être sans douleur que nous voyons ce qui se passe aux approches du tirage de la milice : les familles se rassemblent (nous n'avons pas compris cette perte de temps et les dépenses qu'elle entraîne : elles augmentent de beaucoup l'impôt réel que la province supporte) ; elles encouragent celui qui doit tirer au sort, il marche accompagné de tout ce qui peut soutenir ses forces, il avance une main mal assurée au chapeau, et ose à peine jeter les yeux sur le

---

(1) Montesquieu, *Lettres persanes*, t. 1. Dans les guerres passées, la crainte où étaient tous les enfants de familles pauvres d'être enrôlés les obligeait de se marier, et cela dans un âge trop tendre et dans le sein de la pauvreté. De tant de mariages il naissait bien des enfants que l'on cherche encore en France, et que la misère, la famine et les maladies ont fait disparaître (*Notes du vicomte de Noailles*).

billet qu'il retire..... Mais cette crainte que le paysan annonce, elle cesse dès qu'il est sous les drapeaux; il faut donc attribuer à d'autres motifs l'effroi des campagnes ; il est causé par quelques erreurs, par quelques fausses interprétations que l'autorité s'empressera de corriger quand elles lui seront dévoilées.

Le soldat milicien ne tient à la loi militaire que par la nécessité de donner des preuves de son existence. Il ne reçoit point d'argent pour prix de son engagement, il n'a point de solde qui le fasse vivre. (Nota : la première institution des milices leur assurait une paie).

Dès lors, toute manière d'assurer sa subsistance doit lui être permise; la crainte de s'écarter du lieu où la condition de milicien l'attache, les difficultés qu'il y trouve, les dangers auxquels il s'expose, s'il ne remplit pas les formalités demandées, l'empêchent d'y jouir d'un meilleur sort ; toutes ces gênes font d'un milicien un véritable serf; il déteste la loi de rigueur qui l'enchaîne, il hait le sol qu'il cultive, et la milice porte ainsi l'effroi dans l'esprit du peuple par une foule d'inconvénients qui y sont étrangers.

Le gouvernement veut sans doute assurer les droits de tous les ordres de citoyens. Le milicien est deux fois à l'Etat, et dès lors il a droit à une double protection. Qu'importe le lieu qu'il habite, dès qu'il est prêt à marcher?

Il faut lui donner toute la liberté dont il peut jouir sans nuire à son nouvel état. C'est un des objets dont l'administration voudra bien s'occuper : nous ne sommes que l'interprète des vœux des provinces.

La généralité de Paris a quelques principes particuliers dont *l'utilité n'est pas bien sentie,* et dont il serait possible de craindre l'abus dans des mains moins sages que celles qui peuvent en faire usage; il est possible même qu'ils contribuent à augmenter la crainte de la milice (1).

(1) Le rapporteur faisait ici en termes adoucis la critique de l'administration de l'intendant Bertier; et si les cahiers en grand

Et deux ans après les cahiers ne disent pas autre chose.

Tout ce qui est milicien, et qui ne devrait être regardé que comme citoyen, est dans une dépendance directe de l'Intendant ; à la moindre faute, ce milicien devient soldat, et quoique les miliciens ne soient pas rassemblés, il est forcé de rejoindre une compagnie, où il est sous un régime militaire, et où, sans servir plus utilement dans l'armée, il est cependant arraché à sa famille, enlevé à la culture, et payé par l'Etat ; ce qui devient à la fois vexatoire pour le sujet et onéreux pour le gouvernement.

Une des fonctions des miliciens est de monter la garde pour empêcher de fuir les pauvres du dépôt de mendicité, comme si un asile de bienfaisance pouvait, par son régime, être devenu tel que les malheureux qui s'y trouvent dussent concevoir le désir de s'en échapper (1).

Les troupes connues sous le nom de compagnie des gre-

---

nombre demandaient la suppression des intendants, c'est que Bertier avait soulevé bien des haines par son despotisme et sa rapacité. Dans la séance d'ouverture, en 1787, ce même Bertier disait, en s'adressant aux membres de l'Assemblée provinciale, à Melun :

« Je ne puis m'empêcher de recommander à votre humanité, à votre zèle et à votre justice trois objets pour lesquels je conserverai toujours un vif attachement : les pauvres taillables, l'agriculture et les collaborateurs qui m'ont aidé dans les travaux que j'ai entrepris. Quand vous serez dans le cas de les calculer, vous serez quelquefois effrayés des charges dont sont grevés les fonds de terre de la généralité de Paris. Vous serez touchés jusqu'aux larmes de l'énorme fardeau que supporte encore le taillable proprement dit, sous la dénomination de taille personnelle. Je l'ai cependant soulagé, et l'on m'en fait des reproches. Ah! Messieurs, daignez le protéger ; c'est sur lui que portent toutes les charges de l'Etat, et c'est lui qui vous donne des défenseurs (soldats), des cultivateurs, et qui fait votre richesse en consommant vos denrées. »

(1) Nous nous sommes transportés au dépôt de Saint-Denis,

nadiers de Saint-Denis sont toujours rassemblées dans cette ville. Cette compagnie est aussi destinée à recevoir les substitutions à la milice.

Ces substitutions se font pour des miliciens qui sollicitent leur remplacement. On leur accorde leur congé pour 210 livres, et on met à leur place un homme engagé pour 120 par un recruteur de Paris.

Il résulte divers inconvénients de cette substitution.

Un homme fort, robuste, habitué au travail, attaché par une propriété, est remplacé par un homme, ou vagabond, ou faible, ou livré à la débauche, et qui le plus souvent réunit tous ces désavantages; de plus, le milicien qui, comme il a été dit plus haut, a reçu comme cotisation 300 livres et qui parvient à se faire substituer pour 210 livres, emporte à la province 90 livres.

Le nombre des substitutions peut être évalué à 100 hommes, il y a donc une perte de 9,000 livres sur les milices pour la province.

Il résulte encore que ces substitutions produisent annuellement une autre somme de 9,000 livres dont nous ne doutons pas qu'on ne fasse quelque emploi utile, mais qui, provenant de l'impôt de la milice, paraîtrait devoir être employée de préférence au soulagement de ceux qui le supportent.

Les substitutions ont aussi l'inconvénient d'ôter au recrutement de l'armée une classe d'hommes qui leur est assurée, et d'exposer les milices au danger de l'esprit de libertinage et de désertion, qu'on ne trouve pas ordinairement dans les campagnes. Enfin les communautés sont forcées de réparer des pertes qui leur sont étrangères, et c'est pourquoi elles sont une charge de plus.

Nous avons encore à nous occuper d'un règlement sur les

___

nous y avons trouvé des indigents confondus avec des vagabonds, et nous n'avons écouté que les plaintes des malheureux qui n'ont besoin que d'être secourus; ce qui nous a fait regarder cette institution comme un asile de bienfaisance. Vte de N.

milices qui semble s'accorder avec le principe de leur institution. Ce règlement propose de diviser toutes les provinces en cantons et en districts, de donner à chacun la liberté d'engager volontairement un domicilié, et d'assurer une paie de 2 sols par jour au soldat provincial.

Cette disposition ferait disparaître l'inégalité que le sort entraîne, les dépenses et les pertes de temps pour se rendre dans les lieux des tirages, les frais de recherches des fuyards, (à la charges des paroisses), les querelles et les injustices que cette recherche occasionne, et cette multitude d'exemptions si abusives, et d'autant plus multipliées, que la loi du sort est plus effrayante ; elle détruirait enfin une foule d'abus encouragés par le régime actuel.

Nous pouvons ajouter ici le précis d'un mémoire présenté par un cultivateur, membre de l'Assemblée, sur plusieurs abus des tirages de la milice. « J'ai vu, dit-il, depuis bien des années la désolation que cause le tirage da la milice dans les campagnes. Les bourses qu'on ne peut empêcher épuisent les familles les plus pauvres. Les sujets les plus forts et les plus laborieux s'éloignent pour se soustraire au tirage. Dans une paroisse qui a 30 miliciables, il faut compter que pendant 15 jours ces jeunes gens cherchent à s'étourdir et à se dissiper ensemble, et avec ceux des paroisses voisines ; que ce sont 750 journées de perdues ; que les parents eux-mêmes perdent beaucoup de temps dans ces circonstances ; que les animaux de labour restent oisifs et à la charge des cultivateurs. Le tirage se fait souvent au mois de mars, temps si précieux pour l'agriculture. Enfin, plusieurs subdélégués, pour accélérer leur travail, réunissent, 3, 4 ou 5 paroisses, d'où il peut arriver que la plus faible paroisse, qui n'a que 8 ou 10 miliciables, fournisse à elle seule le nombre des miliciens des autres paroisses. »

Et le vicomte de Noailles conclut ainsi : Les observations qui ont été faites prouvent que le gouvernement, *sage* dans l'établissement des milices, n'a pas mis un impôt trop onéreux sur les provinces ; mais que l'interprétation de la loi, *souvent* contraire à son but, le rend trop rigoureux.

Le vicomte de Noailles semble craindre d'avoir été indiscret dans son exposition des faits ; il conseille timidement de se conformer à l'esprit de la loi, mais ce conseil ne fut pas écouté. Il y avait trop de gens intéressés à conserver de semblables abus.

Des curieux ont fait collection de gravures, de chansons, de faïences, etc., et l'histoire trouve dans ces objets des documents utiles à consulter. Il me semble que les édits, les ordonnances des rois et des intendants de l'ancien régime pourraient aussi rappeler des faits instructifs ; aussi je crois que l'affiche suivante servira de lumineux commentaire au rapport du vicomte de Noailles. Je le transcris *in-extenso* sur l'exemplaire conservé dans les archives de Seine-et-Oise.

LEVÉE DES SOLDATS PROVINCIAUX

Subdélégation de Saint-Germain-en-Laye

Paroisse de Poissy.   *Année 1779.*

De par le Roi,

Louis-Bénigne-François Bertier, chevalier, surintendant des domaines et finances de la Reine, conseiller du roi en ses conseils, maître des requêtes, administrateur de son hôtel, intendant de justice, police et finances de la généralité de Paris ;

Vu l'ordonnance du roi du 15 décembre 1775 portant qu'il sera procédé à la répartition et à la levée du 5° sixième de 710 hommes par bataillon, que la généralité de Paris doit fournir aux termes de l'ordonnance du 1er décembre 1774, les ordres de S. M. à nous adressés par M. le Prince de Montbarey, ministre et secrétaire d'Etat de la guerre, pour procéder à ladite levée, l'ordonnance par nous rendue en conséquence le 1er de ce mois, et l'état de répartition que nous avons arrêté du nombre d'hommes qui doit être fourni pour les dits régiments provinciaux, par les villes et paroisses de la généralité de Paris, dans lequel la ville de Poissy y est comprise pour 4 hommes, y compris le remplacement d'un réformé et d'un déserteur ;

Nous avons ordonné et ordonnons ce qui suit :

1° Les Maire, échevins et marguilliers de la ville de Poissy feront assembler les garçons qui auront été inscrits sur la liste de ceux qui devront tirer au sort pour les régiments provinciaux, et les conduiront, le lundi 15 mars, à Saint-Germain, en la maison de ville, à 6 heures du matin, devant le sieur Rainssant, notre subdélégué, pour être, en sa présence, tiré au sort entre ceux qui se trouvent en état de servir, et ceux à qui le sort sera échu, demeureront soldats provinciaux, et seront signalés en la forme ordinaire ;

2° Les garçons échus par le sort, lors des dernières levées, auxquels il a été substitué des garçons qui ne se seront pas présentés, seront tenus de tirer au sort sans qu'ils puissent être dispensés pour raison du service de ces hommes substitués, attendu que, se trouvant libres et déchargés sans avoir rendu de services personnels, ils sont redevenus sujets à tirer de nouveau au sort ;

3° Les garçons qui auront été inscrits sur la liste, et qui se trouveront attaqués d'infirmités, seront tenus de les déclarer au subdélégué avant de tirer au sort, afin qu'il les fasse visiter sur le champ par un chirurgien expert, qui en donnera un certificat détaillé dont il sera fait lecture en présence de l'assemblée, et les frais de visite seront payés par la communauté ;

4° Si, après l'opération du tirage, le soldat auquel le sort sera échu se présente pour demander sa décharge, sous prétexte de quelque infirmité, il sera mis en prison et paiera 50 liv. d'amende à celui auquel le sort écherra pour le remplacer, et les frais de visite seront pris sur l'amende ;

5° Les garçons qui auront été inscrits sur la liste, et ceux qui pourraient y être omis, seront tenus de comparaître par devant notre subdélégué, le jour qui aura été indiqué pour tirer, à peine d'être arrêtés et contraints de servir dans les régiments provinciaux pendant dix années.

Et sera notre présent mandement lu et publié à l'issue de la messe paroissiale, afin que personne n'en ignore. Enjoignons aux maire, échevins, syndic, d'y tenir la main et d'exécuter ponctuellement ce qui leur sera prescrit par notre subdélégué à l'occasion de la levée des soldats provinciaux, à peine d'en répondre en leur propre et privé nom.

Fait à Paris, ce 1er novembre 1778. Signé, Bertier.

AUTRE PLACARD

Louis-Bénigne-François Bertier, etc. ;

Etant nécessaire de pourvoir au remplacement du nommé Jean-Jacques Huet, soldat provincial de la levée de 1778, pour la paroisse et ville de Poissy, subdélégation de Saint-Germain, réformé pour défaut de taille, et de faire exécuter à cet égard les dispositions de l'art. 19 du titre 4 de l'ordonnance du 1er décembre 1774,

Nous ordonnons, en vertu des pouvoirs à nous donnés par les ordonnances, qu'au prochain tirage il sera procédé à la levée d'un soldat provincial sur la ville de Poissy pour le remplacement de Jean-Jacques Huet.

Mandons au sieur Rainssant d'y tenir la main.

A Paris, ce 18 février 1779.   Bertier.

AUTRE PLACARD

Louis-Bénigne-François Bertier, etc. ;

Les recherches faites du nommé François Lefébure, soldat provincial de la levée de 1778, pour la paroisse de la ville de Poissy, ayant été inutiles, on ne peut se dispenser de le réputer déserteur et de pourvoir à son remplacement sur ladite ville de Poissy, conformément à, etc., Nous ordonnons qu'au prochain tirage il sera procédé à la levée d'un soldat provincial sur ladite ville de Poissy, pour le remplacement de François Lefébure, et ce, indépendamment des soldats qu'elle doit fournir pour sa contribution à la levée du 5ᵉ sixième des dits soldats ; lequel soldat remplaçant sera néanmoins déchargé du service, dans le cas où, s'occupant de la recherche dudit Lefébure, il parviendrait à s'assurer de sa retraite et de sa résidence, et des moyens de s'en assurer ;

Mandons, etc.   Bertier.

L'exposé qui suit fera mieux ressortir les points obscurs qui peuvent se trouver dans le mémoire du vicomte de Noailles et dans les affiches de l'intendant Bertier. Il vaut mieux se répéter que d'exposer le lecteur à de fausses interprétations.

« Voici comment, écrit un historien de nos jours, se faisait le tirage : chaque subdélégation était subdivisée en cantons auxquels le subdélégué assignait un contingent particulier. — En hiver les communautés et subdélégués recevaient les ordres de l'intendant. Aux communautés il écrivait : « Nous ordonnons que tous hommes garçons et veufs depuis plus de deux ans, et sans enfants, se présentent au tirage. Les maires, etc., formeront un état des dits garçons et veufs de l'âge de 18 ans jusqu'à 40, et de la taille de 5 pouces au moins sans chaussures. »

Aux subdélégués il disait : « Veillez à ce que la répartition soit proportionnée à la quantité de garçons avec le plus d'exactitude possible, gardez-vous d'étendre les exemptions par prétendue bienséance, parce que ces exemptions injustes donnent infailliblement lieu à des rébellions qu'on est obligé de punir, quoique intérieurement on ne puisse en désapprouver le motif... Les maires et syndics seront tenus de vous remettre une somme de trente-huit livres de France, immédiatement après le tirage pour chaque homme. »

Cette somme levée sur les communautés servait aux frais de l'équipement des hommes et du tirage.

Ce petit équipement comprenait un chapeau, une veste, une paire de souliers, une paire de guêtres, deux chemises de toile, et un havre-sac (ce qui prouverait que ces malheureux avant de partir étaient en guenilles).

Ceux qui demandaient exemption du tirage étaient les chefs d'industrie pour leurs meilleurs ouvriers ; des abbés ou des seigneurs pour leurs domestiques ou valets.

Ainsi le procureur de l'abbaye de Beaupré écrit pour indiquer le nombre de garçons du couvent, et demander s'il est nécessaire qu'ils se présentent : « Vous avez eu la bonté de les exempter d'aller à Lunéville, les années dernières, si vous vouliez bien encore les exempter cette année, vous obligeriez infiniment l'abbé et moi. »

L'intendant prononçait seul et en dernier ressort sur les demandes d'exemption, que les subdélégués lui adressaient avec leurs observations. L'honnêteté du subdélégué et de l'intendant ne sortait pas toujours intacte de ces épreuves. Car la faveur ou l'argent ou les dîners obtenaient tout ou beaucoup.

Les cas d'exemptions étaient indiqués dans deux ordonnances qui firent autorité jusqu'en 1789 (1).

L'ordonnance générale de 1774 portait que les ecclésias-

---

(1) J'ai compté dans Expilly 84 cas d'exemption.

tiques et gentilshommes qui feront valoir leurs fermes n'auront d'exempt que le maître charretier qui tient lieu de fermier.

Les valets à gages des ecclésiastiques, communautés, maisons religieuses, des gentilshommes, ceux des gouverneurs et commandants des provinces, ceux des secrétaires de S. M., des trésoriers de France, des chambres des comptes, soit en titre, soit vétérans, des commissaires des guerres, des trésoriers des troupes ; ceux des présidents, lieutenants généraux, particuliers, civils, criminels et de police, des gens du roi, procureurs de S. M. et de ceux qui vivent noblement, seront exempts, s'ils n'excèdent pas le nombre des domestiques que les maîtres ont ordinairement à leur service. — Seront aussi exempts :

Les magistrats de toute sorte, les fils de tous les officiers de justice et de finance, les employés des fermes, collecteurs des tailles, les préposés à la levée des 20es, les subdélégués et leurs enfants ; les commis des bureaux des intendants, les employés des ponts et chaussées, les directeurs des postes, les courriers de la malle, les salpêtrieux, les gardes de haras, les médecins et chirurgiens, les maîtres d'école, pourvu qu'ils eussent plus de 30 ans, et fussent approuvés par l'évêque (lequel était libre de retirer son approbation); de plus en Lorraine et en plusieurs autres provinces : Un fils ou valet d'un laboureur d'une charrue ; le fils ou valet d'un meunier à deux tournants ou de sa veuve ; le meunier lui-même s'il payait 50 livres de subvention ;

Le berger d'un seigneur, ou de l'admodiateur, ou d'une communauté conduisant 300 bêtes blanches, ou vaches mères ;

Les négociants en gros payant 60 livres de subvention ;

Le facteur d'un négociant en gros, fût-il son fils ;

Les marchands et artisans des villes personnellement, et payant 60 livres de subvention ; un des fils de marchand payant 100 livres de subvention, si le fils était de la profession ;

L'aîné d'une veuve payant 40 livres de subvention, tenant boutique et vivant avec elle ;

Les médecins, chirurgiens, apothicaires, majors, gardes chirurgiens et apothicaires, attachés aux hôpitaux militaires depuis 3 ans ;

Un garçon apothicaire d'une ville où il y a communauté de gens de l'art, ayant 30 ans et 3 ans d'exercice, si le maître ou sa veuve n'avait un fils de sa profession ;

Le fils d'un garde de pépinière royale ; et de la profession ; le directeur d'une forge ; le fondeur, marteleur, affineur, platineur étant aux ateliers depuis trois ans ; le maître, un commis et un principal ouvrier dans les manufactures de laines ; les avocats des prévôtés seigneuriales, etc., etc.

(*La Lorraine sous l'ancien régime*, par l'abbé Mathieu.)

Voyons un peu ce qui se passait plus souvent qu'on ne pense à l'occasion des tirages :

J'emprunte à la *Revue du département du Tarn*, 1er Novembre 1875, les faits suivants :

En 1788, il y eut procès-verbal d'insubordination contre les consuls de Vabre qui n'avaient pas dressé de liste. Du reste dans la montagne, les absents étaient toujours très nombreux. A Lacaune sur 99 inscrits, aucun ne répondit à l'appel, de même à Montcouyoul ; à Viane, sur 47 inscrits, il y en eut 28 absents. — On réforma par défaut de taille plus de la moitié du contingent. Les exemptions étaient prononcées par le subdélégué, qui rayait de la liste les serviteurs et domestiques des établissements religieux, ceux des gentilshommes, etc. J'ajouterai que dans les premières années du 18e siècle un évêque en Languedoc, intéressé dans l'exploitation d'une mine de charbon de terre, obtint de l'intendant l'exemption de la milice en faveur des ouvriers qui travailleraient à la mine ; de cette façon, on ne manquait pas d'ouvriers, et on les payait à prix réduits.

L'armée régulière.

On pourrait demander comment on formait l'armée proprement dite? Outre les miliciens incorporés dans les régiments pour fautes contre la discipline, c'était par les enrôlements *volontaires* ou forcés. Qui n'a entendu parler des racoleurs? Un colonel, un capitaine, avaient des sergents chargés de cette chasse à l'homme ; tous les moyens étaient bons, toutes les fourberies étaient tolérées par la loi. Les campagnes en général ne se prêtaient guère à l'industrie des racoleurs ; c'était dans les villes qu'ils pratiquaient leurs séductions : ils affectaient la joie, le plaisir, payaient à boire, promettaient une vie charmante et libre au régiment, et quand ils avaient grisé quelques niais, ils leur faisaient mettre une croix devant leur nom, car souvent ces malheureux ne savaient pas lire, et ils se trouvaient enrôlés. Il arrivait que le zèle de ces sergents allait trop loin ; mais que d'ennuis pour les familles quand elles parvenaient à se faire rendre justice !

Il faut ajouter aussi qu'à ces régiments français on joignait aussi des régiments formés d'étrangers : des suisses, des allemands, etc. De sorte qu'on pouvait faire croire que, la milice n'étant pas considérée comme recrutement de l'armée, le peuple n'était pas soumis au service militaire, c'est-à-dire à l'impôt du sang ; et quand les hauts dignitaires du clergé et de la noblesse approchaient de la Majesté royale, et qu'ils défendaient leurs privilèges, ils se croyaient autorisés à déclarer bien haut : Le clergé défend la monarchie par ses prières ; la noblesse par son sang ; et le tiers-état par l'impôt.

Voici quelques témoignages trouvés dans les archives de l'Hérault.

Un Milicien de 15 ans.

A Mgr le marquis de Ladevèse, lieutenant-général des armées du roi, commandant en la province du Languedoc.

Monseigneur,

Jacques Lépine, habitant de Montpellier, représente très-humblement à Votre Grandeur qu'Estienne Lépine, son fils, n'a aujourd'hui que quinze ans et onze jours, qu'à un âge si jeune il a été embauché et engagé par le sergent de la compagnie de M. Valette, capitaine au régiment Royal-Roussillon, lequel sergent a baillé 12 liv. à-compte au jeune homme, dont *(sic)* le père offre de rendre au sergent ; mais comme l'ordonnance du roy ne permet d'envoyer que les jeunes gens de l'âge de 16 ans, et que celui-ci n'en a que 15 et 11 jours, ainsi qu'il est justifié par l'extrait baptistère ci-attaché, le suppliant a lieu d'espérer de votre justice, Monseigneur, que vous congédierez Etienne Lépine, son fils, et le renvoyerez dans sa pauvre famille qui ne saurait être plus pauvre, que cependant il fera le dernier effort pour rendre les 12 livres qu'on a données à son fils, et priera Dieu pour votre Grandeur.

Extrait du registre des baptêmes : L'an 1732, 27° jour de janvier a été baptisé paroisse Sainte-Anne, Etienne Lépine, né le 24° dudit mois, son père maître moulinier en soye, etc.....

Montpellier, 1746. — Jacques Rampon, natif de Montpellier, représente que son fils, âgé de 14 ans a été suborné pour s'engager dans le régiment de Talaru, malgré qu'il déclarât au sieur abbé de Montarnaud qui l'engagea pour la campagne de son frère, capitaine audit régiment, etc. Le jeune homme, ainsi que le prouve l'extrait baptistère, est né le 23 novembre 1732.

Montpellier, 23 mars 1743.

Un jeune homme, Roubieu, fait le pari de s'engager pour 20 livres. — On lui remet les vingt livres, il les garde quelques semaines et les rend ; mais le sergent prétend qu'il est engagé. — Le capitaine répond que Roubieu est bien engagé, « il aurait beau dire qu'il badinait, cette excuse ne me paraît pas de mise et je crois que M. le marquis de l'Hôpital est fondé à le réclamer. »

Un enfant précoce.

Bien que le trait suivant ne rentre pas dans le cadre de la milice, néanmoins il m'a paru mériter une petite place dans ce commentaire qui regarde un des côtés de l'organisation militaire sous l'ancien régime. Le fait se passe quarante ans avant la Révolution ; mais on peut dire que c'est à la veille de 89, si l'on songe à l'immobilité et à la routine des choses d'alors :

Le marquis de Bombelles, commandant à Bitche, écrit au ministre de la guerre, 1756, (archives de Seine-et-Oise) :

Mon fils aîné, aide-major du régiment des gardes, est, comme vous le savez, doué de talents supérieurs qui, selon toute apparence, lui feront faire la fortune la plus désirable dans ce régiment. Mon aîné, du second lit, est, j'ose le dire, né avec les inclinations les plus heureuses qui font éclore chaque jour les talents les plus distingués ; mais il n'a que treize ans. Serait-il convenable de lui confier le commandement d'un régiment de deux bataillons, quoique j'aie en vue un digne sujet très capable d'en faire un lieutenant-colonel ?

Qu'il devait être fier ce marquis de Bombelles d'avoir deux fils si éminemment doués !

Et l'on prétend que les papas du 19ᵉ siècle ont dégénéré, par la faiblesse qu'ils témoignent en faveur de leurs enfants. Le bambin fut-il nommé colonel ? Je n'ose l'affirmer ; mais c'était déjà quelque chose que le père osât faire semblable demande.

Je termine par cette note gaie les développements précédents sur un sujet douloureux.

XV

CAHIER DE PORT-MARLY

Cahier des plaintes, doléances et remontrances faites par le général des habitants de la paroisse Saint-Louis de Port-Marly, le mardi 14 avril 1789.

1° Qu'ils rendent grâces au roi, leur souverain, de la convocation qu'il a plu à S. M. de faire des Etats généraux de tout son royaume, pour assurer la réforme des abus et la prospérité générale et particulière de tous ses sujets;

2° Qu'ils renouvellent avec plaisir les serments de fidélité et obéissance inviolable, qu'ils ont toujours rendues à S. M. et dans lesquelles ils veulent vivre et mourir;

3° Qu'ils demandent que pour fournir aux besoins et à la gloire de l'Etat, tous les propriétaires de fonds, indistinctement, sans aucun égard à la naissance ou à la profession, soient tenus de contribuer à tous et chacun des impôts sans aucune exception;

4° Que cette contribution de tous et chacun des propriétaires sera proportionnée à la quotité et à la qualité de leurs possessions;

5° Que les journaliers proprement dits seront exempts de toutes les contributions autres que celles des consommations et de la milice;

6° La répartition des impôts à payer par chaque communauté sera faite par douze habitants du lieu, élus par leurs cohabitants;

7° Que la milice par la voie au sort sera supprimée et remplacée par une prestation en argent, à raison de 150 liv. par chaque soldat que la paroisse doit fournir;

8° Que cette contribution sera payée également et sans distinction par tous et chacun des chefs de famille composant la paroisse, quand même ils ne seraient pas compris au rôle des autres impositions;

Le numéro 9 n'existe pas, le cahier porte 8, puis 10.

10° Que la contribution du territoire de Marly soit établie eu égard aux 200 arpents de communes, que le feu roi Louis XIV a enfermés dans son parc de Marly, et dont les habitants n'ont point été indemnisés;

11° Qu'ils demandent qu'il soit fait un rôle séparé de leurs impositions, qui sera réparti par douze notables de leur paroisse;

12° Qu'ils demandent la suppression de tout impôt sur l'industrie quelconque, comme incompatible avec la prospérité du commerce;

13° Que la suppression soit faite des droits qui se perçoivent journellement sur les marchandises qui arrivent au port de Marly par la navigation de la Seine, eu égard qu'elle augmente considérablement les marchandises, ce qui gêne les commerçants qui sont forcés de la faire supporter en détail au public; ou du moins, qu'ils soient modérés en proportion de l'entretien du port;

14° La suppression totalement des droits qui se paient journellement pour le déchirage des toues et bateaux, parce que ce droit augmente la marchandise d'un tiers au-dessus de sa valeur;

15° Qu'il ne soit établi aucuns droits nouveaux sur aucune

espèce de marchandises qui arrivent au port, sous quelque prétexte et dénomination que ce puisse être, avant qu'il en ait été communiqué aux habitants, et d'avoir eu leur avis sur les motifs qui auront décidé ladite imposition ;

16° Que le sel soit libre par tout le royaume et rendu commerçable, ce qui sera un grand avantage pour le laboureur, qui pourra s'en servir dans ses terres et en donner à ses bestiaux ;

17° La destruction de la machine de Marly comme d'un monument très dispendieux, et qui peut être suppléé par une pompe à feu ou autre machine hydraulique en état de fournir à Versailles et au jardin de Marly et autres lieux, et à moindres frais, le double de l'eau que fournit la machine actuelle ;

La suppression de la machine rendra à la navigation un bras de la rivière qui lui est très nécessaire pour éviter la rivière neuve, dont la navigation est très dangereuse ;

Il ne se passe guère d'années qu'il n'y ait quelque naufrage occasionné par la rapidité de l'eau, au passage appelé vulgairement la Morne ;

18° Que les colombiers à pied (1) soient détruits ainsi que les garennes à lapins, vu le tort immense que ces deux espèces causent à l'agriculture ;

19° Que le lit de la rivière qui se trouve rempli de pierres et de pieux, qui forment autant d'écueils pour la navigation, soit nettoyé ;

20° Qu'il ne soit permis aucune exportation de blé, tant qu'il vaudra au marché plus de 20 livres, le setier de 240 livres, poids de marc ;

21° Un ponceau sur le ruisseau qui partage la commune pour haler les bateaux.

Lesquelles représentations lesdits habitants ont faites et conclues les jour et an que des autres parts, et ont signé,

---

(1) Colombiers en bois, portatifs et roulants. — Littré donne une autre définition.

excepté Louis Masson, voiturier par terre; Antoine Lebon, journalier; André Lémon, boulanger; André Séré, journalier, et autres habitants présents, qui déclarent ne savoir signer ni écrire.

> Berton. — Moutier. — Gontier. — Barault. — Descaves. — Bizot. — Gobilliard. — Roté. — Vénard. — Lejeune. — Houdon. — Leveau. — Jaud. — Allain. — Boulanger. — B. Gontier. — Robert. — Hébert. — Bazois. — Hubert. — Leblond. — Fournet. — Bailly. — Michel Normand. — Catutelle. — Quidor. — Pierre Lefèvre. — Boulanger. — Fremy. — Jules Habert, Jaud, et quelques signatures illisibles.

Au-dessous, on lit cette note :

« Les possesseurs de terrains sur les grandes routes sont gênés pour leurs clôtures par les officiers du bureau des finances, qui veulent que leurs clôtures soient établies à douze pieds des arbres plantés sur le bord de la route, ce qui causerait une perte énorme aux propriétaires riverains, et qui n'est fondé sur aucun édit ni déclaration dûment enregistrée, ni publiée, ni signifiée. »

Les délégués à l'assemblée de Versailles furent Vénard le jeune, et Berton, fils.

Le cahier a été écrit par Vénard, le jeune.

ÉLECTEURS DE PORT-MARLY.

Sous la présidence d'Antoine Gourdonneau, notaire royal demeurant à Marly-le-Roi, nommé et choisi par M. le bailli, accompagné de sieur Jacques-Laurent Ollivon, syndic municipal de ladite paroisse.

Sont comparus :

Philippe Berton, ancien marchand plâtrier.
Jacques-François Moutier, maître charron.
Thomas Gontier, marchand plâtrier.
Claude Descaves, maraîcher.
François Raban, ancien marchand boucher.
Pierre Bigot, marchand boulanger et de blanc.
Christophe Gobillard, pensionnaire du roi.
Louis-François Baraut, journalier.
François Chacon, —
Louis Delaunay, pensionnaire du roi.
Charles Chérance, journalier.
Paul Rotte, —
Antoine Chapel, pêcheur.
Claude Guingan, voiturier.
Philippe-Robert Berton, marchand plâtrier.
Jean Allain, commissaire aux droits du roi.
Claude-Jean Vénard, marchand.
Germain Julien, marchand de bois.
Jean-Michel Normand, maître charron.
Antoine Dié, marchand de bois.
Barthélemy-Joseph Gontier, marchand.
Jean-Louis Catutelle, marchand.
Claude Jean, maître-charpentier.
Pierre Lefèvre, maréchal ferrant.
Gérôme Lamy, aubergiste.
Honoré Pepin, marchand.

Antoine Manceau, maraicher.
Antoine Hubert, marchand.
Nicolas Quidor, porteur de grains.
Joseph Charois, équarrisseur.
Alexandre Robert, maître perruquier.
Pierre Levau, maître bourrelier.
Augustin, Hébert, maître perruquier.
Nicolas Leblanc, maître d'école.
Charles Coqueré, journalier.
Nicolas Henin de Paradis, arpenteur.
Jacques Masselan, journalier.
Jean-Louis-René Houdon, marchand de blanc.
Louis Mathelin, journalier.
Théodore Dubois, marchand.
Claude Fournet, journalier.

36 signatures, dont la moitié illisibles.

Malgré la répétition de plusieurs noms, nous avons reproduit cette liste, d'après le procès-verbul d'appel.

XVI

CAHIER DE MARLY-LE-ROI

Cahier des doléances, demandes, plaintes et remontrances de la paroisse de Saint-Vigor de Marly-le-Roi, étant du ressort du bailliage royal de Versailles, pour servir d'instructions et de pouvoirs généraux aux députés de la paroisse, à proposer à l'assemblée des Etats généraux dont l'ouverture commencera le 27 avril 1789, de la manière et ainsi qu'il suit :

Art. 1er. — Représentent que la paroisse de Marly-le-Roi ne forme qu'une seule et même communauté pour le civil avec celle du Port-Marly, en vertu de lettres patentes du roi, données à Versailles au mois d'avril 1785, registrées en Parlement et à la Chambre des comptes de Paris ; les habitants demandent la continuation de leur communauté pour les impôts quelconques, et les affaires d'icelle, sans innovation : sans cependant que l'assemblée tenue aujourd'hui par les habitants du Port Marly, conformément à l'ordonnance de M. le bailli de Versailles, puisse être réputée à un renoncement de la part des habitants de Marly au contenu aux lettres patentes ci-dessus énoncées ; que, quoique la paroisse soit déterminée à ne nommer que 3 députés, c'est seulement à la soumission de l'ordonnance de mon dit sieur le bailli de Versailles.

Art. 2. — Représentent aussi que feu Louis XIV, de glorieuse mémoire, a renfermé une commune de 200 arpents et quelques perches de terre qui leur appartenait et servait de pâture à leurs bestiaux, qui ont été compris dans les constructions des château, jardin et parc de Marly. Pour indemnité, au lieu de champ, S. M. Louis XV, de glorieuse mémoire, a fixé le principal de leur taille à 4,150 liv. sans pouvoir être augmenté au delà de ladite fixation, par arrêt de son Conseil du 24 août 1734, dont copie est ci-jointe; confirmé par son premier bon donné en 1760, et par un autre pour les causes y portées, du 23 août 1763, dont copie est aussi jointe à l'original, étant ès-mains de M. le maréchal de Mouchy, et par autre de S. M. Louis XVI régnant, du 8 mai 1778, dont copie est aussi ci-jointe, l'original étant ès-mains de M. le comte de Poix ; mais M. l'Intendant de la généralité de Paris ayant depuis quelques années consécutives excédé la fixation de leur taille, demandent très humblement à MM. des Etats généraux qu'elle soit rétablie sur le même pied de 4,150 liv. de principal, ou une indemnité équivalente.

Art. 3. Demandent la suppression de l'impôt de la corvée, parce que la paroisse de Marly-le-Roi est un lieu royal qui n'a aucun débouché sur aucuns grands chemins sujets à la corvée.

Art. 4. — Les feux rois, de glorieuse mémoire, Louis XIII et Louis XIV, pour l'utilité et aisance tant des habitants de Marly que des personnes attachés à la suite de la Cour, où elle y venait fréquemment, ayant fait faire un chemin pavé dit *Labègue*, conduisant de Marly à Saint-Germain-en-Laye, MM. des Ponts-et-Chaussées, de leur autorité privée, l'ont fait entièrement (détruire) : ce chemin étant indispensable, ils en demandent le rétablissement.

Art. 5. — Représentent que Marly est situé sur une éminence bornée de toutes parts par les jardin, parc et forêt dudit Marly, n'ayant point d'eau, que dans le cas d'incendie on ne peut donner aucun secours, demandent très humblement au roi un filet d'eau avec une fontaine dans le carrefour dudit Marly, ou de faire rétablir avec ce même filet d'eau la pièce d'eau appelée Verderon, faite pour recevoir les égouts de la forêt de Marly, pour éviter des malheurs imprévus.

Art. 6. — Demandent d'être maintenus dans la propriété du terrain restant de l'emplacement au-dessus de l'Eglise, et des portions sur ce même terrain, qui y ont été usurpés par les anciens propriétaires de la maison appartenant actuellement à M. l'abbé d'Anglade.

Art. 7. — Demandent la suppression des milices.

Art. 8. — Demandent la suppression des gabelles.

Art. 9. — Demandent la suppression dans la partie des aides.

Art. 10. — Demandent l'impôt territorial : que tous privilégiés qui ne paient pas payent comme le tiers-état.

Art. 11. — Représentent que par la cherté du pain tous les pauvres malheureux souffrent. A cet égard s'en rapportent aux bontés du roi pour son peuple, et à la prudence de MM. des Etats généraux.

Art. 12. — Demandent la suppression des colombiers, rapport au tort que les pigeons occasionnent sur chaque territoire.

Art. 13. — Demandent la suppression des capitaineries, hors les lieux où le roi chasse.

Art. 14. — Les feux rois Louis XIII et Louis XIV avaient fait paver en entier toutes les rues de Marly, avec ordre de les entretenir soigneusement ; c'est ce qu'on ne fait pas.

Demandent que toutes ces rues soient entièrement recherchées et refaites à neuf, notamment celle conduisant du carrefour de la rue des Vaux à la porte de la maison de la dame de Villemorien, où se fait le raccordement des pavés, celle de la rue des Bernouis, et de celle conduisant du principal carrefour et place de Marly au carrefour de la Croix-Rouge, raccordant le chemin pavé conduisant à celui dit *Labègue*.

Fait et arrêté le contenu du présent cahier de doléances, entre les habitants de ladite paroisse de Marly-le-Roi, ce jourd'hui 14 avril 1789.

Et ont signé :

Ollivon, syndic. — Deplane. — Fournier. — Tricot. — Moiesseron. — Raverdy. — Cagneux. — Geille. — Pauzière. — Lefebvre. — Motte. — Catutelle. — Gagné. — Riet. — Quinebaut. — Tiferne. — Le Cointe. — Gaudet. — Tricot. — Boquereau. — Souard. — Jobert. — Desaunettes. — Langevin. — Delamorlière. — Paindit. — Lemeunier du Puisard. — Lecointe. — Thuret. — Bouton. — Berneront. — Jobert. — Barjonnet. — Charpentier. — Paradis. — Langevin. — Auconte. — Rouet. — Fleur. — Boulard, André. — Langrume. — Deplanche. — Delamorlière. — Thuret. — Coutant. — Soula, huissier. — Lefébure. — Bigard. — Titreville. — Blot. — Bellavoine — (Et quelques signatures illisibles).

Pascault, notaire, *Président.*

Députés nommés pour aller à Versailles :

Mᵉ Pierre-Nicolas de Plane, ancien avocat et procureur du roi du présidial de Rouen. Jacques-Laurent Ollivon, syndic, et Pierre-Antoine Tricot, jardinier.

XVII

CAHIER DE VOISINS-LE-BRETONNEUX

Malgré l'étendue de ce cahier, je n'ai pas hésité à le transcrire en entier à cause de sa forme originale.

Assurément les habitants de la petite paroisse de Voisins, sachant à peine signer lisiblement, n'ont pas disposé et développé leurs doléances dans ce style. J'avais cru d'abord que Me Clausse, avocat en Parlement, et substitut du procureur du roi à Versailles, était l'auteur de ce travail ; mais, en étudiant les écritures, je me suis convaincu que le cahier était de la main de Monget, ou Mouget, notaire, et propriétaire à Voisins.— Il n'y a pas de doute à avoir.

Le procès-verbal de la séance est écrit à l'avance par la main qui a rédigé le cahier ; on y trouve quelques lignes tracées par le président Clausse, désigné quelques jours seulement à l'avance pour remplir cet office. On verra comment Me Clausse fut nommé suppléant. D'ailleurs le procès-verbal dit expressément que le cahier avait été préparé antérieurement, et cela se comprend du reste :

Articles d'observations que requièrent d'être insérés au cahier du Bailliage de Versailles les gens du tiers-état de la paroisse de Voisins-le-Bretonneux.

ARTICLES PRÉLIMINAIRES.

Qu'il soit déclaré pour lesdits habitants que, loin de porter aux pieds du trône des plaintes de vexations dont ils soient victimes, il n'est pas en leur pouvoir d'exprimer dans toute son étendue leur reconnaissance des bienfaits dont ils sont journellement comblés par S. M.;

Que, désirant à leur tour unir leurs efforts pour la gloire et la satisfaction personnelle du roi, à ceux que l'on a droit d'attendre d'une aussi illustre et aussi solennelle Assemblée, ils ne mettent aucunes bornes aux sacrifices qu'exigeront d'eux les besoins de l'Etat, particulièrement la consolidation de la dette publique, et l'extinction graduelle de partie de la même dette;

Qu'après avoir ainsi satisfait à la première de leurs obligations, ils supplient S. M. d'agréer, comme un tribut de leur amour et de leur zèle, les propositions qu'ils vont faire de quelques changements dans les lois et dans les usages; changements que paraissent exiger les lumières acquises et les mœurs actuelles.

CONSTITUTION.

Qu'il soit arrêté que les assemblées des Etats généraux du royaume auront lieu aux époques qui seront fixées par chacune dans celle qui la précédera.

Il n'est plus douteux que pour obliger un peuple libre, les lois ne doivent être consenties; or, les mœurs changent, et les lois devant être analogues aux mœurs, il s'ensuit qu'elles ne peuvent être immuables.

Si l'on ne fixe point un période précis pour le retour des Etats généraux, c'est parce qu'il doit être plus ou moins fréquent, selon que la législation générale aura été plus ou moins perfectionnée. Le laps de temps qui s'est écoulé depuis que la nation n'a pas été consultée sur ses plus chers intérêts fait présumer que la suivante tenue d'Etats ne doit pas être différée à un terme plus éloigné que de deux ans.

Que dans l'intervalle des assemblées il existe une commission composée de 12 députations ou 48 commissaires, laquelle n'aura aucun pouvoir de résoudre, mais seulement prendra connaissance des matières qui n'auront pu être suffisamment éclaircies dans l'assemblée précédente, des demandes des Etats provinciaux, des projets avoués qui lui seront adressés, vérifiera les faits et les principes, et préparera les décisions des Etats généraux.

Il y a des objets dont la discussion difficile mérite un long travail, tels que la rédaction des corps de lois civiles et criminelles, un plan d'éducation nationale pour toutes les classes de sujets ; la réformation des universités, et un grand nombre d'autres. Les Etats généraux ne peuvent pas demeurer assemblés jusqu'à ce qu'on ait donné la dernière main à ces importants ouvrages.

Que les membres de la commission intermédiaire soient élus parmi ceux des députés aux Etats généraux, qui n'auront point de fonctions publiques dans lesquelles ils ne puissent être facilement remplacés.

La condition imposée aux commissaires de résider gratuitement dans le lieu où se tiendra la commission rendra ces fonctions extrêmement honorables, et soulagera les provinces. Il serait cependant à propos d'accorder aux commissaires quatre mois chaque année pour vaquer à leurs affaires domestiques, pourvu qu'ils s'accordassent entre eux, de manière que les deux tiers au moins restassent continuellement.

Que le roi serait supplié d'agréer que la commission réside auprès de sa personne, et soit admise une fois tous les mois, ou plus souvent, si S. M. l'ordonne, à lui rendre, par députés, compte de son travail.

Indépendamment de l'activité que donnerait aux travaux de la commission cette honorable prérogative, une pareille correspondance entre le roi et l'élite de la nation ne pourrait manquer de produire de salutaires effets.

Que les commissaires soient députés de droit aux Etats généraux immédiatement subséquents, à la charge qu'ils ne seront point remplacés dans les députations dont ils feront partie.

Les commissaires seront rapporteurs des affaires dont l'examen leur aura été confié, ils auront donc de fait l'assistance aux Etats ; mais comme il pourrait arriver qu'il en fût élu plusieurs dans les députations d'un même bailliage, l'influence de ce bailliage aux Etats généraux ne serait plus dans une juste proportion, si les commissaires pouvaient être remplacés.

Que les députations aux Etats généraux continuent d'être nommées par bailliages et sénéchaussées, tant dans les provinces qui sont en possession ancienne d'être administrées par des Etats particuliers, que dans celles où cette forme d'administration sera établie par la suite.

Cet article ne peut raisonnablement être contredit pour les provinces appelées pays d'Etats. Il n'en est aucune où les assemblées soient élémentaires, aucune où le droit de suffrage ne résulte pour plusieurs de leurs membres, ou de la naissance, ou de la possession de grands fiefs, ou de celle de dignités ecclésiastiques. Or tous ces titres ne doivent jamais extorquer des électeurs des pouvoirs que refuse leur volonté.

Les mêmes objections ne pourront vraisemblablement pas être faites aux municipalités qui se formeront dorénavant ; mais deux autres inconvénients s'opposent à ce que l'ordre ancien soit interverti : le premier se rencontre dans la possibilité que toutes les députations d'une grande province fussent choisies dans le même canton, ce qui laisserait tous les autres sans représentation directe ; ce danger n'est point à craindre dans la forme actuelle, puisque les bailliages et sénéchaussées, bien plus nombreux que les municipalités, sont conséquemment plus répandus.

Le second inconvénient serait que, si les Etats généraux devenaient le résultat des Etats particuliers, les plaintes qu'on aurait à faire sur les décisions des mêmes Etats particuliers resteraient étouffées, faute d'arguments qui les produisissent au tribunal de la nation assemblée.

Que les lois et les formes existantes soient gardées et observées jusqu'à ce qu'il y ait été dérogé par le roi, sur la demande ou avec le consentement des Etats généraux, et que les dérogations n'aient point d'effet rétroactif.

Sans cette double précaution le royaume tomberait dans une dangereuse anarchie.

Que l'admission des lois nouvelles comme les dérogations aux lois anciennes ne soient exposées à aucune contradiction, même de la part des cours, lorsqu'elles auront été munies du sceau de l'autorité royale, sur la proposition ou avec l'acquiescement des Etats généraux.

La résistance des cours et leur refus d'enregistrement ne peuvent être motivés que sur des lois préexistantes prétendues plus conformes à la constitution ; mais comme aucun corps n'a plus d'intérêt à ce que la constitution ne soit point altérée que la nation unie à son chef, ce qui aura été aussi solennellement résolu doit être reçu avec respect et observé sans réclamations, au moins jusqu'à ce que l'expérience y ait fait découvrir des vices ou des inconvénients.

Que les provinces soient administrées par des Etats particuliers dont la composition soit uniforme dès à présent dans les provinces d'élection.

Le roi ayant accordé aux provinces le privilège de s'administrer elles-mêmes sous son autorité, S. M. n'a voulu priver aucune classe, aucun ordre de participer à ce bienfait. La forme qui a été suivie pour la convocation des Etats généraux semble le plus propre à produire le concours universel qui éteint les haines et prévient les murmures. Il sera peut-être difficile de faire adopter sur-le-champ cet équilibre dans les pays d'Etats, mais une résistance uniquement fondée sur des préjugés cèdera promptement lorsque ces provinces auront été mises à portée de comparer.

LÉGISLATION

Que les Etats généraux pendant qu'ils sont assemblés, et les commissions pendant les intervalles entre les assemblées, s'occupent du rapprochement des lois qui régissent les différentes provinces et souvent les différentes coutumes d'une même province, afin de parvenir successivement à l'uniformité des lois et à la formation d'un corps de droit national.

La recherche de l'uniformité indiquée par cet article est une entreprise grande, hérissée de difficultés, digne de fixer l'attention d'une assemblée où se trouvent réunis les mandataires du royaume entier, supérieurs aux préjugés, chargés de pouvoirs suffisants. Ce travail exige de la part des députés à qui il sera confié autant d'impartialité que de constance et de circonspection. Le succès qu'il doit avoir liera plus intimement les unes aux autres les différentes parties de la monarchie, et tarira dans leur source une infinité de procès.

Que dès à présent le roi soit supplié d'ordonner que le droit d'aînesse, les privilèges de la masculinité, tant en directe qu'en collatérale, ainsi que la distinction des personnes et des biens nobles, des personnes et des biens roturiers, en matière de succession, soient abrogés et supprimés.

Le droit d'aînesse et les autres prérogatives des aînés et des mâles, relativement aux successions, sont des restes du droit féodal dont toutes les dispositions tendaient à assurer et favoriser le service militaire gratuit, dont il reste à peine des vestiges. La cause n'existant plus, l'effet doit cesser. Si le prétexte du maintien de la splendeur des grandes maisons, qu'on allègue pour perpétuer des usages aussi contraires au droit naturel, faisait quelque impression, on répond que cette barbarie ne conserve qu'un individu de chaque famille, et en dessèche tous les autres rejetons, qu'il contrarie la subdivision des fortunes, désirée par la politique ; qu'enfin, l'extrême, pour ne pas dire la bizarre variété qui règne à cet égard dans les lois coutumières nuit aux mariages ; les cadets et les filles qui ont eu le malheur de naître dans les pays où l'aînesse est un titre pour tout envahir, ne trouvant point d'établissements, ou n'en pouvant faire que de disproportionnés et souvent déshonorants.

Que, durant les minorités et les jouissances indivises des fiefs, celui des copropriétaires qui remplira le service militaire dû à raison du fief, lors de la convocation du ban et de l'arrière-ban, soit indemnisé par la jouissance des 2/3es du fief, s'il n'y a que deux copropriétaires, et de la moitié, s'il y en a un plus grand nombre, jusqu'à ce que le ban et l'arrière-ban soient licenciés.

La circonstance extrêmement rare prévue ici est la suite où les privilèges énoncés dans l'article précédent auraient un motif raisonnable. L'indemnité substituée aux privilèges acquitte entièrement la dette.

Que les pères, mères et autres ascendants puissent disposer, même hors part, du tiers de leurs biens, en faveur d'un ou de plusieurs de leurs descendants, comme en faveur des étrangers.

Le droit romain qui régit près de la moitié du royaume distribue à la vérité toutes les successions, sans aucune préférence ; mais il accorde à la liberté de disposer, une excessive étendue.

Quelques-unes de nos Coutumes, au contraire, restreignent cette liberté avec tant de rigueur qu'il n'est pas au pouvoir de l'homme d'employer une faible portion de sa fortune en récompenses bien méritées. Le tempérament proposé aurait l'avantage de réprimer la prodigalité, sans gêner la justice. Les grandes familles, jalouses de perpétuer leurs illustrations, y trouveraient le moyen de fonder un principal établissement, sans exciter trop de jalousie entre les enfants d'un même père.

L'on propose ces innovations, et comme exemples de celles dont les Etats généraux et les commissions intermédiaires peuvent s'occuper, et comme celles qui paraissent le plus impérieusement sollicitées par les mœurs : l'expérience démontrant que, depuis le progrès du luxe et de l'égoïsme, il n'y a plus d'espoir des mariages convenables pour les filles du pays où la loi municipale leur est contraire.

Que les substitutions, par quelque titre qu'elles soient fondées, ne puissent affecter que le premier degré.

S'il convient d'autoriser un père de famille, un parent, non à punir, mais à contenir un fils, un héritier dissipateur, c'est une prévoyance exagérée que celle qui va porter la gêne jusque sur des descendants qui ne sont point encore nés.

Les ordonnances ont successivement réduit les degrés de substitution, et donné aux relations de la société des entraves moins pesantes; il reste un dernier pas à faire, celui de supprimer toutes ces distinctions si embarrassantes pour le jurisconsulte, si fécondes en procès, si ruineuses pour les familles, si nuisibles au commerce, entre les substitutions, vulgaire exemplaire, pupillaire, fidéi commissaire, compendiaire, et de réduire tout aux substitutions fidéi commissaires simples, lesquelles seraient introduites même dans les pays dont les coutumes prohibent toutes substitutions indéfiniment.

ÉCONOMIE

Que, conformément aux anciennes ordonnances, nuls impôts, octrois ni subsides ne puissent être exigés qu'au préalable ils n'aient été accordés et consentis par les Etats généraux.

C'est une suite du droit de propriété qu'elle ne puisse être privée que jusqu'à la concurrence nécessaire à sa conservation paisible. Cet axiome a été répété mille fois, et jamais les partisans de l'arbitraire n'y ont répondu que par des faits; or le fait n'établit pas le droit.

Que les subsides soient répartis d'abord en général entre les villes et le plat pays, en sorte que tout impôt qui pèse principalement sur l'industrie soit relégué dans les villes.

L'industrie dans les villes seconde, favorise le luxe; l'industrie rurale n'a d'autre objet que les besoins réels. C'est un malheur très grand que la facilité de percevoir ait déterminé le cours des impôts sur les champs arrosés de sueurs; d'où il suit que le cultivateur le plus laborieux, au lieu de recevoir une récompense, éprouve une surcharge. Ce vice d'administration est dénoncé. Les assemblées provinciales s'attachent à le détruire, mais elles le tenteront vainement tant que la taxe sera réglée sur la quotité des productions plutôt que sur la fertilité intrinsèque des terres; tant que les fruits d'une pénible industrie seront assimilés aux récoltes spontanées; disons tout, tant que l'oisiveté des villes sera protégée. Il convient donc de faire une distinction entre les contributions des villes et celles des campagnes; et, comme il est prouvé que les villes sont un absorbant de la population laborieuse du plat pays, de prendre toutes les précautions possibles pour retenir dans l'honorable profession de cultivateur ceux que la naissance et les premiers principes de leur éducation semblent y destiner. Le plus puissant de ces moyens sera d'alléger le fardeau que les habitants des villes ont su verser sur leurs nourriciers; que toutes les gênes qui résultent des taxes variées se perpétuent dans les villes, peu importe, ce sera volontairement et par prédilection qu'on les supportera, mais la simplicité des mœurs villageoises ne doit pas être ainsi contrariée: c'est là et non ailleurs que doit être assis l'impôt territorial, joint à l'affranchissement de toute autre exaction.

Une seconde distinction non moins essentielle est celle qui doit être admise entre les productions spontanées et les productions industrielles; entre celles que l'on regarde comme à peu près infailliblement assurées, et celles qui sont notoirement casuelles. L'on ne peut s'empêcher de déplorer les effets de la gothique barbarie qui affranchit presque entièrement les revenus qui ne coûtent aucun travail, tandis que les dîmes, les champarts, et presque toutes les redevances seigneuriales portent sur les fruits obtenus en traçant de pénibles sillons.

Que toutes les paroisses de campagne soient autorisées et non contraintes à percevoir sur elles-mêmes une dîme universelle de toutes les productions, tant spontanées qu'industrielles, fixées, ainsi qu'il en sera par elles déclaré ; le produit de laquelle dîme, affermé par genre de productions, sera remis au collecteur, et acquittera d'autant l'impôt territorial.

Les avantages de la dîme imaginée par M. de Vauban et ses inconvénients sont connus. Les inconvénients disparaissent dès lors que les agents du fisc n'ont aucune part à la perception, dès lors que l'institution de cette méthode de payer l'impôt demeure entièrement libre. Les avantages au contraire restent. Le pauvre n'est plus forcé de s'acquitter qu'avec ce qu'il a, et non avec l'argent qu'il n'a pas. La proportion de la contribution est infaillible ; les frais de contrainte sont presque entièrement abolis. Ajoutons que cette forme s'accrédite et devient générale ; elle fournit le plus court, le plus sûr, peut-être le seul expédient propre à former le *cadastre*, jusqu'ici si souvent et si inutilement entrepris.

TRIBUNAUX DE JUSTICE.

Qu'il soit établi, pour l'administration de la justice, des tribunaux qui connaissent de toutes matières civiles entre toutes sortes de personnes indistinctement.

Les personnes, comme les matières privilégiées, ont servi de prétexte plutôt que de motif à la multiplication des juridictions. Il est évident que le désir de faire arriver des finances au trésor royal a eu plus de part que l'intérêt des justiciables, à cette prodigieuse diversité de cours et de sièges de justice, qui importunent et ruinent les sujets du roi. Tous, de quelque qualité qu'ils soient, doivent aux yeux de la loi être parfaitement égaux, quand il s'agit de revendiquer ou de défendre leurs propriétés.

Que le roi soit reconnu, comme il est, grand justicier de son royaume, qu'en conséquence toutes les justices seigneuriales, même des pairies, soient supprimées ; les droits utiles et honorifiques, autres que la nomination aux offices, réservés aux seigneurs.

L'indécence et la rapacité caractérisent les justices de village.

L'humeur litigieuse est fomentée et entretenue par les insinuations intéressées d'une fourmilière de praticiens amphibies, dont tout le savoir consiste à copier des protocoles. Cependant la vie des hommes, l'honneur des familles dépendent de ces méprisables tribunaux, et en dépendent sans ressource, puisque l'instruction qui s'y fait des procès criminels subjugue les cours souveraines elles-mêmes.

Cette rivalité des seigneurs à l'égard du roi n'a duré que trop longtemps ; sa suppression n'assujettit à aucun remboursement, les seigneurs n'étant privés d'aucuns profits, tandis qu'ils sont déchargés du paiement des gages de leurs officiers, ainsi que des frais d'entretien de prisons et d'auditoires.

Que la suppression des tribunaux royaux d'exception s'opère par le remboursement des finances des offices, lors de leurs vacances par la mort des titulaires, lesquels jouiront pendant leur vie de leurs gages, de l'entrée et séance en qualité de conseillers dans les tribunaux ordinaires, y auront voix délibérative, s'ils y sont gradués, et même seront chargés des rapports dans les affaires de leur ancienne compétence.

L'intérêt particulier doit sans doute céder au bien public, mais il faut, autant qu'il est possible, adoucir le sacrifice, surtout il faut être juste et ne pas entamer les propriétés sans dédommager équitablement les propriétaires. Le prix des offices est une partie de la propriété.

L'état de l'officier et la considération attachée à cet état en sont une autre partie. Le moyen proposé dans l'article ne laisse rien à regretter à ceux qui seront supprimés.

Que la liquidation de la finance des offices supprimés soit faite par les Etats provinciaux, dans leurs départements respectifs, et que la manière de pourvoir au remboursement, ou par emprunts, ou par additions aux impositions, ou par augmentation des finances des offices conservés, soit laissée à leur choix.

Les provinces profiteront de la réduction des tribunaux, et par la diminution des frais de justice, et par la cessation du scandale des conflits. En les chargeant du remboursement des finances attachées aux offices, on leur imposera une charge qu'elles se réjouiront de supporter.

Que les degrés de juridiction soient réduits à deux.

L'ordre judiciaire que l'on suit à présent est tel que les affaires appelées majeures, soit à cause de la qualité des parties, soit par la difficulté et l'importance des questions, éprouvent au plus deux jugements, tandis que, dans les conditions inférieures et pour les moindres intérêts, on est obligé de parcourir jusqu'à quatre degrés ; rien ne prouve mieux la nécessité de la réforme demandée ; elle produira d'ailleurs un bien inestimable : celui d'épargner à notre législation le reproche fondé de préposer la moitié du royaume pour juger l'autre moitié.

Qu'outre les sièges de justice où se rendront les jugements, il soit établi dans les lieux qui en paraîtront susceptibles, sous la qualification de prévôts, viguiers, commissaires, des officiers chargés de constater par des informations sommaires les crimes et délits, autorisés à faire arrêter les délinquants et à les faire traduire dans les prisons du ressort ; chargés également du maintien de la police et de procéder aux appositions des scellés, lorsque l'occurrence ou les intéressés le requerront.

La nécessité de ces précautions s'aperçoit aisément, et n'a pas besoin d'être justifiée.

Que les tribunaux tant supérieurs qu'inférieurs soient uniformes pour la composition, le degré d'autorité qui leur sera confié, et, autant qu'il sera possible, par le nombre des justiciables.

De là naîtrait entre eux une émulation facile à prévoir et exempte de jalousie.

Que le nombre des juges soit fixé à vingt, outre dix expectants, un procureur et deux avocats généraux, dans les cours supérieures à six, outre quatre expectants, un procureur et un avocat du roi dans les tribunaux inférieurs, et que les officiers ministériels soient réduits au nombre absolument suffisant.

La multiplicité désordonnée des offices leur ôte une grande partie de la considération qui leur est essentielle. Les officiers s'accoutument à ne regarder les fonctions de leurs charges que comme un accessoire de leur existence civile. L'accès aux magistratures est nécessairement ouvert à toutes sortes de sujets, encore y en a-t-il un tiers de vacantes; la réduction proposée concentrerait les magistrats dans leur état; ils en seraient sinon continuellement, au moins principalement occupés. En considérant, d'un autre côté, que chacun veut vivre des émoluments de son travail, l'on conviendra qu'il ne faut employer que le nombre des coopérateurs qui suffit au besoin ; quant à la diminution du nombre des officiers ministériels, on la croit plus capable d'élaguer les procédures et les frais inutiles que ne l'ont été toutes les ressources employées par M. Pussort.

Que dans les tribunaux inférieurs, à chacun desquels on pourrait donner cent mille justiciables, les causes ou procès dont l'intérêt n'excédera pas 300 livres, puissent être terminées sans appel par les juges au nombre de trois, et les différends, dont l'intérêt n'excédera pas 1,000 livres, par cinq des juges.

C'est une erreur invétérée seulement en France que pour bien juger il convient de rassembler une multitude d'opinions. Cependant dans les compagnies nombreuses, s'il se présente une grande difficulté à résoudre, on nomme des commissaires, et il est bien rare que leur avis ne soit pas adopté. La compétence à laquelle on borne les tribunaux inférieurs doit contenter les cours.

Que les cours supérieures aient dans leur ressort dix tribunaux inférieurs.

La justice pour tous sera suffisamment rapprochée.

Que, sauf la restriction du ressort, il ne soit rien innové dans la constitution du Parlement et du Châtelet de Paris, que l'étendue du ressort du Châtelet ait les mêmes limites que la ville, que dans le Parlement soient le Châtelet et dix autres sièges inférieurs.

L'extrême population de Paris ne permet pas de régler à 100,000 les justiciables du Châtelet ; car cette innovation obligerait à subdiviser ce tribunal qui jouit, à bon titre, de la confiance, de l'estime et du respect des citoyens de cette grande ville. La restriction du ressort dans l'enceinte de Paris serait compensée par l'attribution des affaires dont connaissent les tribunaux d'exception.

Ce n'est qu'avec répugnance qu'on propose de réduire le ressort du Parlement. La haute considération due à une cour aussi célèbre ne peut être balancée que par la nécessité, sentie depuis longtemps, d'empêcher les vexations dont les justiciables trop éloignés ne peuvent lui porter leurs plaintes, d'épargner les frais énormes qu'occasionnent aux plaideurs et les voyages, et plus encore les séjours dans une ville qui dévore en peu de mois le revenu de beaucoup d'années, des habitants de province forcés d'y aborder.

Dans le Parlement, on ne comprend que la Cour supérieure, et non la Chambre du même Parlement, qui juge à la charge de l'appel. Cette Chambre est un tribunal d'exception, et tous ceux de ce genre ne doivent plus exister : le rapprochement des juges suffisant pour rendre inutiles les attributions de toute espèce.

Que les conseillers du roi ne soient plus des cours judiciaires, hors le cas de conflit ou de cassation des arrêts des cours supérieures, et sans pouvoir retenir le fonds des contestations.

Telle est l'institution des conseils : en passant ces bornes, ils ont donné aux procès une durée indéfinie.

Qu'il ne soit prononcé aucune évocation, même pour juger sommairement.

Les évocations au conseil sont injurieuses aux Cours.

Les évocations aux Cours sont humiliantes pour les tribunaux inférieurs. Les jugements rendus sur évocations, fussent-ils manifestement conformes aux principes, portent avec eux une empreinte de faveur pour celui qui les a obtenus. L'on ne peut se rappeler sans frayeur les abus de pouvoir, auxquels se sont livrés quelques ministres. S'il n'y a pas d'exemples modernes de victimes conduites à l'échafaud en conséquence de jugements rendus sur évocation et renvoi devant les commissaires, il en est beaucoup d'arrêts de surséance qui tiennent les mains aux tribunaux ordinaires, et désolent de légitimes créanciers ; il en est beaucoup d'extensions de droit en vertu d'arrêts du conseil des finances, extensions qui s'enchaînent les unes aux autres, et qui n'auraient point lieu, si les juges, qui ne connaissent que des lois registrées, n'eussent pas été dépouillés de la connaissance des contestations, si le département des finances ne se fût pas arrogé la décision des mêmes points de difficulté, où l'on peut le regarder comme partie. Il en est beaucoup d'arrêts qualifiés du propre mouvement, beaucoup plus redoutables que les ordres particuliers, en ce que frappant inopinément comme les lettres de cachet, ils ne laissent que le désespoir de ne pouvoir faire entendre de réclamations.

Les évocations prononcées par les Cours sont autorisées par l'ordonnance, lorsque le fonds peut être jugé à l'audience ; mais d'abord, l'on évoque et l'on ne juge point à l'audience. En second lieu, les évocations sont devenues si communes qu'on les présume. Les officiers ministériels, chargés de l'une et l'autre partie, ayant un égal intérêt à occuper sur le fonds, l'instruisent, consentent à l'évocation ou n'y défendent que faiblement, et de là, de gros frais. Enfin on ne peut se dissimuler qu'évoquer, c'est ôter aux parties le moyen d'éclaircir, devant leurs juges avec peu de dépenses, avec moins de danger de les induire en erreur sur les faits, les questions qui les divisent, et la possibilité d'épargner une instruction sur l'appel, des longueurs, des ajoutés au rôle, des épices, des coûts d'arrêts, etc., etc.

COMPTABILITÉ

Que les comptes des receveurs et trésoriers soient rendus dans les termes fixés par l'ordonnance de 1669.

Ce n'est que depuis les délais de faveur accordés aux comptables que le désordre s'est introduit dans les finances.

Qu'il soit défendu à la Chambre des comptes de passer aucune dépense qui ne soit autorisée qu'implicitement, sauf la somme qui sera convenue avec les Etats généraux, pour dépenses secrètes d'administration.

Il serait peut-être trop rigoureux d'admettre des principes de comptabilité qui exposassent à tous les yeux certaines opérations politiques, mais c'est une autre extrémité que d'abandonner, à la discrétion des ordonnateurs, des centaines de millions.

Que les caisses des comptables soient fréquemment inspectées, et que ceux qui seront chargés de cette inspection répondent au roi et à la nation de l'exactitude de leurs certificats.

Cela se pratiquait ainsi autrefois, et il n'y avait point de banqueroutes de comptables.

DOMAINE DU ROI

Que le domaine corporel et tous les accroissements qu'il a reçus puissent être aliénés sans retour, à la charge que le prix en sera employé à diminuer la dette de l'Etat, en commençant par les parties les plus onéreuses de cette même dette, et moyennant la soumission des Etats au nom de la nation, de fournir au roi un équivalent en argent fixé sur le produit de l'année commune des dix ou vingt dernières ; que sur cette somme soit pris le remplacement à fournir aux princes apanagés.

La dette publique s'est tellement accumulée et grossie, que l'on ne connaît aucun moyen de l'éteindre au profit de la génération future, sans écraser la génération présente. Or, un pareil sacrifice ne serait pas raisonnable ; il faut conséquemment chercher quelque ressource nouvelle, dût-elle blesser les préjugés.

L'aliénation à perpétuité du domaine de la couronne fournit une ressource avec d'autant plus d'avantage que la vente montera certainement plus haut qu'au double du capital de son produit, déduction faite des dépenses d'administration, que ces fonds rendus au commerce, assujettis aux mêmes impôts que les autres, gérés par les propriétaires animés de cette affection que donne la propriété, indemniseront en peu d'années les sujets du remplacement qui sera dû au roi.

Quant aux apanages, comme il convient qu'ils soient en fonds réels, l'on pourrait, pendant la minorité des princes, employer chaque année une somme quelconque en acquisitions d'héritages, lesquels, en cas d'extinction des branches masculines, feraient retour à la Couronne pour être revendus.

Que les droits, très improprement appelés domaniaux, soient simplifiés et éclaircis, en sorte que chacun soit à portée de les connaître ; que les tarifs soient imprimés et affichés dans les auditoires de justice et dans les bureaux de recette, et que les contestations qui pourront s'élever au sujet de ces droits, soient portées dans les tribunaux ordinaires.

Rien de plus capable d'attrister la nation et de lui faire trouver insupportable le joug que ces contraintes décernées pour des droits inconnus ou sujets à interprétation.

Les ténèbres qui couvrent cette partie des finances sont si épaisses que de l'art d'en débrouiller l'obscurité on en a fait une science. Or, tout le monde ne peut pas être savant ; et tous ceux qui contractent doivent être mis à portée de prévoir ce qu'ils auront à payer.

CLERGÉ

Que les bénéficiers soient astreints à résider dans les endroits désignés par les fondations, sous les peines portées en l'art. 5 de l'ordonnance d'Orléans.

La résidence des bénéficiers prescrite par les cours et par des lois malheureusement et scandaleusement éludées ne l'est pas moins par la politique. Elle tarirait une des principales causes de l'appauvrissement des provinces, en y conservant le numéraire dont les bénéficiers non résidents font une énorme soustraction ; on procurerait aux indigents des secours plus prompts, plus abondants, mieux dirigés.

Qu'aucun ecclésiastique ne puisse posséder qu'un seul titre de bénéfice.

Cette règle est indispensable pour le maintien de la résidence ; son infraction a mis obstacle à l'observation de l'article cité de l'ordonnance d'Orléans, son adoption empêcherait qu'un petit nombre de membres du clergé n'absorbât la plus grande partie de la substance destinée à vivifier le corps entier. Elle effacerait le contraste trop frappant de la fastueuse opulence et de l'extrême misère, entre des hommes consacrés au même état et voués au même ministère.

Que dans chaque diocèse, le revenu d'un ou de plusieurs bénéfices soit affecté à une caisse de secours suffisante pour fournir aux curés un supplément de congrues, fixé à la proportion d'une honnête subsistance.

L'incompatibilité des bénéfices rendra facile cet établissement dont la nécessité est sentie depuis longtemps.

Que les prébendes des églises cathédrales, collégiales, même des chapitres nobles ne puissent à l'avenir être conférées qu'aux prêtres qui auront vieilli dans le ministère de curé des villes ou des campagnes.

Alors le ministère ecclésiastique qui s'exerce dans les paroisses ne serait plus dédaigné comme il l'est en beaucoup d'endroits, alors la première partie de la vie sacerdotale serait consacrée aux fonctions laborieuses, et l'âge avancé, à la prière. Alors les pasteurs avertis, par la défaillance de leurs forces, qu'il est temps de laisser le soin de leur troupeau à des mains plus vigoureuses, ne seraient plus forcés de le conserver pour vivre ; alors la faveur n'emporterait plus des récompenses dont la perspective est capable de faire éclore le mérite et germer les talents.

L'on ne fait aucun doute que les collateurs ecclésiastiques et laïques ne s'empressassent de souscrire à cette règle, si S. M. donnait l'exemple.

Observations sur l'article : Clergé.

On peut s'étonner que des laïcs discutent et élucident ainsi les questions relatives au clergé. Si le cahier de *Voisins* s'est un peu étendu sur la matière, on verra que presque toutes les autres paroisses ont pareillement émis une opinion plus ou moins développée, et presque toujours tendant au même but.

La plupart des curés, bien qu'allant à Paris pour y

élire leurs représentants, et y rédiger leur cahier général, ne se tenaient pas à l'écart de leurs paroissiens ; ils s'entretenaient avec eux des réformes qu'on espérait.

N'oublions pas que les prêtres des campagnes formaient le tiers-état du clergé : ne l'appelait-on pas le bas clergé? D'un autre côté, presque tous ceux qui savaient lire et écrire étaient ou avaient été marguilliers ; par ces fonctions très recherchées alors, les gens de la campagne ne se trouvaient-ils pas en commerce intime avec les curés? n'étaient-ils pas à portée de voir et de comprendre la situation pénible où ces modestes prêtres végétaient pour la plupart, et ces prêtres ne leur communiquaient-ils pas leurs plans de réformes?

Voilà assurément la source d'où partaient les renseignements si précis qui nous surprennent aujourd'hui. Du reste, nous espérons placer sous les yeux des lecteurs quelques cahiers de curés.

NOBLESSE

Que la noblesse soit maintenue dans toutes les distinctions honorifiques dont elle est en possession, à l'exception d'exclure les non-nobles du grade d'officier dans les troupes.

Les ordres de chevalerie qui exigent des preuves, le port d'armes, l'entrée dans les chapitres fondés pour les nobles des deux sexes, l'éducation gratuite dans les écoles militaires, l'éducation et le service des pages, l'éducation et la dotation réservées pour les filles nobles à Saint-Cyr et ailleurs, et tant d'autres prérogatives dont la noblesse jouit, sont l'aliment d'une subordination nécessaire ; mais le règlement très moderne qui attribue aux nobles exclusivement les grades d'officiers militaires paraît avoir trop d'inconvénients pour le laisser subsister : 1° il tourne contre la noblesse elle-même, en la privant de réparer ailleurs que dans des sources vénales, les pertes qu'elle fait par l'extinction des familles de son ordre : danger que le feu roi avait voulu prévenir lorsqu'il créa une noblesse militaire ; 2° il avilit l'état de soldat : n'y ayant que des âmes sans énergie qui puissent se vouer à une profession dans laquelle tout espoir d'avancement est retranché ; 3° il augmente la dépense : la roture riche pouvant servir à meilleur marché que la noblesse pauvre.

Que l'usurpation des qualifications de marquis, comte, baron, vicomte, ne soit plus tolérée.

La noblesse serait, au premier coup d'œil, seule intéressée à la suppression de cet abus. Tous les ordres y trouveraient cependant de l'avantage, et il s'ensuivrait une économie considérable, car elle ferait rentrer dans la main du roi le moyen de récompenser par des titres à vie ou des créations héréditaires des services qui dans l'état actuel se paient en argent.

Que les qualifications de haut et puissant seigneur, les grandes charges et les grands honneurs de la cour, soient déclarés incompatibles avec un traitement pécuniaire direct ou indirect.

Ce serait là une économie majeure, et qui de proche en proche exciterait une émulation de désintéressement dans les ordres moins élevés. Que faut-il pour les procurer ? Un retour sincère des grands sur eux-mêmes, qui leur fasse sentir que tout salaire est honteux pour celui qui peut s'en passer ; qu'il devient injuste, cruel, quand, pour l'obtenir, on fait couler les pleurs de l'indigent, que dans la sage conduite qui produit le superflu, et dans la libéralité qui le répand, se reconnaît la véritable élévation des sentiments ; qu'au contraire, il y a de la bassesse à fléchir le genou sur tous les degrés qui conduisent à la source des grâces. Quel mérite y aurait-il d'ailleurs dans la contribution proportionnelle que les grands se sont empressés d'offrir, s'ils conservaient l'espoir équivalent à certitude d'en être dédommagés par des pensions ou des traitements?

VILLES.

Que dorénavant aucune personne, de quelque part qu'elle vienne, ne puisse prendre domicile dans les villes, ni participer aux prérogatives des domiciliés que du consentement des officiers municipaux, homologué par le magistrat chargé de la police, sur les conclusions du ministère public, et après avoir justifié que l'état de sa fortune, ou le produit d'un emploi, ou celui d'une honnête industrie, suffisent pour sa subsistance et celle de sa famille.

Moyennant ces précautions, les villes ne seront plus des lieux de refuge pour les fripons et les mendiants.

Qu'aucune ville ne soit exempte de la presse des soldats provinciaux, et qu'aucun genre de domesticité n'en affranchisse (1).

Les privilèges accordés à cet égard dépeuplent les campagnes; ils consternent le laboureur et le bourgeois qui ne peuvent exempter leurs fils, tandis que les nobles et les roturiers un peu distingués exemptent leurs laquais. Celui qui découvrirait un moyen de réprimer le ridicule caprice d'avoir de grands valets rendrait plus de bien au royaume que s'il y importait des millions.

---

(1) Dans tout le bailliage de Versailles, le cahier de Voisins est le seul où, à propos de la milice, soit signalé un des plus criants abus qu'entraînait cette institution; la charge entière de la milice retombait sur les campagnes et sur les travailleurs de la terre (V. page 112). Il faut ajouter que certaines villes étaient affranchies du poids des milices; comme du logement des gens de guerre ou troupes réglées.

Qu'auprès de chaque ville, siège d'une juridiction supérieure ou inférieure, il soit formé un établissement où les enfants des pauvres trouvent l'instruction, du travail et la subsistance.

Ces établissements existent en Hollande, et ne sont point à charge à la république. Imités en France, confiés à la vigilance des officiers municipaux, et soumis à l'inspection des magistrats, ils rendraient au centuple à la société ce qu'ils lui coûteraient : sans l'habitude au travail, point de mœurs ; avec l'habitude du travail, point de désordre ni de misère (1).

Que dans ces refuges il y ait un quartier destiné à renfermer séparément les personnes de l'un et de l'autre sexe, qui auront encouru cette punition, auxquelles il sera imposé chaque jour une tâche de travail, sous peine de châtiment.

C'est parce qu'on laisse les enfermés croupir dans l'oisiveté que les maisons de correction sont transformées en écoles de dépravation.

Que l'ordonnance de saint Louis de 1254, l'art. 25 de l'ordonnance d'Orléans et l'art. 82 de celle de Moulins, concernant les tavernes et cabarets, soient exécutées sous les peines y apportées.

Ces lois défendent de recevoir dans les cabarets et tavernes aucuns domiciliés. On n'exagère point en assurant que la négligence de la police dans cette partie est une des principales causes des désordres qui arrivent et de la misère du bas peuple. Mais la police a-t-elle bien, en cette partie, toute la liberté dont elle aurait besoin ?

---

(1) On regrette que le cahier général de Versailles n'ait pas inséré ce vœu ; on y entrevoit l'état déplorable dans lequel se trouvait l'enseignement des classes pauvres. L'article suivant n'est pas moins digne d'attention, même à un siècle de distance.

MENDICITÉ.

Que tous les sexagénaires et les malades incurables soient reçus dans un des hôpitaux de leurs provinces, moyennant une pension réglée par les chambres ecclésiastiques des diocèses, de concert avec les Etats provinciaux, et payée par contribution sur les revenus ecclésiastiques du diocèse où seront nés les sexagénaires et incurables.

Il est vraisemblable que les bénéficiers, désormais astreints à résider, préviendront cette taxe ; s'ils ne le faisaient pas volontairement, il serait juste de les y contraindre, puisqu'on ne peut nier que telle est la principale destination de leurs biens.

Que les évêques, chacun dans son diocèse, soient autorisés à convertir en dotation des hôpitaux désignés pour recevoir lesdits sexagénaires et incurables, toutes les fondations d'aumônes journalières.

L'expérience démontre que les abbayes, les couvents et généralement tous les chefs-lieux où il y a des distributions réglées de secours pour les pauvres, sont entourés de fainéants infectés de tous les vices, dont l'oisiveté est le principe le plus fécond.

Que les paroisses soient chargées de la subsistance des pauvres qui ne seront ni sexagénaires ni incurables; auquel effet, tous les mendiants de cette classe, arrêtés hors de leurs paroisses, y seront reconduits par la correspondance des maréchaussées.

C'est encore l'expérience qui prouve la répugnance des pauvres à recourir aux aumônes des personnes dont ils sont connus. La honte de mendier en ce cas est presque toujours victorieuse du penchant à la paresse. Cette honte s'évanouit quand il ne s'agit que d'invoquer la charité des personnes qui ne connaissent ni l'individu qui s'adresse à elles, ni ses ressources.

Que les frais de conduite soient payés de brigade en brigade, à raison de 4 sols par lieue pour chaque mendiant. Que la dernière brigade soit remboursée de la somme entière, sur des fonds à ce destinés dans chaque district, et que la somme concernant chaque paroisse soit imposée en sus de son imposition ordinaire, l'année qui suivra le paiement fait aux brigades.

Le meilleur et peut-être le seul moyen d'exciter la surveillance des parents et des voisins à l'éducation des enfants est de les intéresser à ce qu'ils ne s'habituent pas à la fainéantise : celui d'exciter leur charité est de leur faire entrevoir qu'en laissant les nécessiteux sans secours, ils seront punis de leur dureté par une augmentation d'impôts.

Si ces mesures paraissent sévères, du moins faut-il avouer qu'elles seront efficaces, et qu'elles méritent la préférence sur un système de contribution générale dont l'aspect est effrayant : on peut en juger par l'exemple des trois royaumes britanniques, où, pour une population moindre des deux tiers que celle de la France, la taxe des pauvres monte à plus de 1,500,000 livres sterlings (37,500,000 liv.).

Clausse. — F. Douville. — Révérend, fermier du roi. — Ch. Rétois. — N.-F. Douville. — J. Ferret. — Monget. — Dubray. — Michon. — C. Ferret. — J. Chevallier.

CLAUSSE, *président*.

Pierre Coudray. — Michel Lhomme. — Jean Douville. — L. Saillard. — Pierre Henry. — F. Lefort. — Jean Saillard, n'ont su signer.

Fait et arrêté le 15 avril 1789.

Les députés chargés du cahier furent : Révérend et Monget, avec Clausse, le président, pour suppléant.

Révérend écrivait, le 18, à l'Assemblée de Versailles :

Monsieur, comme mes affaires ne me permettent d'aller à Versailles, pour nommer les députés pour aller à Paris, je vous prie de me suppléer, comme vous en avez le droit par la délibération de nos habitants.

J'ai l'honneur d'être, etc.,   A. RÉVÉREND.

Après avoir relu plusieurs fois non ce cahier, mais ce recueil de problèmes résolus, je reste persuadé que les lecteurs ne le trouveront ni trop long, ni monotone. Assurément celui qui a écrit ces pages était au courant des choses de l'histoire et politique et économique : on sent qu'il met un frein à sa plume, il ne dit pas tout ce qu'il pense, il est sobre de commentaires parce qu'il sait qu'il sera compris de ses concitoyens dont il se fait l'interprète.

Le notaire Monget aurait mérité d'être nommé aux Etats généraux, où il eût certainement fait bonne et honorable figure.

XVIII

CAHIER DE BUC

Assemblée tenue sous la présidence de M. Louis-Thomas de la Barre, commissaire délégué par M. le bailli, le 16 avril 1789.

SANS PRÉAMBULE

Art. 1ᵉʳ. — La liberté individuelle assurée à chaque citoyen, qu'il ne puisse en être privé que par le jugement des tribunaux établis par la nation.

Art. 2. — Nouvelle constitution dans la manière de rendre la justice et de régler toutes espèces d'affaires, plus prompte et moins dispendieuse.

Art. 3. — Nouveau code civil et pénal, clair, net et uniforme.

Art. 4. — Liberté de la presse, sous la condition que l'auteur ou l'imprimeur signera.

Art. 5. — Suppression des fermes, aides et gabelles et droits domaniaux, en réservant seulement un simple droit pour donner date au contrat.

Art. 6. — Suppression des corvées dans le royaume.

Art. 7. — Rétablissement des chemins d'une ville ou village à l'autre.

Art. 8. — Suppression des milices.

Art. 9. — Suppression des tailles.

Art. 9 (bis). — Etablissement d'un vingtième et demi sur toutes les propriétés, tant foncières que fictives, perçu indistinctement sur tout le bien des personnes sans aucune exception, ainsi qu'une capitation qui ne pourra jamais excéder plus du dixième des revenus connus.

Art. 10. — Suppression du receveur des tailles.

Art. 11. — Etablissement dans chaque *élection* d'une caisse nationale, dans laquelle les impôts seront versés directement par les commissaires nommés dans chaque paroisse par les habitants, pour les recevoir, auxquels il sera alloué, savoir : un pour cent au commissaire pour sa recette, et un pour cent au receveur de la ville de l'élection, et un pour cent au receveur général.

Art. 12. — Rôles et quittances délivrés gratis, étant acquittés par le sol pour liv. ci-dessus accordé aux dénommés en l'art. ci-dessus.

Art. 13. — Egalité des poids et mesures dans tout le royaume.

Art. 14. — Les peuples indigents demandent la diminution du pain. Ils supplient le gouvernement de leur faire venir des blés de l'étranger ; et pour qu'à l'avenir ils ne se trouvent plus dominés par l'affreuse misère dans laquelle ils gémissent, ils supplient les Etats généraux de voter unanimement à ce qu'il soit établi dans chaque pays d'Etats ci-après désignés, en suffisante quantité, des magasins sous l'administration des Etats, qui assurent aux peuples le pain de 6 à 7 liards au plus la livre et ce, au moins pendant 6 mois.

Art. 15. — Ils demandent aussi qu'il leur soit permis d'aller, comme par le passé, ramasser les bois secs tous les jours, depuis le 1er octobre jusqu'au 1er avril. Ils ne peuvent acheter de bois, puisqu'ils ne peuvent gagner assez pour avoir du pain. S'ils souffrent la faim et le froid, ils ne pourront subsister longtemps ; cependant il faut des bras à l'Etat et aux cultivateurs.

Art. 16. — Défense d'exporter les grains hors du royaume. Empêcher par tous les moyens les plus efficaces tous monopoles sur les grains, dont les peuples ressentent aujourd'hui si vivement les tristes effets.

Art. 17. — Défense d'interrompre la liberté des grains dans l'intérieur du royaume.

Art. 18. — Ordonner que le peuple soit fourni avant le marchand.

Art. 19. — Suppression des capitaineries dans l'étendue du royaume, et surtout la juridiction arbitraire et militaire des capitaineries.

Art. 20. — Que toutes les foires soient rendues franches pour les bestiaux.

Art. 21. — Que l'Assemblée de la nation s'occupe d'adopter les moyens les plus efficaces pour détruire la mendicité dans le royaume.

Art. 22. — Que l'on détruise aujourd'hui tous les obstacles qui empêchent le tiers-état d'occuper toutes les places et charges quelconques ; que l'on révoque les ordonnances qui les empêchent d'y parvenir.

Art. 23. — Que les places et charges inutiles à l'Etat et onéreuses aux finances soient supprimées.

Art. 24. — Que l'Assemblée de la nation avise aux moyens les plus efficaces pour que l'éducation publique dans tout le royaume soit également avantageuse à chaque individu et à la nation.

Art. 25. — Il serait nécessaire que messieurs du clergé, curés et vicaires et autres, ne puissent recevoir aucunes sommes pour l'administration des sacrements et autres fonctions ecclésiastiques, et la suppression des dîmes.

Art. 26. — Le roi est supplié de maintenir l'exécution de l'arrêt du Conseil au rapport de M. Turgot, de l'année 1776, concernant les lapins, et conséquemment d'abroger les formes ruineuses et multipliées indiquées pour constater les délits qu'ils commettent dans nos plaines, et que sur une simple requête au juge, répondue dans 24 heures, on soit autorisé à faire constater le délit et réclamer l'indemnité qu'ils auraient causée, en s'adressant soit à l'officier principal des chasses ou au domaine.

Art. 27. — Ordonner que sa trop grande quantité ne puisse préjudicier aux récoltes.

Art. 28. — MM. les officiers des chasses seront autorisés de faire tuer tous les pigeons qui se trouveront dans l'étendue du parc de Versailles, en conséquence des ordres émanés de Louis XV ; et nous autorisons notre représentant aux Etats de demander la suppression des colombiers à pied, dans toute l'étendue du royaume.

Art. 29. — Que les propriétaires et fermiers soient libres de faire nettoyer les grains de toutes les espèces jusqu'au 1er juin, de faucher les foins, lorsqu'ils les jugeront dans leur maturité, de couper les grains, lorsqu'ils le jugeront à propos, sans être interrompus par MM. les officiers des chasses.

Art. 30. — Notre représentant sera également autorisé à demander pour notre paroisse de Buc une *commune* as cz considérable pour nourrir une quantité de bestiaux, proportionnée à, de 220 feux et plus, qui existent dans la paroisse. Cet objet est d'autant plus intéressant que le village de Buc jouit de très peu d'industrie, et que des bestiaux leur sont d'une nécessité indispensable pour leur aider à subsister, eux et leurs familles ; cette demande est d'autant plus juste, qu'il en existait une connue encore aujourd'hui sous le nom de *pâture*.

Art. 31. — Les blanchisseurs de Buc, comme la partie la plus considérable de cette paroisse, demandent la liberté de la rivière de Bièvre, dite des Goblains, et un espace assez considérable pour étendre, sans être obligés à aucune redevance.

Art. 32. — S. M., étant propriétaire de presque tout le territoire de Buc, est suppliée d'adjuger au plus offrant et dernier enchérisseur, sous bonne et solvable caution, les terres de cette paroisse, et ce, par petites portions, à l'effet de donner plus de salaire et d'occupation aux habitants de cette paroisse.

Art. 33. — Notre représentant aux Etats est autorisé à demander qu'il ne soit fait aucun emprunt, établi aucun impôt que ceux ci-dessus consentis, sans le concours et le consentement de la nation, et conséquemment demandera le retour périodique des Etats généraux.

Art. 34. — Que ceux qui n'ont que des bras pour subsister, eux et leurs familles, ne soient assujettis à aucuns impôts.

Art. 35. — Que les jurandes et maîtrises soient supprimées ; prenant en considération celles qui sont susceptibles de remboursement, et tous les métiers rendus libres, sous l'inspection des juges de police.

Art. 36. — Nous autorisons notre représentant aux Etats généraux de demander qu'à l'avenir le conseil du roi soit un conseil national, et dans cette qualité composé des représentants des 34 pays d'Etats, dont il sera fait ci-après mention, et dans la proportion d'un représentant du clergé, d'un représentant de la noblesse, et deux du tiers ; que chacun de ces représentants soit soumis au pays d'Etats qui l'aura nommé, et dans ce cas, responsable de sa gestion, sur son honneur comme sur sa tête, suivant l'exigence des cas ; ce conseil tiendra lieu de la chambre des pairs, et lorsqu'il sera question d'impôts, le tiers-état fera valoir, en faveur de son avis dominant, autant de voix comme il y aura de pairs à la séance.

Art. 37. — Notre représentant sera également autorisé à demander que les 33 généralités existantes soient mises en pays d'Etats, et que l'île de Corse soit le centre du pays d'Etats de toutes nos possessions d'outre-mer, ce qui fera en tout 34 pays d'Etats qui seront composés ainsi et de la même manière que le conseil du roi, ci-dessus ; et dans le cas où les chevaliers d'honneur assisteraient aux séances qu'ils seraient dans le cas de tenir, le tiers-état fera valoir en faveur de son avis dominant le même nombre de voix qu'il y aura de chevaliers d'honneur.

Art. 38. — Les pays d'Etats seront chargés de l'assise et de la répartition et recette de l'impôt et de tous les objets de police qui regarderont leur administration intérieure, comme aussi ils seront dans l'obligation de rendre des comptes publics de la recette de l'impôt comme de son emploi.

Art. 39. — Notre député sera également autorisé à demander, dans chaque pays d'Etats, une cour supérieure de justice qui sera formée à l'instar des conseils ci-dessus, et qui sera autorisée à revoir toutes les lois tant civiles que criminelles, pour les rendre plus simples et d'une intelligence plus facile et moins dispendieuses; ainsi le roi sera supplié, en gageant tous ses juges, de leur enjoindre de rendre gratuitement la justice.

Art. 40. — Nous chargeons notre député de demander le reculement des barrières jusque sur les frontières, et de n'assujettir aux droits d'entrée que les marchandises manufacturées en pays étrangers.

Art. 41. — Nous désirons également qu'il ne soit plus à l'avenir délivré d'avis de surséance.

Art. 42. — De même nous lui enjoignons de requérir que, à l'avenir, la durée des baux ne puisse pas être moindre de 18 ans, attendu qu'il faut cet espace pour entreprendre sûrement des améliorations et en recueillir le fruit.

Art. 43. — Donnons au surplus tout pouvoir à notre représentant, lorsqu'on aura accordé tous les objets ci-dessus indiqués, de reconnaître la dette nationale, et de juger la durée des impôts jusqu'à parfaite libération de cette dette. Laquelle liquidation faite, ils devront tous cesser, pour n'être rétablis que dans de nouveaux Etats généraux. Et avons signé :

Duval, syndic; Denis Langlois; Jean-Baptiste Jardin; Jean-Noël Jardin; Jean Paton; Langlois; Viot, René Augé, Dumilieu, Perrot, Barbon, *Didier,* Sandron de Romainville, *Potonne, Pierre Olivier,*

Lemancel, *Volant*, *Hüe*, Mondion, Deschamps, *Renaux*, *Blachet*, Tatin, Dubois.

Un nom illisible, toutes les signatures en italiques sont mauvaises et dénotent à peine la connaissance des premiers éléments.

Sandron de Romainville a écrit le cahier, l'écriture est belle, mais un peu chargée de fioritures.

Les députés chargés du cahier furent :

Alexandre-Marc-Jean-Baptiste-Eléonor Sandron de Romainville, Nicolas-Joseph Dumilieu, et Charles-Gervais Renaux, à Buc.

XIX

CAHIER DE SAINT-CYR

Le cahier débute sans préambule.
Articles donnés par M. Houdin (marguillier entrant).

Art. 1er. — Que la France est une monarchie héréditaire de mâle en mâle, suivant l'ordre de la primogéniture; que dans le roi seul, comme chef de la nation, réside le pouvoir de gouverner suivant les lois, et que la puissance législative appartient à la *Nation assemblée* en Etats généraux, conjointement avec le roi.

Art. 2. — Que la liberté personnelle est inviolable, qu'aucun citoyen n'en peut être privé que conformément à la loi, et par le jugement des tribunaux ordinaires.

Art. 3. — Que la liberté de communiquer sa pensée faisant partie de la liberté personnelle, il est permis à tous citoyens de faire imprimer sans censure ni gêne, sous les réserves et modifications qui pourront être faites par les Etats généraux.

Art. 4. — Que la propriété de chaque citoyen est inviolable, et qu'aucun n'en peut être privé que par la seule raison de l'intérêt public, et en le dédommageant préalablement sur le pied de la vraie valeur.

Art. 5. — Qu'à *la Nation seule assemblée* en Etats généraux appartient le droit d'accorder et de proroger les impôts, et d'autoriser les emprunts et créations d'offices.

Art. 6. — Que tout impôt, étant une charge du droit de cité commun entre tous les citoyens, doit être également supporté par tous sans distinction de rang ni d'état, à proportion des biens et facultés.

Art. 7. — Que les monnaies ne peuvent être changées ni dans le titre ni autrement, qu'avec le consentement des Etats généraux.

Art. 8. — Que les ministres sont responsables à la nation, dans les trois cas d'attentats à la liberté personnelle, de violation de la propriété et de prévarication dans l'emploi des fonds qui leur auront été confiés.

Art. 9. — Que le retour périodique des Etats généraux est le droit de la nation, et doit être à l'avenir le régime permanent de l'administration du royaume.

Art. 10. — Qu'à chacune des sessions des Etats généraux, il sera traité des matières relatives à la qualité, à la nature et à la perception des subsides, à la législation et à l'administration générale du royaume.

Art. 11. — Que dans toutes les provinces il sera établi des Etats provinciaux, dont la forme et le pouvoir sera déterminé par les Etats généraux, et qui seront chargés de pourvoir, en chaque *district*, aux divers besoins particuliers qui ne pourront pas entrer dans le travail prochain des Etats généraux.

Art. 12. — Que le pouvoir judiciaire, sauve-garde de la liberté et des propriétés, soit maintenu dans toute son activité ; qu'aucune évocation illégale, aucun établissement de commissions extraordinaires, aucun acte de pouvoir arbitraire, ne puissent suspendre ni déterminer le cours de la justice réglée ; que les arrêtés de surséances, les saufs-conduits et l'abus des lieux privilégiés, qui soustraient les mauvais débiteurs à la poursuite de leurs créanciers et à l'autorité des jugements, soient anéantis.

Art. 13. — Afin d'établir imperturbablement la Constitution nationale sur ces bases essentielles, les Etats généraux demanderont que les articles ci-dessus soient sanctionnés par une loi, dont les députés attendront la promulgation avant de s'occuper d'aucun nouvel objet de délibération.

CONSTITUTION DES ÉTATS GÉNÉRAUX

« Le désir de l'assemblée est qu'à la prochaine session des Etats généraux on s'occupe de régler définitivement tout ce qui peut intéresser pour l'avenir la formation tant de l'Assemblée des Etats que des Assemblées graduelles qui la préparent, pourquoi elle a arrêté par suite des articles précédents : »

OBJETS RELATIFS AU CLERGÉ

Art. 14. — Que le clergé soit soumis aux mêmes impôts et au même régime de perception que les deux autres ordres, n'y ayant aucune raison de le distinguer des autres citoyens en tout ce qui concerne les avantages et les charges du droit de cité.

Art. 15. — Que les évêques, abbés et prieurs commandataires soient tenus de résider dans leurs diocèses ou au lieu de leurs bénéfices, et d'y avoir leur établissement permanent, sans qu'il leur soit permis d'avoir un hôtel, ni de tenir maison dans aucunes autres villes.

Art. 16. — Que la pluralité des bénéfices soit défendue, même pour les bénéfices simples, lorsque le premier bénéfice sera suffisant pour la subsistance décente du bénéficier.

Art. 17. — Que les Etats généraux s'occupent des moyens par lesquels il serait possible d'abolir le droit d'annates, de dispenses, de provisions bénéficiales et autres, qui se paient à la Cour de Rome, et de rendre aux prélats du royaume le plein exercice de la juridiction épiscopale, dans la pureté de son institution; et que les sacrements soient administrés, et même les enterrements, sans aucune rétribution pécuniaire.

Art. 18. — Les désordres occasionnés par les mendiants vagabonds, et les craintes qu'ils inspirent étant un des grands fléaux des campagnes, qu'il soit pourvu plus efficacement que par le passé à la suppression de la mendicité; que cet objet est également important à la charité, à l'humanité et à la sécurité publique... Qu'une répartition des biens ecclésiastiques soit rappelée à ses destinations primitives, conformément à la disposition des conciles et des capitulaires.

Art. 19. — Que les baux faits par les bénéficiers et les commandeurs, les propriétaires acquéreurs nouveaux, soient continués par leurs successeurs, sous quelque prétexte que ce puisse être; et que lesdits baux à l'avenir soient de trente années, afin que le cultivateur soit en état de cultiver en père de famille : tous les baux de 9 ans n'étant pas suffisants pour connaître le sol et faire produire à la terre ce qui lui est propre.

Art. 20. — Vu les trop fréquents accidents qu'éprouvent les habitants des paroisses de la campagne de l'un et de l'autre sexe, par l'ignorance et les défauts de connaissances suffisantes des personnes qui exercent les fonctions de sages-femmes et de la chirurgie, les Etats généraux voudront bien prendre en considération cette classe indigente d'habitants si utiles à l'Etat et à l'agriculture, et ordonner que défense soit faite le plus promptement possible à toutes personnes qui n'auront pas fait preuve de capacité, et qui ne sont pas munies des lettres ou brevets de réception, soit à Saint-Côme ou dans les écoles de chirurgie, et qui n'ont pas déposé au greffe du lieu leurs brevets, de cesser d'exercer lesdites fonctions, sous les peines et amendes les plus sévères, et qu'ils ne puissent à l'avenir s'établir sages-femmes et chirurgiens, qu'ils n'aient satisfait à cette loi, et ordonner aux officiers de justice des lieux, d'y tenir la main, et au procureur fiscal de rendre plainte contre les contrevenants.

Art. 21. — Il est essentiel que les trois ordres délibèrent ensemble, par tête et non par ordre.

Cette manière d'opérer est indispensable cette année pour la tenue des États généraux, et ne pourront lesdits députés se départir de cette forme sous aucun prétexte que ce soit.

Art. 22. — Les États généraux ne pourront point communiquer leurs pouvoirs. Les membres des Assemblées provinciales ayant été nommés par le roi, nous demandons qu'elles soient supprimées, et remplacées par des États provinciaux uniformes pour tout le royaume, qui seront formés d'une seule Chambre, dont les députés seront élus librement dans les trois ordres, moitié pris dans le clergé et la noblesse, et l'autre moitié dans le tiers-état ; que les intendants soient réformés et ne président en aucune manière, ni à la répartition des impôts et contributions et réparations des chemins et autres ; que toutes ces répartitions soient réunies aux États provinciaux, pour en répartir par eux mêmes les impôts, dont le produit sera versé dans une caisse qui ne sera comptable qu'à eux. Le trésorier sera chargé de faire passer les deniers, sans frais, au trésor national, après avoir acquitté toutes les charges de la province, même ceux imprévus et extraordinaires.

Art. 23. — Que les eaux-et-forêts soient mises sous l'administration des États provinciaux, leurs grands maîtres et justiciers réformés, et remplacés par les bailliages de l'arrondissement, qui connaîtront de tous cas, délits et ventes des dites forêts et aménagements.

Art. 24. — Comme les bois sont à la veille de manquer dans plusieurs provinces, qu'il soit permis aux assemblées provinciales de département et municipalités de faire leurs représentations pour l'augmentation des bois à planter sur les terres incultes et non propres à produire des grains ; que chaque communauté soit autorisée dans sa paroisse, sous l'autorité de ses juges, en obtenant d'eux toutes les formalités nécessaires, à planter tous les terrains incultes de leurs paroisses, à frais communs, sur le refus des propriétaires de ce faire, et que ces bois à l'avenir soient communs pour l'usage de la paroisse, et ce, dans l'espace de trois années au plus tard.

Art. 25. — Il y a dans presque toutes les provinces une quantité nombreuse de pâtures et *communes* pour les bestiaux des villages, qui ne sont pas surveillées d'assez près et se trouvent inondées à chaque abondance d'eau, faute d'avoir des écoulements suffisants, soit par la mauvaise position des moulins, qui n'ont pas assez de chute, et qui font refluer les grandes quantités d'eau qui inondent toutes les pâtures, les rendent impraticables à la subsistance et nourriture des chevaux que l'on pourrait élever en grande quantité ; ces prairies désséchées et bien aménagées pourraient élever des chevaux et autres bestiaux, en quantité suffisante, pour que l'on puisse détruire les haras, si coûteux à l'Etat. Les particuliers ont le plus grand intérêt que l'on leur donne la permission d'avoir des étalons à leur gré.

Art. 26. — Que la France soit rendue praticable dans toute son étendue pour faciliter le commerce.

En conséquence construire partout des canaux, et rus navigables ou flottables, et pour assurer le public, construire des *hameaux* dans les endroits les plus dangereux ; que le tout soit fait, ainsi que toutes les réparations des ponts et chaussées, ainsi que tous autres édifices publics, soit fait par les troupes, surtout en temps de paix, moyennant haute paie raisonnable, les outils nécessaires, qu'on leur livrera pour le travail, à leur entretien ; que tous ceux des peuples qui voudront travailler soient admis auxdits travaux par ateliers séparés dans toutes les provinces, avec salaire raisonnable ; le tout pour éviter les disputes et la mendicité.

Art. 27. — Que la dette nationale soit constatée préalablement avant qu'aucun impôt soit consacré ni accordé ;

que tout impôt soit de nature à répartir également entre tous les citoyens, à proportion de leurs biens et facultés territoriales, sauf les villes, qui seront imposées à proportion de leur commerce, de la manière qu'il sera jugé par les Etats généraux.

Art. 28. — Que jamais le blé ne puisse passer trente livres le setier pesant 300, sans une extrême disette, et pour que la chose puisse se faire, établir dans toutes les villes, bourgs et villages des greniers, sous la direction des assemblées municipales, capables de contenir les grains nécessaires pour l'approvisionnement des lieux, tout ce que l'on pourra dans les bonnes années y serrer pour être distribué dans les temps de calamité au peuple à un 20e de bénéfice; et toutes les fois que ces grains auront besoin d'être renouvelés, obliger les boulangers, meuniers et tous ceux qui achètent des blés, de venir auxdits greniers sous les conditions ci-dessus dites.

Art. 29. — Que tous impôts qui sont à charge au peuple soient détruits et anéantis pour être remplacés par l'impôt territorial, tant sur les fonds que rentes, industrie et commerce et autres; les impôts à supprimer: sont la taille et parties adjointes, les aides, et tous impôts y joints, la gabelle et franc-salé, et autres.

Art. 30. — Que les droits de chasse, de colombier, d'aubaine, bâtardise et autres, péages, passage, pontonnage, droits de rivière et autres, soient anéantis.

Art. 31. — Qu'il soit procédé aux Etats généraux à la réformation des lois civiles et criminelles et à la formation d'un code de l'un et l'autre.

Art. 32. — Que les peines personnelles et corporelles soient infligées indistinctement à tous les criminels des différents ordres, suivant la nature des délits.

Art. 33. — Que les prisons soient agrandies et aérées, qu'il y ait des distinctions marquées entre celui qui sera détenu pour dettes et celui qui sera détenu pour crime.

Art. 34. — Que les accusés soient, comme dans les affaires

civiles, autorisés à se faire défendre et présenter avocat et procureur.

Art. 34 *(bis)*. — Que l'instruction des procès criminels ne puisse durer plus de trois mois.

Art. 35. — Que les affaires civiles, même les plus compliquées, soient jugées dans l'espace d'un an.

Art. 36. — Qu'il n'y ait que deux degrés de juridiction.

Article donné par M. Atoch (chirurgien)

L'écriture n'est pas la même.

Art. 37. — La paroisse de Saint-Cyr, qui n'appartient pas au domaine de Versailles, semble, pour cette raison, destinée par les officiers des chasses, à être couverte plus qu'aucune autre d'une quantité si considérable de gibier que la récolte des moissons n'est jamais que la moitié de ce qu'elle pourrait être.

Elle demande que les remises sur son territoire soient moins multipliées, que le lapin y soit entièrement détruit, que les lièvres, les perdrix, les chevreuils, le soient aux trois quarts; et qu'on n'y entretienne de ce gibier qu'autant qu'il en faut pour que S. M. y puisse prendre le plaisir de la chasse.

Art. 38. — Que pour compensation, les bois morts dans les taillis du domaine soient affectés aux pauvres de la paroisse, dont le curé donnera chaque année la liste aux gardes du canton.

Art. 39. — Qu'il soit fait une loi qui défende à tous laboureurs d'occuper et faire valoir dans la même paroisse plus d'une ferme, surtout si une seule est suffisante pour en faire subsister un avec famille.

Art. 40. — Que dans aucun cas il ne soit permis à un seul et même laboureur de posséder toutes les fermes d'une paroisse. Les motifs qui font désirer cette loi sont : 1° qu'un seul laboureur s'enrichit, et sort trop de son état, pendant que d'autres ne trouvant point à s'établir, languissent dans l'inaction et l'indigence; 2° qu'un seul et unique fermier fait la loi à toutes les paroisses, ne payant les bras des ouvriers que par le plus modique salaire qu'il lui plaît, étant trop sûr de n'en jamais manquer, même au plus vil prix ; 3° qu'un ouvrier qui lui déplaît est réduit ou à manquer d'ouvrage, ou à perdre de vue son ménage pour chercher à s'en procurer ailleurs ; 4° que les pauvres de la paroisse ne sont pas secourus par un seul fermier comme ils le seraient par plusieurs.

Art. 41. — Qu'il soit défendu aux laboureurs de Saint-Cyr de couvrir, immédiatement après la récolte des foins, les prairies de toute la paroisse de l'énorme quantité de 800 moutons et plus, qui consomment en très peu de temps ce que l'usage immémorial du pays a destiné pour la pâture des vaches de la communauté des habitants, et que, nonobstant cette réserve, ledit fermier soit obligé du fournir du lait aux nourrices de la paroisse.

Art. 42. — Qu'on s'occupe de faire diminuer le prix excessif du pain, et qu'on prenne de sages mesures pour empêcher que nous soyons à jamais exposés à le payer aussi cher, en empêchant rigoureusement les accaparements des grains et autres denrées chez les fermiers.

A cette occasion la paroisse de Saint-Cyr donne avis aux Etats généraux qu'il se trouve actuellement dans son enceinte de très grosses meules de grains qui insultent à la misère publique.

Art. 43. — Que dans chaque province les bureaux de départements soient chargés de procurer aux paroisses de son district les moyens d'occuper lucrativement les enfants et les vieillards, pour parvenir au but si désirable d'empêcher la mendicité.

Art. 44. — Dans la paroisse de Saint-Cyr, on fait nombre de plus de 100 enfants des deux sexes qui, depuis l'âge de sept à huit ans jusqu'à celui de quinze à seize, ne travaillent que quatre mois au plus dans une année, et dont le plus grand nombre passe les huit autres dans l'exercice de la mendicité où ils se dépravent.

Un atelier de filature de laine ou de coton préserverait de bien des maux, et procurerait de très grands avantages.

Art. 45. — Qu'il soit permis à tous les propriétaires ou fermiers de faucher leurs prés naturel sou artificiels, quand il leur plaît, et d'arracher les herbes dans leurs champs en tous temps.

Art. 46. — Qu'il soit permis d'arracher les chaumes et les herbes qui se trouvent dans les champs, huit jours après que les gerbes en auront été enlevées ; que le glanage ne soit point empêché, et que, pour ne pas en priver les pauvres, il soit permis de glaner lorsque les fermiers auront laissé dans leur champ les gerbes plus de trois jours sans les enlever.

Art. 47. — Enfin lesdits habitants donnent pouvoirs aux députés qui se trouveront nommés par l'évènement des suffrages, d'augmenter ou diminuer aux articles ci-dessus, suivant et ainsi qu'ils aviseront pour le bien général de la France et celui de cette paroisse, et de porter au nom desdits habitants les consentements, qu'ils croiront nécessaires, pour y parvenir, à la restauration des finances ou des autres branches d'administration.

Fait et arrêté à Saint-Cyr, ce mardi 14 avril 1789, à l'issue de la grand'messe paroissiale qui s'est célébrée en l'église dudit Saint-Cyr, et ce, dans ladite église, attendu que la chambre auditoire de la prévôté de l'abbaye dudit Saint-Cyr n'est pas assez spacieuse pour contenir ladite assemblée, et en présence de M° Louis de la Barre, Duparc, prévôt de ladite abbaye.

Ont été nommés députés pour porter le susdit cahier à

Saint-Cyr : Lameule, curé de Saint-Cyr, et Atoch, M° en chirurgie.

A Saint-Cyr, ont répondu à l'appel :

Jacques Mercier, procureur fiscal de ladite prévôté.
François Boulangé, laboureur.
Jacques Castan*, syndic de la paroisse.
Bertrand Atoch, maître en chirurgie.
Claude Houdan, treillageur.
Gilles Garçon*, tailleur d'habits.
Louis Quénel, jardinier.
Noël Blin, cordonnier.
Vincent Marin*, treillageur.
Nicolas Potmain*, journalier.
Pierre Quenel*, tonnelier.
Barthélemy Chale.
Charles Serneaux, journalier.
Etienne Chanteau*, cafetier.
Jean Houdin*, treillageur.
Claude Lecourt*, taupier.
Thomas Gauthier*, jardinier.
Jean Marais, laboureur.
Jean-Baptiste Bernier, paveur.
Jean-Etienne Gautier, tailleur d'habits.
Jean-Baptiste Laîné, cabaretier.
Jean Ledru*, cabaretier.
Sanson Bellebeaut*, maçon.
Jacques Morin*, maçon.
Jacques Simarre, journalier.
Louis Guillemain*, laitier.
François Digois, journalier.
Guillaume Guillemain, fruitier.
Pierre Durand, carrier.
Etienne Morin*, fruitier.
Thomas Vallée*, journalier.
Pierre Bassaumoyne, bourrelier.
Pierre Goudou, journalier.

Jean-Pierre Laurent, scieur de pierres.
Toussaint Thibault, pompier de la maison de Saint-Louis.
François Jouy, marchand bonnetier.
Louis Guyot, journalier.
Louis Houdin, marguillier entrant.
Charles-Gilles Garin, tailleur d'habits.
Jouy, journalier.
Pierre Plisson, jardinier.
Thomas Distigny*, cabaretier.
Nicolas David*, journalier.
Etienne Gauthier, bourgeois.
Jean-Auguste Boirou, journalier-terrassier.
Jean Desfonds*, jardinier.
Jacques Fontaine, journalier.
Marin Maillard, journalier.
André Devel, journalier.
Jean Brunel, journalier.
Henri Crettemont*, journalier.
Léon Hervé, aubergiste.
Charles Chanteau*, bourgeois.
Michel Montauchevet, journalier.
Denis Valet, aubergiste.
Jean Moreau, aubergiste.
Delanoue*, cabaretier.
Pierre Bruneau, arpenteur.
Etienne Deshayes, journalier.
Jean Moreau, journalier.
Marie Morin, élagueur.
Quenet, journalier.
Pierre Aufray*, laitier.

Nous avons mis en italique les noms de ceux qui ont signé, et marqué d'une astérisque (*) les mauvaises signatures, les autres n'ont su signer.

Sur la nomination du curé comme député, on lit dans le procès-verbal :

Après avoir représenté le cahier : « Et de suite lesdits habitants, après avoir mûrement délibéré sur le choix des députés qu'ils sont tenus de nommer en conformité des lettres du roi... et les voix ayant été recueillies, la pluralité des suffrages s'est réunie en faveur de M° Jean-Baptiste Lameule, prêtre-curé de la paroisse dudit Saint-Cyr, et du sieur Bertrand Atoch, maître en chirurgie, demeurant audit lieu, ledit sieur curé intervenu à cet effet, qui ont accepté ladite commission et promis de s'en acquitter fidèlement.

COMMENTAIRE

Sur **La Chasse**.

La chasse qui, de nos jours, n'éveille que des idées de joie et de plaisir, et dont l'exercice attendu avec impatience est à la portée de presque tous les citoyens, la chasse était pour nos aïeux, les cahiers nous le disent, une cause de ruine, un sujet de terreur et de désespoir.

Parmi les droits féodaux que l'*Assemblée nationale* abolit dans la *nuit du 4 août 1789*, il n'en est pas un que le peuple des campagnes accueillit avec plus de reconnaissance *que la suppression des droits de chasse et des capitaineries* (1).

(1) C'est à propos de cette nuit qu'une histoire de France, qui

Dans les ouvrages que la convocation des Etats généraux fit paraître, on remarque l'*Histoire de la constitution de l'Empire français* ou *Histoire des Etats généraux, pour servir d'introduction à notre droit public*, par M. l'abbé Robin, 1789. Arrivant au règne de François Ier l'abbé Robin écrit :

François Ier revint de l'Italie, 1516, victorieux. Les victoires que les peuples achètent de leur sang et célèbrent par des fêtes trop souvent produisent pour eux des fruits bien amers. Le monarque vainqueur crut apparemment l'être aussi de ses sujets, à en juger par les conditions humiliantes qu'il leur imposa ; il voulut : qu'aucun particulier, dont le domicile ne serait pas éloigné de deux lieues de ses forêts, ne pût avoir chez lui ni arquebuses ni aucunes armes offensives. Ainsi pour sauver la vie à quelques bêtes, l'utile cultivateur, l'habitant des frontières, furent exposés impunément aux attaques des brigands départis. Il ordonna encore que celui qui, après trois fois, aurait été surpris poursuivant l'animal qui dévastait son champ, fût puni du dernier supplice ; et il commanda même que cette barbare

resta dans les mains de la jeunesse pendant la Restauration, renferme les lignes suivantes :

« Au milieu de ces mouvements convulsifs (l'auteur vient de raconter le serment *du Jeu de Paume et la prise de la Bastille*), l'Assemblée, après un repas splendide, tint la séance nocturne si connue sous le nom de *séance du 4 août;* là, sans discussion, sans délibération, uniquement *inspirée par les vapeurs du vin*, elle décrète une foule d'injustices contre les seigneurs, contre les propriétaires des droits féodaux, contre les provinces privilégiées. »

Loriquet, tome II, page 144, 1828. — Le fougueux jésuite qui a l'air de représenter les députés plongés dans l'ivresse, avait-il oublié que l'abolition de ces droits féodaux fut proposée et votée sur l'initiative des membres principaux du clergé et de la noblesse ?

prérogative de venger la mort d'une brute par le sang d'un homme s'étendit à tous les nobles.

Quand l'abbé Robin écrivait ces lignes, il était compris de ses lecteurs, car le code de François Ier, augmenté des ordonnances de ses successeurs, n'avait pas cessé d'être la loi, qu'on appliquait avec plus ou moins de rigueur.

Voici quelques articles de ces ordonnances qui paraîtraient incroyables aujourd'hui, si elles n'étaient textuellement rapportées :

LÉGISLATION SUR LA CHASSE OU ORDONNANCES

A Blois, août 1516 ; à Paris, août 1533 *sous François Ier* ; à Paris, août 1547 ; à Blois, août 1548 ; à Fontainebleau, septembre 1552 *sous Henri II*.

Voici l'ensemble de ces diverses ordonnances :

Art. 1er. — Défendons à toutes gens qu'ils n'aient à chasser en nos forêts, buissons et garennes, ni en icelles prendre bêtes rousses, noires, lièvres, conils (lapins), hérons, faisans, perdrix, ni autres gibiers, à chiens, arbalètes, arcs, filets, cordes, toiles, collets, tonnelles, linières ou autres engins, si ce n'est qu'ils aient droit de chasse, et en faisant apparoir par lettres patentes de nous ou de nos prédécesseurs, ou en aient privilège ou permission de Nous par lettres authentiques, dont ne voulons qu'ils jouissent, si non quand ils y seront en personne.

Art. 2. — Défendons à nos officiers desdites forêts et autres demeurant à 2 lieues à l'entour d'icelles, de ne porter ni avoir en leur maison, arbalètes, arcs, escopettes, arquebuses, cordes, filets, tonnelles, pour prendre lesdites bêtes et gibier, excepté ceux qui ont droit de chasse et privilège de nous.

Art. 3. — N'entendons toutefois défendre à ceux qui ont châteaux ou maisons fortifiées et de défense, qu'ils ne puissent avoir en leurs dites maisons arbalètes et escopettes, arquebuses et arcs.

Art. 4. — Et quant aux autres, afin que le pays ne soit dégarni d'arbalètes, ceux qui en auront ou en voudront avoir pour leur défense et du pays, les pourront tenir et bailler en garde au plus voisin château de leurs maisons.

Art. 5. — Ceux qui chasseront aux grosses bêtes contre les défenses susdites seront, pour la première fois, condamnés en l'amende de 250 livres, s'ils ont de quoi payer *(cette somme représente aujourd'hui au minimum 2,500 francs)* et les engins et bâtons confisqués, et iceux privés des offices de forêt, si aucuns en ont, et ceux qui n'ont de quoi payer, seront battus de verges sous la custode jusqu'à effusion de sang.

Art. 6. — S'ils y retournent la seconde fois après ladite punition, seront battus de verges autour des forêts et garennes où ils auront délinqué, et bannis, sur peine de hart, de quinze lieues à l'entour desdites forêts, avec confiscation de bâtons et engins, comme est dit ci-dessus, et privations d'offices, s'ils sont officiers.

Art. 7. — S'ils retournent une tierce fois, seront envoyés aux galères ou battus de verges, et bannis perpétuellement de notre royaume et leurs biens confisqués, et s'ils étaient incorrigibles et récidivants lesdites punitions, en enfreignant leurs bans, seront punis du dernier supplice.

Art. 8. — Ceux qui auroient pris ou chassé grosses bêtes, ou chassé à icelles par plusieurs fois, sans avoir été punis, seront condamnés à 500 livres d'amende (5,000 francs) et s'ils n'ont de quoi les payer, seront battus de verges autour des forêts et garennes, et bannis à 30 lieues des forêts.

Art. 9. — Ceux qui prendront ou chasseront aux buissons, forêts ou garennes, lièvres, perdrix, faisans et autres gibiers, seront condamnés, pour la première fois à 20 livres d'amende, s'ils ont de quoi payer (200 francs), et en défaut de ce, demeureront un mois en prison, au pain et à l'eau. La deuxième fois seront battus de verges, sous la custode, jusqu'à effusion de sang ; et la troisième fois, battus de verges autour des forêts, bois et garennes, et bannis à 15 lieues.

Art. 10. — Ceux qui auront chassé ce même gibier sans avoir été pris, paieront 40 livres d'amende (400 francs) et s'ils n'ont de quoi payer, demeureront deux mois en prison, au pain et à l'eau, et privés d'offices de forêts, s'ils sont officiers.

Art. 11. — Ceux qui porteront ou auront en leurs maisons, arbalètes, arcs, escopettes, arquebuses et autres engins contrevenant aux susdites prohibitions, seront punis, à savoir : les officiers de forêts, privés de leurs offices avec confiscation des engins, et condamnés à 100 sols d'amende (50 francs), et les autres à 100 sols d'amende, avec confiscation pareille des engins ; pour la deuxième fois, à 30 livres d'amende (300 francs) et bannissement à 15 lieues ; ceux qui n'auroient de quoi payer l'amende demeureront ès prison, au pain et à l'eau, à l'arbitrage du juge.

Art. 12. — Ceux qui enfreindront leur bannissement seront punis selon que sont les enfracteurs de bannissement (peine capitale).

Art. 13. — Défendons à nos officiers ès dites forêts d'amener aucun chien, s'ils ne les tiennent attachés ; autrement lesdits chiens auront, pour la première fois, le jarret de derrière coupé ; la deuxième fois, seront tués, et la troisième, ceux qui les mènent punis d'amende arbitraire.

Art. 14. — Les princes, seigneurs et autres de notre royaume ayant forêt, buissons et garennes useront en iceux, si bon leur semble, du contenu et effet des articles précédents.

Art. 18. — Si aucuns clercs, prêtres, moines ou religieux attentent contre lesdites ordonnances, voulons qu'il leur soit défendu de demeurer à 4 lieues autour des buissons, forêts et garennes, et néanmoins seront rendus à leur juges ecclésiastiques ; s'ils étaient coutumiers de ce faire, il leur sera défendu de demeurer à 20 lieues et ce, forcés par prise et saisie de leur temporel.

Note du commentateur : « Il est défendu aux ecclésiastiques de chasser, par les conciles et institutions canoniques. Saint Augustin en ses *Confessions* se confesse du trop grand plaisir qu'il aurait pris à la chasse d'un lièvre (1598). »

Ces lignes forment la note plaisante de ce code barbare ; certes si les rois avaient pris autant de soin de leurs pauvres sujets qu'ils en avaient pour le gibier de leurs chasses, les Français auraient été le peuple le plus heureux du monde. Et maintenant parcourons les articles additionnels de Charles IX aux Etats d'Orléans, et de Henri III aux Etats de Blois.

Art. 19. — Défendons aux gentilshommes et tous autres de chasser soit à pied, soit à cheval avec chiens et oiseaux, sur les terres ensemencées depuis que le blé est en tuyau ; et aux vignes, depuis le 1er jour de mai jusqu'après la dépouille, à peine de tout dommage et intérêts des laboureurs et propriétaires, que les condamnés seront contraints à payer, après sommaire liquidation d'iceux faite par nos juges.

Art. 20. — Entendons toutefois maintenir les gentilshommes en leur droit de chasse à grosses bêtes où ils ont droit, pourvu que ce soit sans le dommage d'autrui, même du laboureur.

Art. 21. — Permettons aux gentilshommes qui ont justice et droit de chasse en leurs terres, y tirer de l'arquebuse pour leur passe-temps, sans toutefois en abuser, ni permettre que leurs serviteurs ou autres tirent en nos forêts à bêtes rousses ou à gibier prohibé, à peine d'en répondre ; et quant aux gentilshommes qui n'ont ni justice, ni droit de chasse, se pourront exercer à l'arquebuse dans le pourpris de leurs maisons.

Art. 22. — Permettons à nos sujets de chasser de leurs terres et dangers (propriétés où l'on a des droits domaniaux) à cris et jets de pierre, toutes bêtes rousses ou noires qu'ils trouveront en dommage, sans toutefois les offenser. »

La législation s'est adoucie ; le langage est moins brutal ; pour la première fois, il est question des laboureurs... faut-il inférer de là que Charles IX et Henri III éprouvaient plus de compassion pour les pauvres gens des campagnes? Non, ces ordonnances difficiles à exécuter, pour ce qui regardait la réparation des dommages, étaient rendues sous la pression des Etats généraux, mais une fois les députés de retour dans leurs provinces, le même arbitraire, les mêmes désordres se reproduisaient.

Voyons la législation *du bon roi Henri IV*, en matière de chasse.

A Saint-Germain-en-Laye, 14 août 1603.

« Faisons défenses et inhibitions à toutes personnes, de quelque condition qu'ils soient, de chasser dorénavant ni faire chasser à quelque chasse que ce soit, avec l'arquebuse, ni tirer même une pistole ou pistolet, à peine, pour la noblesse d'amende arbitraire, confiscation d'armes et quinze jours de prison, pour la première fois, et de la vie pour la seconde ; et pour toutes autres personnes qui ne seront pas de cette qualité, à commencer quinze jours après la publication de ces présentes, nonobstant nos arrêts précédents et permissions particulières octroyées. »

Le Béarnais ne badinait pas quand il s'agissait de

ses plaisirs; il est encore plus féroce que François Ier. On sent bien qu'il n'a pas à ménager les remontrances d'Etats généraux.

Juillet 1607.

Défense de chasser ni faire chasser à tous seigneurs, gentilshommes, hauts justiciers et autres, aux bêtes fauves, noires, perdrix et autres, lièvres, faisans, etc..., avec chiens courants ou couchants en nos forêts et bois, spécialement en celles de Saint-Germain-en-Laye. Couye, les Alluets, Arpent-le-Roy, Verrières, Trappes, Bois de la Ville-Dieu, la Celle, Montigny, Triel et tout ce qui est de la capitainerie de Saint-Germain, Fontainebleau, et ce qui est de la capitainerie de Montfort-l'Amaury, Meulan, Cressy, Senart, Roujan, et toutes les chasses royales, à peine auxdits seigneurs d'encourir notre indignation, et de 1,500 livres d'amende (environ 12,000 francs d'aujourd'hui), et pour les rôturiers, être menés en nos galères pour y servir pendant 6 ans.

Il se réserve de donner des permissions aux seigneurs.

Défense de porter et tirer l'arquebuse (les louvetiers ne sont pas compris dans la défense). Défense à tous de nourrir et élever des chiens couchants, ordre de tirer dessus. Défendons à tous laboureurs, charretiers et autres de mener, quand ils iront aux champs, aucuns mâtins avec eux, sans qu'ils aient le jarret coupé, et enjoignons aux bergers, à peine du fouet, de tenir perpétuellement leurs chiens en laisse, sinon quand il sera nécessaire de les lâcher pour la conservation de leur troupeau.

Défendons à tous de tirer sur les pigeons à peine de 20 livres parisis d'amende (150 francs).

C'est la première fois que le terme de capitainerie

est employé pour spécifier un canton ou arrondissement de chasse d'après un ensemble de forêts.

Cette réglementation sanctionnée, complétée et aggravée par le roi le plus populaire de France, s'est maintenue jusqu'à la nuit du 4 août 1789.

CAPITAINERIE DE VERSAILLES

De par le Roi,

Et nous Henri d'Aillon, duc de Lude, chevalier des deux ordres du roi, grand-maître et capitaine général de l'artillerie de France, colonel du régiment des fusilliers, entretenu pour le service de Sa Majesté, capitaine et gouverneur des châteaux et maisons royales, parcs, forêts et chasses de Saint-Germain-en-Laye, Versailles, la Muette, Ste-Gemme, ville et pont de Poissy, plaines, garennes, bois et buissons en dépendants, juge sur le fait des chasses, audit Saint-Germain à deux lieues à l'entour;

Sur la remontrance du procureur du roi, défenses sont faites à toutes personnes, de quelque qualité et conditions qu'elles soient, de porter ni tirer de l'arquebuse, tenir chiens courants, chasser avec l'aide de levriers, ni autres chiens, oiseaux, filets, furets, faire triquetrac et battues dans les forêts, bois et buissons, garennes, plaines et vignes de ladite capitainerie, à peine de 200 livres d'amende (environ 1,200 francs d'aujourd'hui), confiscation d'armes et de chevaux, et de prison;

Aux laboureurs, vignerons, leurs domestiques, charretiers, bergers, mener chiens, autrement qu'en laisse ou le jarret coupé, envoyer leurs bestiaux et troupeaux dans le bois de Sa Majesté;

Il est évident par ce détail que les bois de Sa Majesté

n'étaient pas clos de murs, le gibier se répandait sur les terres des laboureurs et les dévastait impunément.

Aux ecclésiastiques et particuliers, de chasser dans l'étendue de cette capitainerie, sans permission, sur la même peine de 100 livres d'amende (600 francs), confiscation des bestiaux qui y seront trouvés, et du double de l'amende contre ceux qui contreviendront, depuis le 1ᵉʳ avril jusqu'au 1ᵉʳ juillet ; comme aussi de cueillir aucunes herbes dans les forêts, bois et buissons et particulièrement dans les plaines, dénicher aucunes aires d'oiseaux, aller en icelles, sinon par le grand chemin, et dénicher aucuns œufs de perdrix et faisans, sous prétexte de cueillir des herbes dans les prés, vignes, oseraies, sans s'y transporter, si ce n'est pour y arracher les chardons, jusqu'au 1ᵉʳ juin seulement, et non après ; et même à tous propriétaires, fermiers, locataires et autres, ayant îles, prés et bourgognes en l'étendue de cette capitainerie, même faire faucher, qu'il n'ait été par nous reconnu que les perdrix qui, après leur période, y pourront avoir fait leur ponte, aient élevé leurs perdreaux en état de s'y pouvoir sauver, et qu'ils n'en aient eu la permission de nous, à peine aussi de 100 livres d'amende, attendu qu'il y va *du plaisir du roi*, élévation et conservation d'iceluy ès dits lieux ; enjoignons d'apporter et mettre entre les mains des officiers les mües des cerfs, qu'ils trouveront, à peine de prison et de 200 livres d'amende.

Pareillement défenses sont faites à toutes personnes de tendre ou de laisser tendre dans leurs vignes ou héritages, aucuns collets, filets et autres engins à prendre perdrix, lièvres et autres gibiers, à peine de 150 livres d'amende à l'encontre de ceux qui les auront mis et tendus, dont les propriétaires demeurant sur les lieux, et les vignerons et laboureurs qui façonneront lesdits héritages, seront responsables, selon leur recours, contre qui ils aviseront bon être ; enjoint aux gardes de ladite capitainerie d'avoir l'œil et tenir la main à ce que les présentes défenses soient observées, à peine de suspension de leurs charges.

Fait à Saint-Germain-en-Laye, le 1er jour d'avril 1680.

Collationné par moi greffier de ladite capitainerie,

GRAMOND.

Je soussigné certifie que l'ordonnance ci-dessus a été publiée à la grand'messe de la fête de l'Annonciation.

N. THIBAUT.

Cette ordonnance, quoiqu'elle semble moins brutale que les précédentes, était peut-être plus nuisible aux laboureurs. Elle portait un préjudice incalculable à l'agriculture, et pendant plus d'un siècle *les plaisirs du roi* auront causé la ruine et la mort d'un grand nombre de ses sujets.

Les effets de ces ordonnances :

MÉMOIRES SUR LA RÉGENCE PAR BUVAT.

Mars 1719.

Il fut alors enjoint aux habitants *du plat pays* de la généralité d'Amiens, de porter leurs armes à feu, fusils, pistolets, leurs fourches et toutes autres armes offensives chez le subdélégué de l'Intendant de la province, domicilié dans l'élection la plus prochaine de leurs demeures. On fit aussi défense aux mêmes habitants d'avoir plus de 4 chiens dans chaque village, savoir : un pour le seigneur du lieu, un pour le meunier et deux pour le berger de la communauté, et à eux enjoint de tuer tous les autres sans exception.

Ces ordres furent donnés pour empêcher les mêmes habitants d'aller à la chasse, de faire le métier de braconnier et d'appuyer ou prêter la main aux *faux sauniers* dans la distribution du sel de la contrebande.

JOURNAL DE MATHIEU MARAIS.

Juin 1725.

Il y a des lettres patentes du 5 février, registrées le 6 juin pour ouvrir de nouvelles routes dans la forêt de Fontainebleau pour la facilité et la commodité de la chasse. Elle se prennent dans les bois voisins ; et cela ruine plusieurs seigneurs, mais *c'est le plaisir des rois auxquels tout cède*.

Mathieu Marais, conseiller au Parlement de Paris, s'apitoye sur les seigneurs ; et les pauvres laboureurs ?

MÉMOIRES DU DUC DE LUYNES.

UNE ÉMEUTE.

Mars 1754.

Il y eut dernièrement une espèce d'émeute dans quelques paroisses entre Mantes et Meulan, auprès d'une terre que M. le duc de Bouillon a achetée dans ces cantons, pour éviter de coucher lui et ses gens dans les cabarets, en allant à Navarre. M. de Bouillon fait bâtir dans cette nouvelle acquisition. Il y fait beaucoup plus de dépenses qu'il n'aurait pu en faire dans les cabarets, mais ce n'est pas là le sujet de l'émeute. Ce canton est de la capitainerie de Saint-Germain, et M. de Bouillon qui a, je crois, une charge de lieutenant de cette capitainerie, ou même des pouvoirs particuliers de M. le duc d'Ayen, pour la conservation du gibier dans ce canton, y a mis des gardes et y fait observer avec la plus grande exactitude les règlements pour la chasse. Les habitants se sont plaints de la grande quantité de gibier qui fait *beaucoup de tort à leurs récoltes*. Excités et encouragés par deux curés du canton (au moins cela passe pour constant) ils se sont assemblés au nombre de 800, armés seulement de bâtons, et marchaient très serrés. Ils tuèrent tout ce qu'ils pouvaient attraper de lièvres et perdrix ; ils en ont fait une grande destruction. Ce qui pouvait leur échapper était obligé de se jeter dans la rivière (la Seine) ou de passer de l'autre côté. On prétend qu'il y eut un des deux curés qui, en chaire, dit : « Mes enfants, un tel jour, à telle heure, je ferai une battue, je vous exhorte à vous y trouver. » Les gardes se sont opposés inutilement à cette sédition. Il a fallu faire marcher la maréchaussée. M. d'Ayen me dit hier qu'on a arrêté 27 de ces séditieux.

Mai.

J'ai parlé des chasseurs d'auprès de Mantes, et j'ai dit que de 27 qu'on avait arrêtés il n'en était resté que 5 en prison. J'ai appris, il y a quelques jours, que ces 5 ont été mis en liberté, et que l'on a trouvé justes les représentations sur l'immense quantité de gibier, et que les officiers de la capitainerie ont fait faire des battues pour détruire les lièvres.

MÉMOIRES DU MARQUIS D'ARGENSON.

LES CAPITAINERIES EN 1753.

L'on remarque l'anarchie du gouvernement et quantité de désordres particuliers où les plaintes sont inutiles et l'abus progressif et multiplié. Dans les capitaineries de chasses, c'est à qui usurpera les uns sur les autres. On ne réprime, on ne punit personne. Le sieur de Montmorin, capitaine de Fontainebleau, tire de sa place des sommes immenses, et se conduit en vrai brigand. Il étend les bornes de sa capitainerie et les porte sur des terres voisines par des ordres qu'il surprend. Il vend à qui il veut des charges et des permissions de chasse. Ainsi les propriétaires ont le chagrin que leur servitude affreuse de la chasse ne serve de rien au roi, mais à des particuliers qui achètent le droit de les vexer avec tyrannie. Le tout est fondé sur les profits de ces tyrans. Avec de l'argent on se rédime, et bientôt cela deviendra une taille à payer aux capitaines. Quelques gens de la Cour, plus ôsés que les autres, se défendent même à main armée, et ont exempté leurs terres. Les habitants de plus *de cent villages* voisins ne sèment plus leurs terres : les fruits et les grains étant mangés par les biches, cerfs et autres gibiers. Ils ont seulement quelques vignes qu'ils gardent six mois de l'année, en faisant des factions et gardes, jour et nuit, avec tambour et charivari, pour faire fuir les bêtes destructives.

Nos princes ont chez eux de pareilles capitaineries qu'ils ont fait revivre, et où les vexations sont pour le moins aussi grandes. M. le duc d'Orléans vient d'acquérir la capitainerie de Vincennes, où l'on prévoit bien d'horribles servitudes de cette espèce. Il y a encore celle du prince de Conty *à l'Isle-Adam,* et du comte de Charollais à Chantilly.

1787.

Quand le gouvernement, revenant au plan de réformes essayées par Turgot, cherchait à établir les Assemblées provinciales, plusieurs communes ou paroisses présentèrent un cahier de doléances. Or à huit lieues de Paris, *dans la capitainerie de Saint-Germain,* le village des Alluets exposait les plaintes suivantes :

La dévastation que les bêtes fauves et le menu gibier font aux terres et aux bois est inimaginable. Il faut pour se faire une idée, entre autres, de l'extrême abondance des lapins, avoir vu, comme moi, des milliers de petites routes ou sentiers tracés par ces animaux sur les champs labourés et battus, de manière qu'on en distingue facilement les différentes directions et les croisières. J'ai déjà dit que les terres qui sont à 2 ou 300 pas des lisières des bois sont entièrement abandonnées ; dans plusieurs des autres, le gibier fait seul la récolte. Partout le dégât monte à plus d'un quart de ce que la nature destinait à la nourriture des hommes. Ce qu'une espèce a épargné est la proie des autres. Quand la neige protège les biens de la terre, les bois sont d'autant exposés aux ravages de toute espèce. Les cerfs attaquent par le haut, les lapins par le bas. Dans les hivers doux, ils se répandent par la plaine où leur dent meurtrière ne laisse aucune trace de récolte. Il serait digne du patriotisme et du zèle de l'Assemblée provinciale de la Généralité de Paris, de faire dresser un tableau aussi exact qu'on pourrait, d'après les informations locales, du tort que l'excès de gibier cause dans l'étendue de la province confiée à ses soins, soit par les terres que la crainte des dégâts oblige à laisser entièrement incultes, soit par celles qui, étant cultivées, rendent beaucoup moins qu'elles ne pourraient rendre.

Les nombreuses paroisses qui avoisinaient les capitaineries de l'Ile-de-France auraient pu faire et ont peut-être fait les mêmes observations que celle des Alluets.

Avec ce que renferment les cahiers du bailliage de Versailles et celui de Meudon, je pourrais ne pas chercher d'autres textes, cependant on lira avec intérêts les pages inédites suivantes tirées du cahier de Cergy :

Le code des chasses doit être entièrement réformé s'il n'est pas absolument supprimé. La chasse est en effet le plus funeste ennemi de toute espèce de culture et du cultivateur : elle oblige l'indigent à verser en pure perte dans son champ une surabondance de semence qui servirait à le nourrir ; il est contraint dès ce moment de partager son grain avec des oiseaux voraces, souvent plus multipliés sur un terrain que les volailles dans la cour d'une grande métairie. N'est-ce pas de la part du seigneur arracher le pain de la main du malheureux pour engraisser des faisans et des perdrix ? Le grain que la terre, en le couvrant, dérobe à ces animaux, ne leur échappe que pour un temps ; dès qu'il commence à germer, ils le déracinent et l'enlèvent. Celui qui parvient à verdir est brouté par le lièvre dont il devient la proie à son tour.

Depuis le mois de mai jusqu'à la moisson, le cultivateur, en pays libre, use du droit naturel d'arracher l'ivraie de son grain, et dans l'herbe nuisible au froment, il trouve un surcroît de pâture nécessaire à ses bestiaux; en pays de chasse, le malheureux vassal est souvent maltraité et repoussé de son propre bien, qu'il voit périr sans pouvoir en approcher. Au temps de la récolte, à peine le moissonneur a-t-il porté la faucille dans une plaine de blé un peu étendue, que les premières javelles sont dévorées, et lorsqu'il arrive à la fin de son champ, il ne lui reste que de la paille sans épis. Si, une autre année, pour prévenir de si déplorables pertes, il prend le parti de changer ses guérêts en prairies artificielles, il s'expose à de nouvelles vexations ; et on ne manque pas de le punir de ce qu'il a refusé d'ensemencer, pour les animaux, un sol où ceux-ci récoltaient à l'exclusion des humains. On lui défend de faucher des foins en temps propice, il faut qu'il consente à les laisser ou durcir par la sécheresse ou pourrir par les pluies continuelles. On l'oblige encore à en sacrifier une portion, sous le nom de Roses (et quelles roses !) pour servir d'abri à la perdrix, et lui fournir des nids commodes, où, en repos et à son aise, elle donne naissance à plusieurs familles d'ennemis nouveaux pour la culture de l'année suivante.

La vigne, dans les terrains qui lui sont propres, n'est pas plus ménagée et ne souffre pas moins que les grains. Fait-on une battue ou plaît-il aux officiers de chasse de surveiller leurs subalternes, les chiens, les chevaux, les gardes viennent mettre le comble à la dévastation, en renversant, en foulant impitoyablement les grains, les ceps et les foins.

Combien de paroisses auxquelles la chasse et quelques heures, par année, des plaisirs du seigneur, coûtent une double taille et plus ! Le cultivateur la paierait avec joie cette taille, si, après avoir supporté cette portion des charges de l'État, il jouissait en paix, sous la protection des lois, de ce qu'elles lui laissent pour vivre, lui et sa famille ; mais, sans protection, sans crédit, sans défenseurs, le malheureux habitant des pays de chasse ne travaille que pour les autres, ne vit, ou plutôt ne végète que pour le plaisir des autres.

Les plaignants de la paroisse de Cergy sont malheureusement dans cette déplorable position, et ne sont que trop fondés à demander que leurs doléances à ce sujet soient portées jusqu'aux oreilles du père commun des Français ; qu'il sache, ce bon prince, qu'en vain ces infortunés ont présenté plusieurs mémoires respectueux à un prince de son sang, auprès duquel on ne cesse depuis plusieurs années de les calomnier de la manière la plus adroite et la plus barbare ; qu'en vain ils ont prouvé la justice de leurs plaintes par visite d'expert, accordée par le magistrat commissaire départi de la province, il n'en est résulté que des mesures de lettres de cachet et de punitions, que de nouvelles persécutions et de plus grandes vexations. Et depuis peu de semaines encore on s'est plu à inquiéter le gouvernement sur leur compte, en tâchant de persuader qu'il se faisait parmi eux des armements, parce que dans l'extrême rigueur et la continuité du froid de l'hiver (1) quelques jeunes gens de plusieurs paroisses qui, comme la nôtre, avaient tout perdu par la grêle du 13 juillet (2), se sont postés dans les champs à l'insu de leurs parents, y ont pris quelques lièvres qu'ils ont changés en pain, et ont fait entendre quelques coups de fusil, qui cependant n'ont été entendus que des gardes. On a fait en conséquence à de fidèles

---

(1) L'hiver de 1788 à 1789 fut d'une rigueur extrême.
(2) Un orage épouvantable ravagea, broya, de l'ouest au nord, les récoltes des régions les plus productives de la France.

sujets du roi, à de pauvres malheureux, pour qui ce serait le comble de la folie de vouloir se rendre redoutables, on leur a fait l'injure d'envoyer, à plusieurs reprises, et la nuit et le jour, des détachements de soldats, des brigades de maréchaussée pour les fouiller comme une horde de malfaiteurs et de brigands.....

Il serait facile de composer un gros volume avec les plaintes des cahiers. Je terminerai ce commentaire par des détails qui jetteront un peu de variété.

On trouve aux archives départementales de Seine-et-Oise plusieurs registres, renfermant les actes et jugements de la juridiction de la capitainerie de Saint-Germain-en-Laye. J'en ai extrait quelques articles qui aideront à faire comprendre les doléances et serviront de commentaires aux ordonnances que nous avons rapportées.— Nous commencerons par une grâce accordée à un délinquant.

Notre intention étant qu'il ne soit fait aucune poursuite contre le sieur Dailly, fermier des dames de Saint-Cyr à Trappes, à l'occasion de deux amendes prononcées contre lui, en la capitainerie de Saint-Germain, pour avoir *fait échardonner* les blés de sa ferme, et y avoir cueilli de l'herbe, desquelles amendes, l'une est de 36 livres et l'autre de 24 livres, nous lui faisons remise, à condition par lui de se conformer exactement aux règlements pour l'avenir (1).

Fait à Paris, le 26 avril 1746.

Le duc d'AYEN.

(1) Ces grâces étaient fort rares et on ne les obtenait qu'à l'aide de grandes et sérieuses protections : les dames de Saint-Cyr parlèrent ici pour leur fermier.

Séance du lundi 10 novembre 1755

Paroisse de Crespierres. — Le procureur du roi, demandeur (Me Antoine, juge absent) contre Claude Hardelay, le dénommé Levesque, Michel Caillot, le sieur Mongin, le sieur Pierre Baglin, sur le rapport de Artus, garde, pour n'avoir pas épiné (1); à l'appel de la cause, nous avons contre les défaillants, un comparant, donné défaut, et pour le profit, ouï le procureur du roi, condamnons lesdits défaillants à 40 sols d'amende par arpent chacun, savoir les : Hardelay, 13 arpents ; Jules Levesque, 6 arpents ; Caillot, 1 arpent ; Mongin, 3 quartiers ; Baglin, 1|2 arpent.

Note. — Faire épiner les blés dès les premiers jours de novembre était d'une exigence bien dure, les semailles étaient à peine terminées. Souvent les contrevenants ne se présentaient pas au tribunal de la capitainerie ; ils auraient perdu en plus une journée entière, sans compter les dépenses et la fatigue du voyage.

Même jour. — Le nommé Lambert et un autre inconnu, de la paroisse d'Orgeval, sur le rapport de Louis Morillon, garde à Maule, pour avoir porté un fusil, dont un brisé, dans les champs : à l'appel de la cause, ouï ledit Lambert présent, en sa défense, le procureur du roi en ses conclusions les condamne en 10 livres solidairement, payables sans dépens.

21 mai 1784. — Entre le procureur du roi demandeur aux fins de trois rapports de Lormeteau, garde à Herbeville et Hubert, garde à Boulémont des 7, 8, et 14 du présent mois contre la femme du sieur Pigeon, fermier à Herbeville,

---

(1) Les laboureurs et cultivateurs étaient forcés de garnir d'épines les bords de leurs champs ensemensés, afin d'empêcher les chiens et bestiaux d'y pénétrer, etc.

trouvée cueillant de l'herbe dans les blés, et autorisant plusieurs femmes d'en faire autant, leur disant qu'elles étaient bien bêtes d'obéir aux ordonnances qui défendent d'entrer dans les blés en cette saison, qu'elle se chargeait de répondre pour elles des évènements, et voulait prouver le ridicule de ces ordonnances : à la suite desquelles contraventions, se seraient trouvés quatre nids de perdrix détruits dont un écrasé avec le pied; — ouï le procureur du roi et par vertu du défaut de nous donné, contre ladite femme Pigeon, nous ordonnons que les ordonnances et règlements concernant la chasse seront exécutés selon leur forme et teneur. En conséquence faisons itérative défense à la femme Pigeon et à tous autres d'entrer dans les grains, prés et luzernes dans les temps prohibés par lesdits règlements, sous les peines y portées, pour épamper les blés et y cueillir de l'herbe, si non lors des temps fâcheux, et après avoir obtenu de nous permission ; et pour les contraventions et propos indécents et injurieux, condamnons *à cinq cents livres* d'amende, lui faisant défense de récidiver, à peine d'être contre elle procédé extraordinairement ; et sera le présent jugement, imprimé, lu, publié et affiché partout où besoin sera, au nombre de 100 exemplaires, aux dépens de ladite femme Pigeon, au paiement desquelles amendes, et frais d'impression, publication et apposition d'affiches, sera le sieur Pigeon, son mari, contraint par les voies de droit, comme civilement responsable des faits de sa femme. ANTOINE.

Au 12 janvier 1778. — Rapport de Chupin, garde à la Bretêche-Saint-Nom du 7 janvier, contre le nommé Mégré, cordonnier à Valmartin, accusé d'avoir laissé ouverte la porte de son jardin, donnant sur la campagne, et encore pour avoir insulté ledit garde, nous lui avons donné défaut et le condamnons à 15 livres d'amende, en lui ordonnant de respecter les gardes dans leurs fonctions, à peine d'amende.

Et du même jour 12 janvier, autre rapport du même

Chupin, et de Chupin inspecteur, en date du 7, contre Denis Rolet du Patras, demeurant à Sainte-Gemme (James) accusé d'avoir tendu des collets et des pièges dans son jardin — défaut donné, l'avons condamné à 25 livres d'amende, au paiement desquelles il sera contraint par corps.

Même séance. — Rapport de Riché, garde à Carrières-Saint-Denis, en date du 13 novembre dernier, portant qu'après avoir fait sonner la cloche dudit lieu, pour avertir les habitants d'épiner leurs terres, il mena, ledit jour, le syndic dudit lieu dans la plaine pour lui nommer les propriétaires des pièces non épinées, et qu'il en reconnut plusieurs pièces appartenant au sieur Petit ; une, contenant environ 12 arpents, au sieur Phelippot, et plusieurs autres appartenant aux nommés Jean-Baptiste Génin, Nicolas Poireau, Ambroise Broin, Jean Sarrazin, etc.— Suivent une vingtaine de noms.— Ouï le procureur du roi, défaut donné contre les susnommés, et pour contravention par eux commise, sont condamnés, savoir : ceux qui ont un arpent et au-dessous en chacun 6 livres d'amende, ceux qui ont au-dessus d'un arpent en 3 livres par chaque arpent, en outre des 6 livres pour le premier arpent.

Note. — Phelippot avec ses 12 arpents subissait une amende de 39 livres. Assurément, comme il a été dit dans un cahier de doléances, c'était une seconde taille, et d'autant plus écrasante qu'elle était arbitraire et illégale. Toute la paroisse était frappée pour un prétendu délit dont on n'a pas même l'idée de nos jours.

14 Juillet 1783. — Séance tenue par M. le lieutenant du roi, sur le rapport de Pierre Maître, garde à Triel, du 20 mai dernier, portant que ledit jour, ayant été informé que l'on avait trouvé une biche morte dans le canton de Mareilles, il s'y serait transporté, et ayant trouvé la veuve Frémetieu, dite la grande femme, et la servante du sieur Mongrolle, et une femme inconnue, qui travaillaient à la vigne, il leur aurait demandé si elles n'avaient point connaissance de ladite biche morte ; que ladite veuve Frémetieu lui a répondu que non, que dans l'instant le chien dudit garde s'était mis en arrêt sur un tas de hardes de femmes, qui était près d'elles ; ledit garde leur demanda ce qui était dessous, que ladite femme Frémetieu lui ayant dit que c'était un morceau de lard qui était resté de leur dîner, que le garde ayant levé ces habits ainsi que des échalas qui étaient dessous, aperçut un trou qui était couvert de bourgeons de vigne, sous lesquels étaient la tête et la fressure de la biche. Ouï le procureur du roi, défaut donné contre la femme Frémetieu, la condamnons à 12 livres d'amende, et ordonnons que perquisition sera faite de ceux qui ont eu le surplus de la biche.....

Note. — Je n'ai pas trouvé le rapport de cette perquisition ; mais on peut être certain que tout Triel aura été remué et visité.

A la suite des jugements se trouvait généralement mentionnée la contrainte par corps. Cela supposait une prison. Et, en effet, il y avait à Saint-Germain une prison spéciale pour les délits relatifs aux faits d'une capitainerie. Le séjour dans cette prison ne devait pas être tolérable ; les condamnés qui n'auraient pu payer l'amende étaient traités sans doute avec rigueur, de manière à leur arracher, à force de privations, ce que la sentence arbitraire du juge n'avait pu obtenir.

J'ai copié sur le registre d'écrou le visa du juge, et j'ai ajouté deux lettres de grâces.

REGISTRE D'ECROU

Le présent registre contenant 50 feuillets y compris le

présent de nous Jean-François Antoine, écuyer, chevalier de l'ordre royal de Saint-Louis, sous-lieutenant de la capitainerie royale des chasses de Saint-Germain-en-Laye, assisté de Mᵉ Claude Jouanin, avocat au Parlement, assesseur civil et criminel de ladite capitainerie, coté et paraphé par premier et dernier, pour servir à Charles Leco, concierge des prisons de ladite capitainerie, à l'enregistrement des écrous et recommandations des prisonniers de ladite capitainerie, cejourd'hui, 8 décembre 1776.

Signé : Antoine, Jouanin.

UNE GRACE (copié sur l'original)

De par le Roy,

Il est ordonné au geôlier des prisons de Saint-Germain-en-Laye où sont actuellement détenus les nommés Joseph Mallèvre, Jean-François Héloin et Jean Faverot, de les mettre en liberté, quoi faisant, il en sera bien et véritablement dégagé.

Fait à Versailles, le 14 août 1779.

Louis.
Amelot.

A Monseigneur le Maréchal, duc de Noailles,

Monseigneur,

Le nommé Nicolas Fleury habitant de la paroisse de Carrière-Saint-Denis supplie très humblement Votre Grandeur à jetter sur sa demande un regard favorable, sur la triste position où il se trouve, âgé, ainsi que sa femme, n'ayant d'autre ressource pour vivre que par l'aide de son fils qui est détenu dans les prisons de Saint-Germain-en-Laye depuis le deux de février. Il ose espérer des bontés de

Monseigneur et de sa bonne charité un traitement favorable à ce que son fils lui soit rendu ; et le suppliant ne cessera de former des vœux au ciel pour la conservation de sa précieuse santé.

> Signé : Gautier, procureur fiscal, Matis, ancien marquillier, Patris, desservant de Carrière, B. Mandrin, syndic.

Le geôlier mettra en liberté le nommé Nicolas Fleury, détenu dans les prisons de sa capitainerie, faute de payement d'amende.

A Saint-Germain-en-Laye, le 13 avril 1786.

Le Maréchal de Noailles.

XX

LE CAHIER DE VERSAILLES

La période électorale, comme on dit aujourd'hui, fut, et cela se comprend, plus mouvementée à Versailles que dans les dix-neuf paroisses du ressort; au lieu d'un cahier, nous pourrions en donner vingt-huit et même davantage, sans compter les notes et les observations adressées par lettres particulières.

Les trois paroisses et les vingt-cinq corporations d'arts et métiers apportèrent chacune son cahier; il s'en trouve de concis, sans doute, mais plusieurs ont l'étendue d'un volume. Impossible d'offrir tous ces documents, ni même d'en présenter quelques extraits, ce que je regrette pour les cahiers de Lecointre et de Rollet (1). Je donnerai seulement celui de Boislandry, parce qu'il fut accepté comme exprimant le plus complètement les vœux et doléances de la municipalité de

---

(1) M. Laurent-Hanin, *Histoire municipale de Versailles*, t. I, a consacré vingt pages (83 à 103) aux élections de la ville, en 1789. Le lecteur y trouvera des détails très curieux, que le cadre de notre travail ne permet pas de reproduire.

Versailles, et aussi parce que ce cahier a servi de base à la réduction de tous les cahiers du bailliage en un cahier général.

En même temps que l'on convoquait les habitants des paroisses des campagnes avec les formalités dont il a été fait mention dans le cahier du Chesnay, la convocation avait à Versailles quelque chose de plus solennel encore : La pièce suivante, à ce point de vue, doit prendre place ici :

L'an 1789, le 12e jour d'avril, onze heures et demie du matin, à la requête de M. le procureur du roi au bailliage de Versailles, en vertu des lettres du roi, etc., et de l'ordonnance de M. le bailli de Versailles, rendue en conséquence le 6 du présent mois, je me suis, Siméon-David Lesieur, huissier-audiencier au bailliage royal de Versailles, y demeurant, rue de l'Orangerie, n° 36, paroisse Saint-Louis, soussigné, exprès transporté *en robe et rabat,* dans le carrefour appelé les Quatre-Pavés, situé à Versailles, rues Royale et d'Anjou, paroisse Saint-Louis, où, étant accompagné de deux tambours de la garde invalide, du quartier de Saint-Louis dudit Versailles, et après qu'ils ont eu battu de leur caisse par ban et arrière-ban, et qu'il s'est assemblé autour de moi grand nombre de personnes de l'un et l'autre sexe, et de différents âges et qualités, j'ai à haute et intelligible voix, dit cri public, fait lecture distinctement, et de mots après autres :

1° De la lettre du roi pour la convocation des Etats généraux, donnée à Versailles, le 24 janvier dernier ;

2° Du règlement y annexé ;

3° De l'état, par ordre alphabétique, des bailliages royaux et sénéchaussées royales, étant en suite du règlement ;

4° De l'ordonnance de M. le prévôt de paix, du 4 du présent mois ;

5° Enfin de l'ordonnance de M. le bailli de Versailles, du 6 du présent mois ;

Et de ce que dessus j'ai fait et rédigé ledit présent procès-verbal, pour servir et valoir à mondit sieur le procureur du roi audit bailliage de Versailles.

Lesieur.

A la même heure, pareille lecture se faisait, et de la même façon, dans le quartier de Notre-Dame, par l'huissier Flamion, et probablement dans la paroisse de Montreuil; mais pour cette paroisse, je n'ai pas retrouvé le procès-verbal.

La lecture des pièces dont il est question a pu durer au moins deux heures et peut-être plus, si l'huissier a pris la peine de bien détacher les mots; de plus, les curés des trois paroisses donnaient connaissance, au prône, des mêmes documents qu'on affichait en même temps. Il y avait quelque chose de solennel dans cette manière de convoquer le tiers-état, car les deux autres ordres, comme il a été dit, étaient invités avec moins de bruit à se rendre dans leurs assemblées électorales.

Le 14, après midi, en l'assemblée convoquée par affiches apposées, sont comparus en l'hôtel du garde-meubles de Versailles *(à défaut d'hôtel-de-ville)*, par-devant nous M. A. Thierry, baron de Ville-d'Avray, etc., consul; Etienne Ménard, notaire; François Legrand de Boislandry, négociant; M. Vignon, ingénieur de la marine; Jean-Louis Loustauneau, premier chirurgien du roi; Pierre Verdier, conseiller du roi, contrôleur des rentes; Dupont de Beauregard, chirurgien de Monsieur; Jean Ris, ancien principal commis de la guerre, et Alin Gervais, négociant; députés de la ville, assistés de M. Emard, commissaire de police au bailliage de Versailles, greffier municipal de ladite ville.

Les habitants de la paroisse Notre-Dame, au nombre de 104, tous Français, etc., dans lequel nombre de 104, sont compris les huit députés comme électeurs, seulement qui avaient offert de renoncer à donner leur voix, pour ne pas gêner le suffrage ; mais l'assemblée a décidé qu'ils donneraient leur voix comme les autres habitants. A raison de 104 habitants présents, on nomme quatre représentants à la pluralité des voix : les sieurs André Vauchelle, principal commis de la guerre et propriétaire ; Henri Pacou, bourgeois de Versailles ; Jean-Louis Dubois, premier commis de la marine ; et Guillaume Jurien, premier commis de la maison du roi ; « et les habitants leur ont donné tout pouvoir à l'effet de les représenter à l'assemblée du tiers-état de la ville, qui se tiendra jeudi 16, huit heures du matin, pour y concourir à la rédaction du cahier des doléances, et à la nomination des députés, dans la forme prescrite ; et ont signé avec nous les susdits, ainsi que M. Thibault, contrôleur des rentes, nommé vérificateur pour l'élection ».

Mercredi 15, même opération dans la paroisse de Saint-Louis, à 10 heures du matin, 116 habitants présents, 4 à élire, qui furent : Bichon de la Tour, chevalier de l'ordre de Saint-Louis, brigadier des armées du roi ; Gambier de Campy, commissaire ordonnateur des guerres, employé à la Cour ; Jean Barnier, commis de la marine, et Louis de Belletrux, principal commis du bureau de la guerre.

Et le même jour, à 5 heures de relevée, les habitants de Saint-Symphorien de Montreuil s'assemblent au nombre de 52 et élisent deux représentants : Jean Angot, maître maraîcher, et Antoine Tardif, dit Delorme, et enfin le jeudi 16, à 9 heures du matin, en l'assemblée du corps de ville, se présentent devant les consuls et députés, les dix représentants des trois paroisses ci-dessus nommées, et les représentants des vingt-cinq corporations de la ville, savoir :

> Mᵉ Georges-Nicolas Clausse et Joseph Lebon, pour le corps du bailliage de Versailles ;

Sieurs Etienne-Louis-Laurent Durais, Louis-Augustin Ducroc, représentants du corps de la musique du roi ;

Sieurs Jean-Baptiste-Robert Gauchez, et Antoine Dupont de Beauregard, représentants du corps des maîtres en chirurgie de cette ville ;

Sieurs Auguste Véré, et Mathieu Salomon, représentants du corps des apothicaires ;

Louis-François-Joseph Boisleux, représentant des maîtres perruquiers ;

Laurent Lecointre et Didier Rollet, représentants des merciers-drapiers ;

Pierre-François Chapuy, représentant des épiciers, ciriers et chandeliers ;

Louis Voizot, représentant des horlogers et orfèvres ;

Barnabé-François Morel, représentant des bonnetiers ;

François-Marie Sénéchal, représentant des tailleurs d'habits ;

Charles-Augustin Dupont et Jean-François Cornu de la Motte, représentants des cordonniers ;

Louis-Marc Garrau, représentant des boulangers ;

Michel-Jérôme Lemoine, représentant des bouchers et charcutiers ;

Charles-Auguste Blanchet, représentant des pâtissiers-traiteurs ;

Nicolas-Amaury, Michel Parisot, François Gouffet et Jacques Fontaine, représentants des cabaretiers et limonadiers ;

Jacques-Antoine Joyminy, représentant des maçons ;

Jean-Baptiste Benion, représentant des charpentiers ;

Martin Baubigny et François-Alexis Bourdet, représentants des menuisiers ;

Pierre Linard, représentant des couteliers ;

Charles Denis, représentant des fondeurs ;

Pierre Braille, représentant des tapissiers ;

Jean Andrieux, représentant des selliers ;

Jacques Le Prieur, représentant des tanneurs ;
Barnabé Malaurent, représentant des peintres ;
François Morel, représentant des pelletiers-fourreurs ;

Ainsi qu'il résulte des actes qu'ils nous ont exhibés.

Ils nous ont déclaré s'être rendus en la présente assemblée pour s'occuper en premier lieu de la rédaction de leurs cahiers de doléances, etc.

Au moment d'ouvrir la séance, le sieur Lecointre a fait lecture d'une motion tendante à exclure des élections les premiers commis, chefs de bureaux et autres personnes attachées au ministère, laquelle motion il a mise sur le bureau, en requérant acte de sa demande, et qu'il en fût délibéré à l'instant.

La motion mise en délibération entre nous, nommé par le roi juge en cette partie, nous avons arrêté unanimement que, conformément à l'art. 25 du règlement, il ne peut être prononcé d'exclusion dans les élections contre aucun citoyen né Français ou naturalisé, âgé de 25 ans, domicilié et compris au rôle des impositions ;

En conséquence, nous avons débouté ledit sieur Lecointre de sa demande, et ordonné qu'il sera passé outre, et procédé à l'ouverture de la séance, nonobstant opposition ou appellations quelconques, sauf au sieur Jean Lecointre à se pourvoir par-devant S. M. par voie de représentation et par simple mémoire.

La séance ouverte, M. le consul a proposé de procéder à la lecture d'un certain nombre de cahiers, dont le choix serait déterminé à la pluralité des voix, ce qui a été agréé par l'assemblée qui a décidé que le cahier réuni des deux paroisses de Notre-Dame et de Saint-Louis, celui que le sieur Lecointre a déclaré apporter au nom des marchands drapiers, et celui de M. de Boislandry, l'un de nous, seraient lus dans la séance, et, après lecture faite de ces cahiers, il a été procédé par acclamation à la nomination de nous, de Boislandry et des sieurs Lecointre, Dubois, De la

Tour, Jurien, Vauchelle, Clausse et Chapuy, pour commissaires à l'effet de réunir tous lesdits cahiers présentés dans l'assemblée, et dont la remise a été faite sur le bureau, et de procéder à la rédaction du cahier du tiers-état de la ville; à l'effet de quoi tous lesdits cahiers particuliers leur ont été remis, et la séance pour la lecture et l'arrêté définitif du cahier général et la réduction à 36 des membres composant l'assemblée a été remise à demain vendredi, 5 heures de relevée, où toute l'assemblée a promis de se trouver avec lesdits commissaires et ledit Emard, greffier.

Suivent les signatures.

Et le vendredi 17 avril, cinq heures après midi, en l'assemblée du corps municipal......

MM. de Boislandry, Lecointre, Dubois, De la Tour, Jurien, Vauchelle, Clausse et Chapuy, chargés de la réduction de tous les cahiers en un cahier général, ont fait lecture du cahier par eux dressé, et ce cahier, signé de huit commissaires, a été unanimement approuvé par l'assemblée pour former le cahier général des doléances du tiers-état de la ville de Versailles, et de suite ledit cahier signé par lesdits représentants, etc. (1).

L'assemblée, après avoir mûrement délibéré sur le choix des députés au nombre de 36, qu'elle est tenue de nommer en conformité de la lettre du roi, etc., et les suffrages ayant été recueillis, la pluralité s'est réunie en faveur de... (2).

Ladite nomination faite et le cahier remis, les députés ont pris l'engagement de se rendre à l'assemblée qui se tiendra demain, 8 heures du matin, devant M. le bailli, etc. A l'instant de la signature, les sieurs Lecointre, Chapuy, Morel et Voizot ont remis sur le bureau un mémoire signé d'eux, au nom de leur corporation, portant opposition à

---

(1) C'est ce cahier qu'on lira à la page 227.
(2) On lira les noms dans la séance du 18, avec ceux des autres députés.

notre décision, qui n'a admis chacune de ces corporations qu'à la nomination d'un seul représentant ; pourquoi, en persistant dans ladite opposition, ils nous ont requis acte de la remise dudit mémoire et de leur protestation qu'ils font de se pourvoir devant S. M., pour obtenir la réformation de notre décision, desquelles réquisitions, etc., leur avons donné acte, et avons signé avec tous les membres composant l'assemblée notre présent procès-verbal ainsi que le duplicata remis aux députés nommés (1).

ASSEMBLÉE DU BAILLIAGE DE VERSAILLES.

L'an 1789, le samedi 18 avril, par nous Joseph Froment, écuyer, seigneur de Champ-Lagarde et des Condamines, conseiller du roi, bailli de Versailles, assisté de maître Augustin-Henri Hennin, conseiller, procureur du roi, et François Thiboust, avocat en Parlement, greffier en chef de la présente juridiction, etc. ;

Après avoir convoqué les délégués députés des paroisses, et pour qu'ils eussent, conformément au règlement, à nommer des députés, au nombre fixé par ledit règlement, pour apporter en la présente assemblée les cahiers de leurs requêtes et doléances, et nommer entre eux tel nombre qu'ils aviseraient de commissaires pour la réduction et refusion de toutes lesdites requêtes et doléances en un seul et même cahier, comme aussi pour convenir, si le temps le permettait durant l'assemblée de ce jour, des députés qu'il leur

---

(1) Il se trouvait 34 représentants des corporations, au lieu de 25 que le règlement autorisait ; or, nous avons vu que les trois paroisses avaient nommé dix représentants ou députés : l'hôtel-de-ville en avait neuf, il y avait donc une assemblée de 53 membres, sans compter le greffier Emard, et le contrôleur Thibault ; mais la lettre du roi du 24 janvier portait que Versailles n'enverrait que 36 députés ou délégués à l'assemblée générale du bailliage secondaire.

plairait d'élire, en se réduisant au quart pour comparaître et assister à l'Assemblée générale de la prévôté et vicomté de Paris (hors les murs) indiquée en ladite ville de Paris pour le vendredi 24 du courant, sont comparus :

Marc-Antoine Thierry, baron de Ville-d'Avray, maître de camp de dragons.

Mᵉ Etienne Ménard, notaire en ce bailliage.

M. François-Louis Legrand de Boislandry, négociant en cette ville.

M. Michel Vignon, ingénieur de la marine.

M. Jean Loustauneau, conseiller du roi, premier chirurgien du roi.

M. Jean Ris, ancien principal commis de la guerre.

M. Jacques Emard, commissaire de police au bailliage.

M. Alin Gervais, négociant.

M. Georges Verdier, conseiller du roi, contrôleur des rentes.

M. François-André Vauchelle, principal commis de la guerre.

M. Henri Pacou, bourgeois.

M. François Bichon de la Tour, chevalier de l'Ordre de Saint-Louis, brigadier des armées du roi.

M. Antoine Tardif, dit Delorme, entrepreneur des travaux du roi.

M. Jean Angot, maraîcher à Montreuil.

M. J. Lebon, receveur des consignations de ce bailliage.

M. Laurent Lecointre, négociant en cette ville.

M. Didier Rollet, négociant en cette ville.

M. François-Pierre Chapuy, marchand épicier en cette ville.

M. Voizot, marchand bijoutier en cette ville.

M. Jean-Baptiste-Robert Gauchez, maître ès arts en chirurgie, lieutenant du 1ᵉʳ chirurgien du roi.

M. Louis-Marie Garreau, marchand boulanger en cette ville.

M. Michel-Jérôme Lemoine, marchand boulanger.
M. Barnabé-François Morel, marchand pelletier fourreur.
M. Jean-François Joyminy, maître maçon en cette ville.
M. Charles-Antoine Blanchet, traiteur.
M. Jean-François-Joseph Boisleux, maître perruquier.
M. Michel Parisot, limonadier.
M. Nicolas Amaury, aussi limonadier.
M. Jacques Fontaine, marchand de vin aubergiste.
M. Mathieu Salomon, apothicaire.
M. Jean Andrieux, sellier.
M. Marie-François Senéchal, maître et marchand tailleur.
M. Louis-Auguste Ducroc, organiste de la musique du roi.
M. Louis-Laurent Durais, aussi de la musique du roi.
M. François Gouffet, marchand de vin.
Et M. Nicolas-Mathieu Gambier-Campy, commissaire des guerres ;

Tous députés de la municipalité de cette ville, suivant le procès-verbal contenant la nomination, en date d'hier, à nous présentement remis.

Les sieurs :

1. Jean-Baptiste Lameule, curé de Saint-Cyr, et Bertrand Atoch, maître en chirurgie à Saint-Cyr.
2. François Delaissement et Nicolas Maugé, à la Celle-Saint-Cloud.
3. Henri Tailleur, procureur fiscal, Louis Couturier, pêcheur, et Pierre-Louis Couturier, à Bougival.
4. Largemain et Joseph Lépicier, à Montigny-le-Bretonneux.
5. Jacques-François Legry, Simon Rebilly, Claude Coupin, Louis Cordier, Claude Sebin, Antoine Caton, Pierre-Baptiste Bosset et Henri Rouveaux, à Sèvres.
6. Jean Perrée et Louis Lévêque, au Chesnay.
7. Louis Domain et Jacques Masson, à Ville-d'Avray.
8. Pierre Saintbelie et Pierre Bainville, à Guyancourt.

9. Jean Mercier et Nicolas-Jules Baudoin, à Fontenay-le-Fleury.

10. Jérôme Sénéchal et Pierre Salles, à Rennemoulin.

11. Jean-François Heurtier, architecte du roi et inspecteur des bâtiments du roi, et Jean Brault, à Villepreux.

12. François Borné et Michel Heudié, à Noisy.

13. Simon-Philippe Thuillier et Claude Brunet, à Bailly.

14. Laurent Lecoulteux de la Noraye, propriétaire à Louveciennes, et Nicolas Thuilleaux, à Louveciennes.

15. Pierre-Nicolas Deplane, ancien avocat et procureur au présidial de Rouen, Jacques-Laurent Ollivon et Auguste-Pierre Tricot, à Marly-le-Roy.

16. Philippe Robert et Jean Venard, à Port-Marly.

17. Georges Monget, notaire, Georges-Nicolas Clausse, avocat au Parlement et substitut du procureur du roi, suppléant le sieur Athanase-Augustin Révérend, à Voisins-le-Bretonneux.

18. Alexandre-Marc-Jean-Baptiste-Eléonor Saudron, de Romainville, Nicolas-Joseph Du Milieu et Charles-Gervais Renaud, à Buc.

19. Thomas Pluchet et François-Pierre David, à Bois-d'Arcy.

Tous ayant pris séance, le sieur Laurent Lecointre, l'un des députés de la municipalité de cette ville, a requis que M. Clausse, député suppléant pour la paroisse de Voisins-le-Bretonneux, fût tenu de s'exclure d'opiner, lorsqu'il s'agirait de nommer les députés à l'assemblée générale de la prévôté et vicomté de Paris, comme n'ayant aucun droit à représenter les habitants de ladite paroisse où il n'est point domicilié; vu que ledit M. Clausse avait été électeur pour la ville. Ensuite il a demandé acte de sa réquisition à toute l'assemblée, et qu'il fût ordonné qu'expédition lui fût délivrée de la décision qui serait rendue. Sur quoi, nous, en vertu de nos pouvoirs, avons, conformément à l'article 30 du règlement du 24 janvier, ordonné que ledit Clausse resterait comme ayant pu être nommé par les habitants de Voisins, en qualité d'officier public, etc. Même objection faite par Lecointre contre Monget, électeur de la même paroisse de Voisins ; le président la réfute en disant que le sieur Monget est propriétaire dans cette paroisse, et qu'il a pu voter et être élu.

Puis suivant les ordonnances avons proposé aux députés présents de délibérer entre eux, en premier lieu, s'il se ferait une nomination particulière de commissaires, pour la rédaction du cahier, parmi les députés de la municipalité de la ville, et une autre nomination de commissaires parmi les députés des paroisses du dehors, et ayant recueilli les suffrages, il a été conclu que la nomination se ferait confusément ; puis à quel nombre s'élèverait la commission pour la rédaction, le scrutin a donné 7 ; puis on a procédé au choix des 7 par scrutin particulier, qui a été successivement : 1. de Boislandry, Versailles. 2. Lecoulteux, Louveciennes. 3. Delatour, Versailles. 4. Lecointre, Versailles. 5. Deplane, Marly-le-Roi. 6. Heurtier, Villepreux. 7. Heudié, Choisy-le-Roi.

Sur la proposition du sieur de Boislandry d'ajouter trois autres députés aux commissaires rédacteurs, ont été élus : Vauchelle et Gauchez (Versailles), Pluchet (Bois-d'Arcy).

Puis nous avons indiqué l'Assemblée générale pour entendre la lecture dudit cahier général, et nommer le quart d'entre eux, qui doit composer la députation à l'Assemblée générale du tiers-état de la prévôté et vicomté de Paris (hors murs), au mercredi prochain 22 avril, à 8 heures du matin. (Fait ce 18 avril, etc.)

Et le 22 du même mois, à 9 heures du matin, les députés s'étant rendus au Palais de justice, le sieur de Boislandry a exposé dans un discours la méthode qui avait été suivie par les commissaires en l'Assemblée pour la rédaction du cahier général (1); ensuite nous avons fait appeler tous

---

(1) Voici la méthode qu'on dut suivre, d'après les divers papiers et notes que j'ai eus sous les yeux : sur une grande feuille on

les députés tant de la ville que des paroisses ressortissantes dudit bailliage.

Deux seulement des députés ont fait proposer leur excuse et tous les autres ont répondu à l'appel.

Lecture a été faite dudit cahier et, après quelques légers changements et additions au sujet desquels changements ainsi que des additions, nous avons pris et recueilli les suffrages, et ceux qui ont été approuvés à la pluralité des voix ont été ajoutés au cahier.

La séance est reprise à 4 heures ; le nombre s'est trouvé complet à l'exception de MM. Thierry, Loustauneau, Saint-Belie et Campy.

M. Saudron a voulu lire un mémoire. On s'y est opposé d'abord, puis ce mémoire a été lu par l'auteur, qui a fini par accepter la rédaction du cahier.

Nous avons procédé à la résomption des voix et suffrages du nombre desdits députés, lequel à raison de 83 députés de droit devant nous et de 81 comparants, de fait sera de 21, lesquels seront chargés de porter ledit cahier à l'Assemblée générale de la prévôté et vicomté hors les murs de Paris, vendredi 24 du présent mois, 7 heures du matin, en la salle de l'archevêché, indiquée par l'ordonnance de M. le prévôt de Paris.

Pourquoi, nous avons à vingt et une reprises recueilli les

---

lit en tête : *Table alphabétique des matières traitées dans le Cahier de Versailles et des paroisses du ressort du baillage y établi.* Le tableau, divisé en 18 parties avec une ou deux lettres de l'alphabet correspondant aux articles ou matières traités ; et à la suite, on lit les numéros d'ordre de chacun des cahiers dans lesquels se trouve la réclamation. Par exemple, je prends la lettre M ; on lit : Milice avec six chiffres indicateurs, etc. Marque d'or et d'argent supprimée. — Maîtres de postes. — Messageries. — Maîtresses d'écoles. — Monopoles sur les graines, et huit autres noms ; de cette façon, rien n'échappait pendant la lecture que l'on faisait des cahiers, dont les textes pouvaient être modifiés, mais dont l'idée subsistait.

voix et suffrages à voix haute, et par l'événement les députés nommés ont été :

1. Nous, bailli susdit. 2. Auguste-Henri Hennin, écuyer, procureur du roi en ce bailliage. 3. Lecoulteux de la Noraye, propriétaire à Louveciennes. 4. Bichon de la Tour, propriétaire en cette paroisse. 5. de Boislandry, négociant en gros en cette ville. 6. Laurent Lecointre, membre du corps de la mercerie en cette ville, propriétaire à Sèvres. 7. Heurtier, architecte du roi, propriétaire à Villepreux. 8. Thomas Pluchet, laboureur et fermier du roi, paroisse de Bois-d'Arcy. 9. Pierre-Marie de Plane, propriétaire à Marly-le-Roi. 10. Pierre-François Chapuy, membre du corps de la mercerie, propriétaire en cette ville. 11. Vauchelle, propriétaire en cette ville. 12. Michel Heudié, fermier du roi en la paroisse de Noisy. 13. Jacques-François Legry, marchand de bois et propriétaire à Sèvres. 14. Claude-Jean Venard, négociant au Pecq et propriétaire à Port-Marly. 15. Georges-Nicolas Clausse, avocat en parlement, substitut du procureur du roi en ce siège, et propriétaire de différents biens en cette ville. 16. Henri Pacou, bourgeois propriétaire en cette ville. 17. Georges Monget, notaire en ce bailliage, propriétaire en la paroisse de Voisins-le-Bretonneux. 18. Didier Rollet, du corps de la mercerie, drapier de cette ville et propriétaire. 19. Jean-Baptiste-Robert Gauchez, maître ès arts en chirurgie. 20. Georges Verdier, conseiller du roi, contrôleur des rentes. 21. Et M. Alin Gervais, négociant et propriétaire en cette ville ; et avons tous accepté nos nomination et députation.

Fait et clos le présent procès-verbal en l'une des principales salles du palais de justice, ledit jour, dix heures et demie de relevée, et ont les députés signé avec nous.

Ces 21 délégués se rendirent à Paris en la salle de l'archevêché le 24 avril, à 7 heures du matin. Ils y trouvèrent les 4 députés de Meudon et ceux des autres bailliages secondaires. Il est probable que les députés des 400 paroisses s'étaient réduites au quart, et encore le nombre des électeurs dut-il se trouver supérieur à 300, chiffre indiqué pour Paris. On procéda à la réduction de tous ces cahiers en en seul. 36 commissaires furent choisis pour ce travail ; parmi eux on lit les noms de Boislandry et de Plane pour Versailles, et de Filassier pour Meudon. Le cahier fut terminé et lu le 29 avril en Assemblée générale ; ce cahier se divisait en deux parties : la première exposait l'ensemble des réformes à opérer ; la deuxième partie, qui ne fut lue que le lendemain, renfermait les doléances particulières de plus de 300 paroisses. Puis on s'occupa de l'élection des députés aux Etats généraux. Je n'en ai pas trouvé le procès-verbal ; je ne puis dire à quelle date elle fut terminée. Néanmoins, comme d'après le règlement on ne devait élire que 12 députés : 3 du clergé, 3 de la noblesse et 6 du tiers, l'opération se trouva sans doute accomplie avant le 4 mai, et les députés de Paris *extra muros* purent assister à l'ouverture des Etats généraux. On sait qu'il n'en fut pas de même pour ceux de Paris (ville ou *intra muros*). Je vais donner la liste des premiers : ils furent 8 au lieu de 6, car, sur les réclamations des trois ordres sans doute, le gouvernement consentit quelque temps après à augmenter d'un le nombre des députés, c'est-à-dire qu'au lieu de 3 on en accorda 4, ce qui faisait 4 députés pour le clergé, 4 pour la noblesse et 8 pour le tiers-état, avec les suppléants qu'on avait nommés en prévision de démission, de décès ou

13.

d'empêchement inattendu. A la liste des députés du tiers de Paris *extra muros*, je joins les noms des députés des autres bailliages qui fournirent des représentants à Seine-et-Oise.

Prévôté et vicomté de Paris (hors murs).

Afforti, cultivateur à Villepinte.
Duvivier, cultivateur à Bonneuil-en-France.
Chevalier, cultivateur à Argenteuil.
Target, avocat, de l'Académie française.
Ducellier, ancien avocat au Parlement de Paris.
De Boislandry, négociant à Versailles.
Lenoir de la Roche, avocat au Parlement.
Guillaume, ancien avocat, notable adjoint de la ville de Paris.

Bailliage de Senlis (Pontoise annexé).

Delacour, cultivateur fermier à Ableiges (Seine-et-Oise).

Bailliage de Chaumont-en-Vexin (Magny annexé).

D'Ailly ou Dailly, député de Magny.

Bailliage de Dourdan.

Lebrun, écuyer.
Buffy, notaire.

Bailliage d'Etampes.

Laborde, de Méréville.
Gidoin.

Bailliage de Mantes et Meulan.

Meunier, du Breuil, président du présidial de Mantes
Germiot, cultivateur.

Bailliage de Montfort-l'Amaury et Dreux, annexé.

Auvry, procureur syndic du département des finances de Dreux.
Laignier, avocat à Montfort.
Hauducœur, ancien laboureur.
Laslier, négociant à Rambouillet.

J'ajouterai ici les noms des suppléants pour Montfort :

Mabille, laboureur à Houdan, nommé député en l'absence de Hauducœur, qui accepta.
Rouveau, bourgeois aux Mesnuls, 1er suppléant.
Cochon Bobusse, avocat à Epernon, 2e suppléant.

Les noms de tous ces députés sont inscrits sur les murs de la salle du Jeu-de-Paume.

Nous arrivons enfin au cahier de Versailles, non le cahier du Bailliage que l'on pourra lire dans les *Archives parlementaires* où il a été publié, mais au cahier proprement dit de la commune de Versailles et dont le principal auteur fut Boislandry ; on a mis en italiques les quelques changements et additions dont il est parlé dans le procès-verbal.

Du reste, il est permis de dire que le cahier général du bailliage en diffère peu dans son ensemble ; on y a ajouté les plaintes particulières de quelques paroisses.

Cahier de la ville de Versailles.

Les députés de la commune de Versailles, assemblés en conformité du règlement du roi, du 24 janvier dernier pour procéder à la rédaction des cahiers de doléances, et à la nomination des représentants qui doivent les porter à l'assemblée du bailliage de cette ville, après avoir examiné avec la plus sérieuse attention tous les articles des instructions adressés par les huit commissaires qu'ils avaient choisis les ont adoptés d'une voix unanime et ils déclarent :

1° Que, quoique par respect et par reconnaissance pour le roi, à qui la nation devra son bonheur, sa Constitution et sa gloire, ils aient adhéré et se soient soumis au règlement relativement aux élections graduelles, ils n'entendent pas l'approuver, le regardant comme très préjudiciable aux communes, et notamment à celle de Versailles, qui seront très insuffisamment représentées dans l'Assemblée générale de la prévôté de Paris; ils enjoignent à leurs députés dans l'Assemblée définitive de faire insérer dans les cahiers cette déclaration formelle, et de demander en leur nom la réforme des élections par une nouvelle subdivision des provinces de France, et par une méthode générale et commune à tous les ordres, pour la tenue suivante des Etats;

2° Que leur intention expresse est que les députés de la prévôté aux Etats généraux soient revêtus de pouvoirs illimités et sans réserves, et que les cahiers qui leur seront remis ne soient considérés par eux que comme de simples instructions qui devront régler leur conduite et déterminer les demandes qu'ils auront à former dans les Etats généraux;

3° Qu'il sera enjoint à leurs députés dans l'Assemblée définitive de Paris de demander que le roi soit remercié d'une manière solennelle, au nom des habitants de la prévôté, du bienfait signalé qu'il a accordé à la nation en lui rendant ses droits et ses assemblées périodiques;

4° Que les articles..... compris dans le cahier des présentes instructions sont l'expression de leurs vœux et de leurs sentiments *sur les changements qu'ils croient devoir être adoptés dans la forme actuelle du gouvernement, mais qu'ils se soumettent néanmoins et sans réserve* sur la forme du gouvernement qu'ils croient devoir être adoptée par les représentants de la nation ; mais qu'ils entendent néanmoins se soumettre sans réserve à toute autre forme qui aura été jugée préférable par les Etats généraux, réglée et approuvée par eux et sanctionnée par le roi.

5° L'opinion formelle des communes de Versailles est que les droits de tous les hommes sont égaux aux yeux de la justice et de la loi, que tous ont un droit commun et inaliénable à la liberté civile et politique.

La liberté civile consiste à n'être soumis qu'à la loi ; elle comprend la liberté individuelle, celle de la propriété, celle de penser, de parler et d'écrire, et elle n'a d'autres restrictions que celles qui auront été réglées par les lois.

La liberté politique est le patrimoine de tous les citoyens, et de chacun d'eux en particulier, comme faisant partie de la société générale qui compose la nation.

Elle donne à tous les Français le droit de concourir à la formation des lois, suivant lesquelles tous les habitants du royaume doivent être régis et gouvernés.

D'où il suit qu'aucune loi ne peut être obligatoire pour les individus composant la nation, si elle n'a été approuvée par eux ou par leurs représentants.

C'est dans ce principe que les députés des communes ont dressé et arrêté les articles suivants, pour servir de base à la Constitution nationale. Dans cette Constitution doivent être compris le pouvoir législatif, le pouvoir exécutif et le pouvoir judiciaire.

POUVOIR LÉGISLATIF.

1° Le pouvoir de faire des lois réside dans le roi et dans la nation.

2° La nation, étant trop nombreuse pour exercer elle-même son droit, en confie l'usage à des représentants choisis librement par toutes les classes de citoyens ; ces représentants réunis forment l'Assemblée nationale.

3° Les Français ne peuvent regarder comme lois du

royaume que celles qui auront été consenties par la nation et sanctionnées par le roi.

4° L'hérédité du trône dans la ligne masculine à l'exclusion des femmes, et la primogéniture sont des usages aussi anciens que la monarchie; ils doivent être maintenus et consacrés par une loi solennelle et irrévocable.

5° Les lois consenties par les Etats généraux et sanctionnées par le roi seront obligatoires pour toutes les classes de citoyens et pour toutes les provinces du royaume. Elles seront enregistrées purement et simplement dans toutes les cours et dans tous les tribunaux; elles seront envoyées à toutes les municipalités des villes et des campagnes, et lues aux prônes de toutes les paroisses.

6° La nation ne pouvant être privée de la portion de législation qui lui appartient, et les affaires du royaume ne pouvant souffrir de retards ni de délais, les Etats généraux seront convoqués tous les deux ans, *deux ou trois ans au plus tard*.

7° Aucune commission intermédiaire des Etats généraux ne pourra jamais être établie : les députés de la nation n'ayant pas le droit de déléguer les pouvoirs qui leur sont confiés.

8° Les pouvoirs des députés ne pourront leur être conférés que pour trois ans, si les Etats généraux sont annuels et pour quatre ans, s'ils sont biennaux. Mais tous les députés seront renouvelés à la fois, la nation devant rentrer dans la plénitude de son droit d'élection, à celle de ces deux époques qui sera fixée.

9° La personne des députés sera sacrée et inviolable, et ils ne pourront être arrêtés ni conduits en prison pendant tout le temps de leur députation. Ils ne pourront être inquiétés pour aucun discours qu'ils auraient tenu dans l'Assemblée des Etats.

10° Les députés des communes, leur président ou orateur seront dans la *même attitude et la même posture que ceux des deux premiers ordres lorsqu'ils s'adresseront au souverain*. Il n'y aura pour les trois ordres aucune différence dans le cérémonial observé dans l'Assemblée des Etats.

11° Les Etats généraux pourront former une seule assemblée ou être divisés en deux. Dans le premier cas, les députés des communes seront égaux en nombre à ceux des deux autres ordres et les opinions seront prises par tête. Dans le second, ils formeront deux chambres sous la dénomination qui sera jugée la plus convenable. Les députés des communes n'excéderont pas 7 à 800, qui pourront être choisis par les peuples dans toutes les classes de citoyens, excepté parmi les ecclésiastiques ; la chambre supérieure n'excédera pas 300, elle sera composée de nobles titrés et d'ecclésiastiques du premier ordre, comme évêques, archevêques, etc., de manière que les ecclésiastiques n'en forment au plus que le tiers. Les uns et les autres seront appelés à cette chambre par le roi, sur la nomination et présentation des Etats provinciaux. Leur promotion sera à vie ; le titre de leur dignité sera fixé par les Etats généraux.

12° Il sera recommandé aux députés de s'opposer de toutes leurs forces à la division des Etats en trois ordres ou chambres. Cette division donnerait aux deux premiers une influence excessive et dangereuse, et d'autant plus injuste à l'égard de celui du clergé, qu'il est seulement usufruitier des biens qu'il tient de la libéralité de la nation, et que, n'ayant pas la faculté d'en disposer, il paraît absurde qu'il ait aucune part à la législation générale, qui ne regarde que le roi et la nation dont le clergé forme une classe et non pas un ordre.

13° La liberté individuelle, la propriété et la sécurité des citoyens, seront établies d'une manière claire, précise, irrévocable. Toutes les lettres de cachet seront abolies à jamais, sauf les modifications que les Etats généraux jugeront à propos d'y apporter.

11° Et pour empêcher qu'il ne soit jamais donné atteinte aux droits personnels des Français ni à leur propriété, l'intervention des jurés ou pairs dans toutes les causes criminelles et dans toutes les causes civiles, pour les décisions de fait, sera admise et établie dans tous les tribunaux du royaume.

15° Tout homme accusé d'un délit qui ne sera pas capital, sera relâché *dans les 24 heures,* en fournissant caution ; cet élargissement sera prononcé par le juge sur la décision des jurés.

16° Tout homme qui aura été détenu dans les prisons pour un délit présumé, et qui aura été reconnu innocent, recevra de l'Etat la réparation et le dédommagement qu'il aura pu éprouver dans son honneur et dans sa fortune.

17° La liberté de la presse la plus étendue sera accordée, sous la seule réserve que le manuscrit remis à l'imprimeur sera signé par l'auteur, qui sera tenu de se faire connaître et qui en répondra ; et pour prévenir l'abus que les juges ou les gens puissants pourraient faire de leur autorité, aucun écrit ne pourra être regardé comme libelle, s'il n'est déclaré tel par douze jurés ou pairs de l'auteur accusé, lesquels seront choisis suivant les formes prescrites par la loi qui interviendra sur cette matière.

18° Les lettres ne pourront jamais être ouvertes à la poste, et il sera pris des mesures efficaces pour que leur dépôt y soit inviolablement conservé.

19° Toutes les distinctions dans les peines seront abolies, et les délits commis par tous les citoyens de tous les ordres seront punis suivant les mêmes formes et de la même manière.

20° Les peines seront toujours modérées et proportionnées au délit. Tous les genres de torture, le supplice de la roue, celui du feu, seront abolis. La perte de la vie ne sera prononcée que pour des crimes atroces, et dans des cas très rares, tous prévus par la loi. *Les lois civiles et criminelles seront réformées.*

21° Dans les villes de garnison, les militaires seront *dans tout le royaume* subordonnés à la loi générale et au pouvoir civil, comme tous les autres citoyens.

22° Aucun impôt ne peut être légal s'il n'est librement octroyé par les représentants des peuples et sanctionné par le roi.

23° Tous les Français participant aux mêmes avantages, et tous étant intéressés au maintien du gouvernement, doivent contribuer aux impôts également, sous la même dénomination et sous la même forme.

24° Tous les impôts actuellement subsistants, étant contraires à ces principes, et plusieurs d'entre eux étant vexatoires, oppressifs et humiliants pour les peuples, ils doivent être supprimés aussitôt qu'il sera possible, et remplacés par d'autres qui soient communs à tous les ordres, à toutes les classes de citoyens sans exception.

25° Si les impôts *actuellement subsistants sont provisoirement* conservés, ils ne le seront que pour un temps très court, limités aux sessions prochaines des Etats généraux; et il sera réglé que la proportion contributoire, qui doit être également supportée par les deux premiers ordres, sera due par eux du jour de la promulgation des lois constitutionnelles.

26° Après l'établissement des nouveaux impôts qui seront supportés par les trois ordres, les formes de perception particulières au clergé seront abrogées; et ses assemblées ultérieures n'auront d'autre objet que la discipline ou le dogme.

27° Tous les impôts nouveaux fonciers ou personnels qui seront établis, ne le seront que pour un temps limité, *qui n'excèdera pas deux ou trois ans*, qui sera fixé par l'intervalle d'une tenue des États généraux à la suivante. Ce terme expiré, ils ne pourront plus être perçus sous peine de concussion, contre les receveurs ou employés qui les exigeraient.

28° En cas de guerre ou de besoin extraordinaire, un nouvel impôt momentané sera préféré aux emprunts; en cas d'insuffisance, l'administration ne pourra recourir à des anticipations, à des emprunts déguisés, ni à d'autres ressources telles qu'elles puissent être, sans le consentement des Etats généraux ; et il sera statué qu'aucun emprunt ne pourra être fait, sans en avoir assuré l'intérêt et le remboursement graduel à époque fixe, par une imposition dont les produits y seront expressément destinés.

29° La portion contributaire que chaque citoyen, en cas de guerre *ou de besoins extraordinaires*, devra supporter par augmentation au marc la livre des impositions déjà subsistantes, sera réglée par les Etats généraux : cette prévoyance étant un moyen assuré d'éviter les guerres inutiles et injustes, en faisant connaître à tous les Français le nouveau fardeau dont ils seraient chargés, et aux puissances étrangères les ressources que la nation aurait en réserve et toutes prêtes, pour repousser les attaques injustes qui lui seraient faites.

30° La dette royale *actuelle* sera reconnue par les Etats généraux ; après qu'elle aura été vérifiée, elle sera déclarée dette nationale.

31° Les rentes perpétuelles et viagères seront consolidées sur le pied actuel, sans retenue ni diminution.

32° Les dépenses de tous les départements seront fixées d'après les besoins réels, et constatées par une commission des Etats généraux, *de concert avec le roi*, sans que ces dépenses fixées pour chaque département puissent jamais excéder les sommes qui auront été réglées.

33° Sa Majesté sera suppliée de fixer elle-même les dépenses de sa maison, de celle de la reine et des princes de son auguste famille, d'une manière convenable à la dignité de sa couronne, et à la majesté du premier monarque de la terre. La nation s'empressera de satisfaire à toutes ses demandes et de surpasser même ses désirs. Elle ne mettra point de bornes à sa générosité pour un souverain à qui elle doit sa liberté, sa Constitution et son bonheur.

34° Il ne sera fait aucune augmentation d'impôts avant que les recettes et les dépenses n'aient été comparées avec la plus grande exactitude, avant que le déficit n'ait été constaté, enfin avant que toutes les réductions possibles n'aient été faites dans toutes les parties et dans tous les départements.

35° Les dépenses du département de la guerre fixeront particulièrement l'attention des Etats généraux ; ces dépenses s'élèvent chaque année à la somme effrayante de 110 à 120 millions. Pour parvenir à les réduire, les Etats généraux se feront représenter tous les états de dépense sous les différents ministères, et notamment sous celui de M. le duc de Choiseuil.

36° Le régime actuel des milices onéreux, oppressif et humiliant pour les peuples, sera aboli. Tous les Français étant intéressés à la défense de la patrie commune, il sera formé dans chaque province un corps de milices nationales, dans lesquelles il sera honteux à tout citoyen français de ne pas être admis. L'établissement de ces corps nationaux rendra possible la réduction des dépenses énormes du département de la guerre.

37° L'état des pensions sera présenté aux Etats généraux. Les motifs qui les ont fait accorder seront examinés ; si elles avaient été obtenues injustement et sans cause, elles seront supprimées ou du moins réduites ; il n'en sera désormais accordé que de modérées, et pour des services réels : leur montant total ne pourra excéder quinze millions. L'état en sera imprimé tous les ans.

38° La nation se chargeant de pourvoir aux dépenses personnelles du souverain, ainsi qu'à celles de la couronne et de l'Etat, la loi de l'inaliénation des domaines sera entièrement révoquée, et en conséquence toutes les possessions domaniales *immédiatement sous la main du roi, et celles qui sont déjà engagées, même les forêts du roi*, seront vendues *autant qu'il sera possible*, et aliénées par portions peu étendues, et par la voie des adjudications publiques au plus offrant et dernier enchérisseur, pour, le produit en être employé à la libération de la dette de l'Etat.

A l'égard des forêts domaniales soit que le roi en conserve la propriété ou qu'il l'aliène, elles seront toujours régies et administrées, ainsi que tous les bois du royaume, quels qu'en soient les propriétaires, suivant les dispositions de la loi de 1669.

L'exécution de cette loi sera confiée aux Etats provinciaux, qui poursuivront la punition devant les juges ordinaires.

39° Les apanages seront supprimés et remplacés pour les princes qui les possèdent, par un traitement réglé en argent, qui fera partie des dépenses de la couronne. Les Etats généraux prendront en considération les échanges qui ne sont pas encore vérifiés et terminés.

40° Les ministres et tous les agents du gouvernement seront responsables aux Etats généraux de leur conduite ; ils pourront être accusés, selon les formes qui seront déterminées, et condamnés aux peines qui seront fixées par la loi.

41° Tous les états et tous les comptes particuliers et généraux relatifs à l'administration seront imprimés tous les ans et rendus publics.

42° Il sera fait une nouvelle subdivision de toutes les provinces du royaume. Il y sera créé des Etats provinciaux dont tous les membres, même le président, seront électifs. La composition et le régime des Etats provinciaux seront uniformes par tout le royaume, et fixés par les Etats généraux.

43° Tous les membres des assemblées municipales des villes et des campagnes seront électifs. *Ils pourront être choisis parmi les citoyens de tous les ordres.* Tous les officiers municipaux actuellement existants seront supprimés, et il sera pourvu à leur remboursement par les Etats généraux ; et le règlement qui interviendra sur cette matière sera arrêté par les Etats généraux.

44° Tout homme ayant la faculté d'élire et d'être élu dans les diverses assemblées municipales ou nationales aura le droit de citoyen français.

45° Le droit d'aubaine sera supprimé à l'égard de tous les peuples du monde. Tout étranger, après trois ans de résidence dans le royaume, jouira de tous les droits de citoyen.

46° Les députés des colonies françaises en Amérique et dans l'Inde, qui forment une partie si importante de l'Empire, seront admis, si ce n'est aux prochains Etats généraux, du moins à ceux qui suivront.

47° Les restes de la servitude de la glèbe ou personnelle, qui subsistent encore dans quelques provinces, seront abolis.

48° Il sera fait de nouvelles lois en faveur des Nègres dans nos colonies, et les Etats généraux s'occuperont des moyens de détruire l'esclavage.

49° Les pouvoirs des trois puissances législative, exécutive et judiciaire, seront séparés et soigneusement distingués.

POUVOIR EXÉCUTIF.

50° Il sera statué par la Constitution que le pouvoir exécutif appartient au roi seul *exclusivement*.

51° Le roi disposera de tous les emplois, de toutes les places et de toutes les dignités ecclésiastiques, civiles et militaires *dont il a actuellement la nomination*.

52° Il sera le chef suprême de tous les tribunaux, et la justice sera rendue en son nom.

53° Il enverra et recevra les ambassadeurs.

54° Il fera la paix et la guerre.

55° Il aura seul le droit de faire battre monnaie.

56° Il nommera ses ministres et tous les agents du gouvernement.

57° Tous les Etats provinciaux ou leurs commissions intermédiaires, recevront ses ordres, auxquels ils seront toujours obligés de se soumettre provisoirement.

58° Le roi fera rendre en son conseil des arrêts d'administration ou de police, mais ils ne pourront jamais changer, modifier ni interpréter les lois nationales sanctionnées par les Etats généraux et par le roi. Les arrêts du conseil seront communs à tout le royaume.

59° La personne du roi sera à jamais sacrée et inviolable;

il ne sera comptable ni de ses actions ni d'aucunes malversations de ses ministres ou autres agents du gouvernement, qui sont ou seront responsables en leur nom.

60° Son consentement à tous les projets de lois approuvés par les Etats généraux sera nécessaire pour leur donner force de loi du royaume. Il pourra rejeter toutes les lois qui lui seront présentées, sans être tenu de faire connaître les motifs de son refus.

61° Lui seul aura le droit de convoquer, proroger et dissoudre les Etats généraux.

62° Il pourra disposer, sans en rendre aucun compte, des sommes qui lui auront été offertes par les Etats généraux pour les dépenses de sa maison et pour celles des princes et princesses de sa famille.

POUVOIR JUDICIAIRE.

63° La vénalité des charges de judicature sera supprimée aussitôt que les circonstances le permettront, et il sera pourvu au remboursement des propriétaires.

64° Il sera établi dans les provinces autant *de cours* ou de tribunaux supérieurs qu'il y aura d'Etats provinciaux. Ils jugeront en dernière instance, excepté dans certains cas prévus par la loi, pour lesquels il pourra être appelé de tous ces tribunaux à une Cour suprême de révision, qui sera établie à Paris, *mais l'appel ne sera que sur la cassation du Conseil du roi.*

65° Toutes les justices seigneuriales d'exception *et de privilège* ou d'attribution des eaux et forêts, de capitaineries, seront supprimées.

66° Tous les droits de *committimus* ou d'évocation, qui tendent à favoriser quelque classe de citoyens au préjudice de tous, seront abolis.

67° Il n'y aura que deux degrés de juridiction.

68° L'intervention des jurés ou pairs dans tous les tribunaux devant rendre l'administration de la justice plus facile et plus simple, les juges de tous les tribunaux seront réduits au plus petit nombre qu'il sera possible.

69° Les juges des tribunaux intérieurs et conseils supérieurs des provinces seront nommés par le roi, sur la présentation de trois sujets, qui lui sera faite par les Etats provinciaux.

70° Les juges de la Cour suprême de révision seront également nommés par le roi sur la présentation de trois sujets, qui lui sera faite par les Etats généraux.

71° Il sera attribué des émoluments à tous les juges.

72° Les juges de tous les tribunaux seront tenus de se conformer à la lettre de la loi, sans qu'ils puissent jamais se permettre de la changer, modifier ou interpréter.

73° Les rétributions des officiers subalternes de la justice seront fixées à un taux modéré et clairement énoncé, et ils seront condamnés à une amende du quadruple de ce qu'ils auront reçu, lorsqu'ils auront exigé un salaire supérieur à la taxe.

74° La puissance législative étant incompatible avec la puissance judiciaire, jamais aucun juge ne pourra être à l'avenir nommé député aux Etats généraux, à moins qu'il ne se démette de sa place de juge ;

75° La suppression des aides, gabelles, tailles et autres impôts de la même nature, et la nouvelle forme de comptabilité qui sera exercée par les Etats généraux seuls, rendant inutiles les fonctions des cours des aides, chambre des comptes, des bureaux des finances et des élections ; ces cours, ainsi que celles des monnaies et le grand conseil, seront supprimées, et il sera pourvu au remboursement des charges des officiers qui les composent.

76° La juridiction des intendants de provinces sera également supprimée ; eux-mêmes ne seront conservés que comme commissaires du roi auprès des Etats provinciaux, sans aucune autre fonction ni juridiction.

77° Les Etats généraux s'occuperont à rendre les poids et mesures uniformes par tout le royaume. Telles sont les bases d'une constitution fondée sur les principes éternels de la justice et de la raison qui seuls doivent régler désormais le gouvernement du royaume. En les adoptant, on verra disparaître toutes les prétentions fausses, tous les privilèges onéreux, tous les abus dans tous les genres. Déjà un grand nombre de bailliages ont énoncé leur vœu sur les réformes et les suppressions dans toutes les parties de l'administration. La nécessité de ces grands changements a été démontrée d'une manière si évidente qu'il suffira de les indiquer.

78° Les députés de la prévôté de Paris aux Etats généraux seront chargés de se réunir à tous les députés des autres provinces, pour concerter avec eux et déterminer, aussitôt qu'il sera possible, toutes les suppressions suivantes : de la taille, de la gabelle, des aides, de la ferme du tabac, du contrôle des actes, du droit de franc-fief, des droits sur les cuirs, de la marque des fers, des droits de province à province, des droits de foires et marchés ;

Enfin de tous les impôts onéreux et oppressifs, soit par les formes et les frais de perception, soit parce qu'ils sont supportés presque uniquement par les cultivateurs et par les classes les plus indigentes du peuple ; ils seront remplacés par d'autres impositions plus simples et plus faciles à percevoir, et qui seront communes à toutes les classes, à tous les ordres de l'Etat sans exception ;

79° Ils demanderont encore la suppression des capitaineries, du code des chasses, des justices prévôtales, des banalités, des péages, des commandements et des gouvernements inutiles des villes et des provinces ;

80° Ils demanderont la suppression des dîmes et leur conversion en une redevance pécuniaire évaluée d'après le prix du blé et celui du marc d'argent, en élevant successivement cette même redevance en proportion de l'augmentation combinée du blé et du marc d'argent.

81° Ils solliciteront l'établissement de greniers publics dans les provinces sous la surveillance des Etats provinciaux, afin de prévenir par des approvisionnements faits dans des années abondantes, la disette et l'extrême cherté des grains que nous éprouvons aujourd'hui.

82° Ils solliciteront encore l'établissement d'écoles gratuites dans toutes les paroisses de campagne.

83° Ils demanderont en faveur du commerce la suppression de tous les privilèges exclusifs ;

Le reculement des barrières aux frontières extrêmes ;

La liberté la plus complète pour les achats et les ventes ;

La révision et la réforme de toutes les lois relatives au commerce, et, en faveur des manufactures, des encouragements de toute espèce : des prix, des primes, des avances, des récompenses aux artistes et aux ouvriers, pour les inventions utiles dont ils seront les auteurs.

Les communes de Versailles désirent que les prix et les récompenses soient toujours préférés aux privilèges exclusifs qui éteignent l'émulation et diminuent la concurrence.

84° La suppression des entraves multipliées, des marques et des droits, des inspections, des vexations et visites, auxquelles plusieurs manufactures et surtout les tanneries sont assujetties.

85° Ils demanderont que les ecclésiastiques en général ne devant s'occuper d'aucune affaire temporelle, il soit fixé un revenu honnête et proportionné à leur dignité, à tous les Evêques, Archevêques et bénéficiers sans exception ; qu'ainsi tous les biens du clergé dans chaque province soient vendus, sous la surveillance des Etats provinciaux, qui s'obligeront de faire payer aux pourvus de bénéfices les sommes qui auront été réglées pour chacun d'eux par les Etats généraux.

86° Que dans le cas où cette suppression ne serait pas ordonnée, il soit réglé :

Qu'aucun ecclésiastique ne pourra plus posséder à la fois deux bénéfices, et que tous les possesseurs actuels de deux ou de plusieurs bénéfices seront tenus d'opter et de déclarer dans un délai prescrit celui qu'ils jugeront à propos de conserver.

87° Il en sera de même de tous les emplois civils et militaires qui ne pourront pas être cumulés sur la même tête.

88° Que toutes les abbayes commendataires, les bénéficiers sans fonctions, les couvents inutiles soient *supprimés*, et les biens, qui en dépendront, soient vendus au profit de l'Etat, et leur prix employé *soit à la fondation de revenus fixes en faveur des vicaires et à l'établissement des écoles dans les paroisses, soit* à la liquidation de la dette publique.

89° Ils demanderont la résidence continuelle des Archevêques, des Evêques dans leurs diocèses, et des bénéficiers dans leurs bénéfices, et qu'il ne soit plus permis de *résigner*.

90° Aucun ecclésiastique ne pourra plus être promu au sous-diaconat avant l'âge de 25 ans.

91° La profession en religion n'aura lieu qu'à 25 ans révolus pour les filles, et à 30 ans révolus pour les hommes.

92° Il sera défendu de recourir à la Cour de Rome pour les provisions, nominations, bulles et dispenses de tout genre : chaque Evêque devant exercer dans son diocèse *les pleins pouvoirs en cette partie*, toute la plénitude des pouvoirs spirituels ;

93° Les emprunts faits par le clergé pour s'affranchir de la portion contributoire aux impôts qu'il aurait dû supporter, seront acquittés par lui, parce qu'ils forment sa dette personnelle ; les emprunts qu'il aura faits pour le compte du gouvernement, seront compris dans la dette royale et ajoutés à la dette nationale.

OBJETS DIVERS

94° Les ordonnances concernant la garde du roi seront prises en considération en ce qu'elles détruisent les sages précautions de Louis XIV, pour la sûreté de sa personne et les règlements qu'il avait faits relativement à sa garde.

95° Le vœu unanime des citoyens est que les punitions barbares adoptées des nations étrangères, qui sont prescrites par les nouvelles ordonnances *militaires*, soient supprimées et remplacées par des lois pénales plus conformes au génie de la nation. — Ces ordonnances ont causé un découragement général dans toutes les troupes, découragement qui s'étend jusqu'au capitaine et lieutenant-colonel. Ce qui est prouvé invinciblement par les désertions multipliées des soldats, et par la quantité prodigieuse d'officiers qui demandent à se retirer.

96° La noblesse sera maintenue dans tous ses droits honorifiques, mais elle ne pourra exercer le droit de chasse que sur ses propriétés, et non sur celles de ses vassaux ou censitaires.

97° Les députés demanderont les suppressions suivantes : *des franchises et exemptions*, du privilège des maîtres de postes, sauf à leur accorder une indemnité relative et pécuniaire, qui sera réglée par les Etats provinciaux ;

Du privilège exclusif des messageries ; elles continueront néanmoins le service public, mais en concurrence avec tous les particuliers qui jugeront à propos d'établir des voitures publiques, et qui y seront encouragés ;

Des monts-de-piété ;

De toutes les loteries ;

De la caisse de Poissy ;

De tous les droits, de telle nature que ce soit, sur les grains et farines.

98° Ils solliciteront *le maintien de la liberté entière du commerce et du transport*, la liberté de l'importation et exportation des grains et farines entre toutes les provinces du royaume ; *que la loi qui interviendra, soit regardée comme loi fondamentale à laquelle il ne sera permis à aucune Cour ni à aucun juge de contrevenir* ;

99° La rédaction d'un nouveau code criminel, dans lequel on s'occupera plus des moyens de faciliter la justification de l'accusé que sa condamnation ;

100° La rédaction d'un code civil qui, en supprimant les formes minutieuses, en établisse d'assez sages pour concilier la brièveté des jugements et les délais nécessaires pour une défense légitime.

101° La formation d'un nouveau tarif pour les droits de contrôle, centième denier et autres, s'ils sont conservés ; ce tarif contiendra une énonciation si précise de tous les droits, que chaque citoyen puisse connaître par lui-même, et avant de contracter, les droits qu'il aura à payer.

102° La suppression de tous droits qui ne se paient point en raison des sommes exprimées, mais en raison des titres ou qualités : la fortune des contractants ou l'objet de leur convention devant être la base de tout impôt.

103° La suppression de tous les droits domaniaux, connus sous le nom de droits réservés, et leur remplacement par une augmentation sur le papier ou parchemin timbré.

104° Lorsqu'un acte volontaire ou judiciaire aura passé entre les mains des agents du fisc pour l'acquit d'un droit, il sera défendu aux fermiers ou régisseurs des droits d'inquiéter les parties ou officiers pour autres ou plus forts droits.

105° L'acquéreur d'un bien immeuble, qui aura rempli toutes les formes établies pour purger les hypothèques, sera également affranchi de tous les droits, de telle nature que ce soit, que son vendeur aurait négligé d'acquitter; en sorte que le fisc n'aura pas plus de droit que les créanciers ordinaires.

106° La suppression absolue de tous arrêts de surséance ou sauf-conduit : le roi ne devant pas protection à un de ses sujets au détriment de l'autre.

107° La défense la plus absolue aux tribunaux supérieurs d'arrêter, par des arrêts ou sentences obtenus sur requêtes non communiquées, ou par telle voie que ce soit, l'exécution des actes de notaires ou des sentences des premiers juges, lorsque la loi en ordonnera l'exécution provisoire, à peine, par les juges, d'être responsables de la dette dont ils auront arrêté le paiement.

108° Dans les procès et instances mises au rapport d'un ou plusieurs juges, l'extrait ou rapport et l'arrêt seront écrits en entier de la main d'un des juges, à peine de nullité de l'arrêt, et l'arrêt ainsi que les sentences des premiers juges seront motivés.

109° La suppression du droit d'attribution accordé au scel du Châtelet de Paris, ainsi que du droit de suite exercée par ses officiers.

110° Les actes de notaires de Paris seront assujettis aux mêmes droits que ceux des autres notaires du royaume, ou à un enregistrement qui en assure la date.

111° Les prêts par billets ou obligations à terme fixe, à intérêts au taux de l'ordonnance, seront permis sans qu'il soit nécessaire d'aliéner le capital.

112° Tous les lieux de refuge pour les débiteurs seront supprimés.

113° Nul négociant ou marchand ne pourra être admis dans aucune assemblée ni corps de ville, lorsqu'il aura demandé des remises à ses créanciers, encore moins, lorsqu'il aura fait une banqueroute frauduleuse ; et il ne pourra être rétabli dans ses droits qu'après avoir acquitté ses dettes en totalité (Les enfants du négociant qui auront été dans ce cas seront privés de la même admission).

Ces derniers mots sont barrés sur le cahier.

114° Les particuliers qui auront fait des billets à ordre seront assujettis à la contrainte par corps;

DEMANDES LOCALES

Qu'il soit établi un grand bailliage ;

Que la charge de grand bailli ne soit pas exclusivement possédée par le gouverneur de la ville ;

Que la juridiction de la prévôté de l'hôtel soit réunie au grand bailliage pour ne faire qu'un seul et même tribunal ;

Qu'il soit établi à Versailles un collège de plein exercice affilié à l'Université ;

Qu'il ne soit conservé que 24 hommes de la compagnie des gardes de la prévôté, dont le service se bornera aux parties extérieures du château, sans aucun droit sur les citoyens;

Que la garde de la ville soit exclusivement confiée aux invalides, de manière que la police soit faite plus régulièrement, plus exactement et plus humainement qu'elle ne l'a été jusqu'à présent ;

Que la ferme du poids du roi soit supprimée ;

Qu'il soit établi dans la ville deux marchés francs, l'un pour le blé et l'autre pour les bestiaux ;

Que l'entretien de ces marchés soit pris sur les octrois de a ville ;

Que les droits de places sur les marchés et dans les rues soient abolis ;

Qu'il soit établi un Hôtel-de-Ville à l'instar de ceux qui existent dans toutes les autres villes de premier ordre ;

Qu'il soit établi des fontaines dans les quartiers de la ville qui en ont besoin, et particulièrement celui de Montreuil ;

Qu'il soit ouvert un canal passant par Versailles ;

Que toutes les marchandises destinées pour cette ville, puissent traverser librement par Paris en passe-debout par terre ou par eau ;

Que toutes les maisons appartenant au Roi dans la ville, et qui ne sont point utiles à S. M. soient vendues.

Les commissaires des communes se sont empressés de satisfaire aux vœux particuliers des habitants des trois paroisses, en réunissant dans un seul chapitre toutes les demandes locales relatives à la seule ville de Versailles ;

Ils proposeront même à l'assemblée de nommer quatre commissaires qui se concerteront avec les officiers municipaux pour en solliciter et en assurer le succès.

(Suivent les signatures).

Nous soussignés, composant l'assemblée du tiers-état de a ville de Versailles, avons approuvé le cahier ci-dessus dans toutes ses parties, suivant qu'il est plus au long exprimé au procès-verbal de cejourd'hui dix-sept avril 1789.

COMMENTAIRE

Sur l'**Enseignement** ou les **petites Ecoles**

Plusieurs cahiers du Bailliage de Versailles et celui de Versailles même expriment des vœux pour que l'on se préoccupe de l'instruction des enfants du peuple.

En général, les cahiers des campagnes n'entrent pas dans de longs détails sur cette matière.

Il ne faudrait pas en conclure que tout était pour le mieux ; loin de là, mais les besoins pressants et les misères de la vie de chaque jour ne permettaient pas de songer à l'instruction, quelque élémentaire qu'elle fût. Il suffisait qu'il y eût un maître d'école ; or, sur le territoire qui a formé le département de Seine-et-Oise, on trouvait dans beaucoup de paroisses un maître et quelquefois une maîtresse d'école.

Il n'en était pas de même dans les provinces éloignées de la capitale.

Cependant, depuis quelques années, une nouvelle école historique a entrepris de combler les lacunes que je signale ici dans quelques cahiers des campagnes. D'après les recherches de ces érudits, non seulement il n'y avait rien ou peu de chose à désirer pour arriver à la perfection sur ce point essentiel, mais la Révolution aurait causé un recul déplorable.

Je n'ai pas l'intention, et d'ailleurs la place me ferait défaut ici, de réfuter les affirmations sans cesse renaissantes de ces écrivains (1).

Il suffira de rapporter quelques vœux pris dans les cahiers du clergé principalement, et sur le territoire de Seine-et-Oise : mais tout d'abord je rapporterai quelques appréciations sur la situation antérieure à 89, pour ce qui concerne les petites écoles.

En 1753, de la Poix de Fréminville publia la *Pratique universelle*. Dans le tome III, p. 153, il pose cette question : *Ne doit-il pas y avoir des écoles dans chaque paroisse pour apprendre à la jeunesse à lire, et les instructions nécessaires ?*

Puis l'auteur entre dans de longues explications historiques, et ajoute : « Ces motifs devraient engager tous les seigneurs dans leurs paroisses à y établir des maîtres et des maîtresses d'écoles, et à seconder les vues salutaires de S. M., parce que l'on peut dire, à la honte des seigneurs, que non seulement dans les paroisses et villages, mais même dans la plupart des petites villes, à peine peut-on trouver une personne qui sache écrire, et qui soit capable d'exercer le moindre office tendant à l'utilité publique.

« Le défaut d'instruction y fait une disette de sujets d'autant plus déplorable que l'ignorance, l'oisiveté et le libertinage en sont le fruit. M. le comte de Chabanne, seigneur de La Palisse, a donné 100 livres de rente aux habitants de sa terre pour contribuer aux gages d'un maître d'école, etc.

« Il serait à désirer que tous les seigneurs en fissent de même. Il est vrai qu'il conviendrait de soulager le peuple de cette charge ; et à cet effet, faire revivre les anciennes lois qui voulaient que les fonds nécessaires à ces établisse-

---

(1) Pour renseignements complets lire : *l'Instruction publique en France*, d'après les cahiers de 89, par M. Ed. Champion, 1884.

ments fussent pris sur l'Église : ce qui pourrait être reparti sur les abbayes et monastères, et à ce défaut sur les curés, dont beaucoup ont au-dessus de ce qui leur est nécessaire. »

On dira peut-être : mais c'est de l'histoire ancienne cela, dans les trente dernières années qui précédèrent la Révolution, l'enseignement du peuple avait été complètement remanié et amélioré.

Voici une pièce qu'on peut considérer comme un document officiel, un article de cahier :

Dans l'Assemblée paroissiale de l'Ile de France, tenue à Melun en 1787, le 14 août, le Vicomte de Noailles, parlant sur le règlement dit :
« Le soin de diriger et de présider l'assemblée paroissiale est abandonné à un syndic, mais l'inexpérience du plus grand nombre de ceux qui seront pourvus de cet emploi fait craindre qu'ils ne puissent maintenir l'ordre ;
« Le curé et le seigneur en sont exclus.
« Cependant beaucoup de propriétaires de campagnes, obligés de donner leur avis par la voix du scrutin, *ne sachant ni lire ni écrire*, se trouvent forcés de se confier à des gens qui pourront abuser de leur ignorance, etc. »

Et maintenant voyons les cahiers clergé de Paris (*extra muros*).

Art. 5. — Qu'il soit pourvu à l'établissement de maîtres et de maîtresses d'école dans les paroisses de campagne qui en manquent.

Art. 6. — Que les maîtres et maîtresses d'école soient soumis à l'inspection des curés, et même destituables par eux, s'ils s'acquittent mal de leurs fonctions, sauf le recours aux supérieurs ecclésiastiques, etc.

Je n'ajoute aucune réflexion, c'est au lecteur à porter son jugement.

Le cahier de la noblesse de Paris (hors murs), demande « que l'éducation publique soit rendue nationale ». Quelques explications eussent été nécessaires sur ce terme *nationale :*

Le cahier de Villiers-le-Bel désire :

« Qu'il soit établi des maisons d'éducation supérieure de 10 en 10 lieues, surveillées par les Etats de la province, dans lesquelles maisons on transportera les enfants qui montreront des talents pour les sciences et les arts ; lesquels y seront instruits gratuitement, au moyen d'une portion des biens ecclésiastiques suffisante qui y serait affectée... »

Le clergé de Dourdan dit :

« L'instruction des gens de la campagne étant précieuse à l'Etat, il est à désirer qu'on établisse dans chaque paroisse des maîtres et maîtresses d'école, dont les honoraires joints aux contributions des écoliers en état de payer leur feraient un sort suffisant pour eux et leur famille, lesquels seraient sous la conduite et l'inspection du curé, qui s'assurerait auparavant de leur religion et de leurs talents, et aurait le droit de les renvoyer, s'ils ne répondaient pas à ce qu'on attendait d'eux, sauf à eux de se pourvoir devant le seigneur Evêque : »

Ce cahier parle comme celui de Paris (hors murs) : autorité absolue d'une part, dépendance complète de l'autre ; mais il est évident que ces plaintes et désirs indiquaient qu'il y avait beaucoup à faire.

Dans le cahier du clergé de Mantes et Meulan on lit :

« Les maux dont nous sommes les témoins et qui menacent encore les générations futures nous portent à demander avec instance, pour la conservation de la religion et des mœurs, à S. M. de prendre des mesures efficaces pour rendre à l'instruction publique l'état et l'utilité *dont elle est déchue.*
« Plusieurs des principaux établissements n'existent plus, » etc.

Le même cahier de Mantes et Meulan :

« Dans les mêmes vues de répandre la lumière de tous côtés et d'avancer les progrès de la religion et des mœurs, il sera pourvu à ce qu'il y ait dans chaque paroisse de 100 feux (450 à 470 habitants) un maître et une maîtresse d'école, sous l'inspection du curé, destinés à montrer à lire aux enfants de l'un et de l'autre sexe, qui seront toujours séparés les uns des autres, à les instruire des éléments de la religion et à veiller soigneusement sur leur conduite.
« Le maître d'école sera toujours le clerc du curé, et ne pourra être installé que de son aveu. »

Le clergé d'Etampes demande :

« Qu'il soit établi des vicaires et des maîtres d'école dans toutes les paroisses de 200 feux et au-dessus. »

Une paroisse de 200 feux représentait une population de 900 habitants environ. Ce chiffre indique encore une forte commune aujourd'hui. Il est permis de conclure, d'après les plaintes du clergé d'Étampes, que ces paroisses de 900 habitants n'avaient pas toutes leur maître d'école ; quant aux paroisses inférieures en population, et le nombre en était considérable, que devenaient-elles au point de vue de l'instruction ? Comme la petite commune de Saint-Forget (bailliage de Montfort-l'Amaury) qui écrit :

« Il n'y a point de fonds pour un vicaire, ni pour un maître d'école, qui cependant seraient de la plus grande nécessité pour l'éducation des enfants ;

« De là vient que dans cette paroisse il y a si peu de gens instruits, que dans l'élection des officiers municipaux, à peine peut-on en trouver qui sachent lire et écrire. »

Enfin voici un document de statistique tiré des archives de Seine-et-Oise. En l'an IX, au début du consulat, le ministre Chaptal fit dresser dans tous les chefs-lieux l'état de situation de chaque département, depuis 1789 jusqu'à l'an IX. Le chapitre qui concerne l'instruction publique mérite l'attention.

MAISONS D'ÉDUCATION.

A considérer l'éducation sous le rapport des sciences, le territoire qui forme ce département n'avait pas en 1789 de grandes ressources ; on n'y trouvait qu'une instruction préparatoire, donnée ou chez des maîtres particuliers ou dans deux ou trois collèges assez faibles, disséminés dans toute l'étendue du département.

Il y en avait un à Versailles et un à Pontoise. Le premier était composé de six régents ; l'enseignement ne s'étendait pas au-delà de la langue latine ; les écoliers parcouraient successivement les classes, et n'en sortaient que pour suivre la carrière qui leur paraissait le plus de leur goût, pour aller continuer leurs études à Paris. Le deuxième était composé de cinq professeurs ; leur méthode et leurs résultats étaient à peu près les mêmes qu'à Versailles. Les autres villes n'avaient que des pensionnats tenus par des particuliers ou des religieux, tels que les Barnabites à Etampes.

Dans les campagnes il y avait peu de villages sans un maître d'école, qui savait à peine lire et écrire. Les parents qui voulaient faire donner une instruction plus étendue, qui toujours se bornait aux éléments de la langue latine, plaçaient leurs enfants chez leur curé ; et généralement parlant, l'instruction était très négligée, plutôt par la faute des pères et mères que par le défaut de moyens.

Les deux premières années de la Révolution semblaient annoncer une amélioration dans cette partie.

Les hommes se trouvèrent plus rapprochés, les idées se communiquèrent, les prétentions à participer à l'administration de la chose publique firent sentir le besoin de s'instruire, et l'on s'en occupa davantage.

La suppression des ordres religieux, la dispersion des hommes qui remplissaient les collèges, secondèrent merveilleusement cette émulation. Il s'éleva de toute part dans les villes et les campagnes des maisons d'éducation, au point que les ressources paraissaient au dessus des besoins ; mais l'intérêt arrêta les effets de cette effervescence salutaire ; les parents voulaient bien faire instruire leurs enfants, mais ils ne voulaient pas payer, même les sommes les plus modiques ; et les hommes qui s'étaient destinés à l'enseignement abandonnèrent un état qu'ils avaient embrassé par besoin.

Cependant au milieu des plus fortes tourmentes de la Révolution, on ne cessa de s'occuper de l'instruction publique. On créa des écoles primaires ; tout était ou paraissait être prévu pour que ces établissements eussent un heureux succès, mais l'effet n'a pas bien répondu aux espérances.

On comptait dans ce département soixante-quatre écoles primaires ; chacune devait recevoir les enfants des communes environnantes; mais pendant l'hiver, les enfants restaient chez eux, à cause du mauvais temps et des mauvais chemins. L'été, on les occupait dans les champs. Ainsi les instituteurs voyaient les écoles désertes, les rétributions nulles; et leur salaire, insuffisant pour leurs besoins, rendait leur condition misérable. Elle l'eût été moins dans les communes un peu populeuses, si les opinions n'eussent encore contribué à cet état de choses.

Les instituteurs, appelés primaires, devaient régler leur instruction sur ce qui était prescrit par le gouvernement, et les parents les plus aisés préféraient livrer leurs enfants aux anciens curés qui étaient restés dans leurs communes, et dont l'influence dirigeait encore l'esprit de la plupart des habitants. Aussi les établissements des écoles ne firent que languir et finirent par se détruire entièrement.

Les villes n'eurent pas de plus heureux résultats, quant aux écoles primaires, mais les ressources étant plus grandes, l'instruction en souffrit moins.

Dans les chefs-lieux, l'école centrale acquit d'abord une certaine considération, mais l'opinion et l'esprit de parti, toujours aveugles, empêchèrent que cette institution précieuse, sous une infinité de rapports, n'atteignît le but qu'on s'était proposé.

Les classes de législation, de physique et de chimie, d'histoire naturelle, de grammaire générale, furent peu fréquentées; celles des langues anciennes, de dessin, de mathématiques ont été constamment suivies.

Il fallait pour les premières une portion d'intelligence qui ne pouvait être que le résultat des secondes, et les élèves de celles-ci ne pouvaient profiter des autres qu'après avoir employé plusieurs années à des études préparatoires.

Aussi, comme on l'a dit, les professeurs des langues, des mathématiques et de dessin, étaient les seuls en l'an IX qui eussent un nombre assez considérable d'écoliers.

Il est bon d'observer en outre que les $9/10$ étaient des

écoliers natifs de la ville chef-lieu, et qu'on n'y voyait presque point d'élèves des communes voisines.

Telle était, à l'époque de l'an IX, la situation de l'instruction publique dans ce département, et, en la considérant sous certains rapports, elle avait considérablement gagné sur 1789.

En 1789, et avant cette époque, l'enseignement en général se bornait dans les campagnes à quelques principes de lecture et d'écriture ; les progrès des élèves étaient lents et ils abandonnaient les écoles au moment où la raison les rendait propres à profiter des leçons, Aussi voit-on que les 5|6 des hommes de la campagne, qui ont grandi avant la Révolution, savent à peine signer leur nom ; et l'on voit, malgré l'opinion hasardée de quelques écrivains, qu'il est peu de jeunes gens au dessous de 30 ans qui ne joignent à la science de la lecture et de l'écriture quelque connaissance du calcul.

Si l'on considère ce qui se passe dans les villes, l'avantage sera encore en faveur de l'an IX. L'étude du latin était avant 1789 le complément de l'éducation, et cette science devenait presque inutile pour la majeure partie des jeunes gens qui s'y adonnaient. Elle n'était profitable qu'à ceux qui se destinaient à l'Eglise ou au Barreau ; et dans ce département, peu embrassaient l'un ou l'autre de ces états; mais pendant la période de 13 années de 1789 à l'an IX, l'instruction a surnagé aux tempêtes révolutionnaires. Les sciences exactes, la physique et l'histoire ont pris un essor étonnant. La jeunesse s'y est livrée avec une ardeur incroyable et avec un goût surprenant, aux mathématiques surtout. En sorte que Versailles même, ville si peuplée avant la Révolution, aurait eu de la peine à trouver dans son sein six jeunes gens au dessous de 18 ans, qui eussent les premiers éléments de cette science, tandis que, depuis l'an V jusqu'à l'an IX exclusivement, on a vu plusieurs enfants de 9, 12 et 14 ans, étonner par la précision de leurs réponses et la clarté de leurs démonstrations.

Le nombre des jeunes gens instruits serait bien plus considérable, si le système d'opposition n'eût écarté des écoles publiques cette portion de la jeunesse qui, par la fortune de leurs parents et leur consistance politique, avait toute la facilité possible pour se livrer à l'étude des sciences.

Ainsi, malgré les erreurs de l'opinion, l'instruction a été plus généralement répandue dans ce département; en l'an IX, la nécessité d'acquérir des connaissances a été mieux sentie, et la génération qui s'élève sera plus profondément et plus utilement instruite. On en a pour garant les dispositions des esprits et la sollicitude du gouvernement pour la perfection possible de l'instruction publique.

LE BAILLIAGE ROYAL

DE MEUDON (1)

Meudon avec quatre autres paroisses : Clamart, Chaville, Viroflay et Velizy, formait un bailliage secondaire ressortissant aussi au Parlement de Paris. Il m'a été impossible de remonter à l'origine de cette justice royale. J'ai lu ce que l'abbé Lebœuf a écrit sur Meudon ; je n'ai trouvé que des détails sur l'église, les curés, les princes, les différents seigneurs, etc. Cet écrivain affirme que Rabelais, bien qu'il eût été nommé

---

(1) J'avais l'intention (v. page 6) de donner place au cahier de Viroflay à la suite du bailliage de Versailles ; mais après l'impression de la première feuille, l'archiviste du département, M. Couard-Luys m'a, avec une bienveillance dont je tiens à lui témoigner ici ma gratitude, communiqué le dossier complet des élections primaires du bailliage de Meudon, qu'il venait de retrouver. Je n'en donnerai pas tous les cahiers ; deux ont été reproduits dans les *Archives parlementaires* : le cahier général du bailliage et celui de Clamart. Mais les cahiers de Chaville, de Viroflay et de Vélizy ont droit, en quelque sorte, à demander l'hospitalité à ceux du bailliage de Versailles. Ils vont mêler ensemble, dans ce volume, leurs plaintes et doléances, interprètes des mêmes abus qu'ont soufferts ceux qui les ont rédigés ; et d'ailleurs comme le bailliage de Meudon dépendait du domaine royal, nous demeurons, pour ainsi dire, dans la circonscription du bailliage de Versailles.

curé de cette paroisse, n'y a jamais dit la messe, n'ayant jamais visité l'endroit. Il y avait à Meudon, avant la Révolution, un couvent de capucins, le premier de ces religieux, fondé et bâti par le cardinal de Lorraine, dans la seconde moitié du XVIᵉ siècle. Le marquis de Louvois enrichit encore ce couvent. « On y voit, dit l'*Almanach de Versailles* de 1782, deux châteaux : l'ancien bâti sous Henri II pour le cardinal de Lorraine, par Delorme ; Servien, Letellier et Louvois y ont fait de grands embellissements. Louis XIV acheta Meudon à la marquise de Louvois, l'échangea avec Choisy-sur-Seine, et le donna au Dauphin qui y a fait construire le château neuf, où il mourut en 1711. Le parc très spacieux rejoint celui de Versailles. »

C'est probablement à la suite de cette acquisition de Louis XIV que le bailliage devint royal ; mais pourquoi n'avoir pas réuni cette juridiction à celle du bailliage de Versailles, surtout quand Louis XVI avait joint le domaine de Meudon à celui de Versailles ?

I

CAHIER DE VIROFLAY

Les habitants de Viroflay, pour satisfaire aux désirs du roi, se sont assemblés en communauté, et ont arrêté d'une voix unanime les plaintes, doléances et demandes qui suivent :

Les habitants se plaignent : 1° Que les besoins de l'Etat soient devenus si énormes par toutes les dépenses étrangères qui n'ont point un rapport direct ni à sa conservation, ni à l'utilité commune, par les grandes charges et emplois auxquels sont attachés des revenus immenses, par la solde d'un militaire si nombreux, et qui paraît si peu nécessaire en temps de paix ;

Par les pensions, grâces et bienfaits que la noblesse et tant d'autres personnes attachées à la cour tirent continuellement des mains du souverain ; ce qui s'élève à une somme infiniment disproportionnelle à celle que cette multitude d'hommes paie à l'Etat, quoique ces hommes possèdent les plus grandes propriétés ; par toutes ces compagnies de traitants qui partagent si considérablement les revenus du souverain ; par la vénalité des charges de toute espèce, dont les acquéreurs épuisent le trésor de l'Etat, au moyen des gros intérêts qu'ils savent retirer de leurs avances. Toutes ces grandes parties de dépenses ne sont point nécessaires à l'Etat, elles sont au contraire une cause d'accroissement de ses besoins, et d'augmentation d'impôts pour le peuple ;

2° Que les habitants des campagnes, qui ont très peu de propriétés, qui ne sont la plupart que fermiers des terres qu'ils cultivent, et pour lesquelles ils paient de forts loyers, qui n'ont généralement aucuns moyens de se faire quelques profits avantageux, portent seuls la plus grande charge des impôts, qu'ils en soient accablés, et ce, en grande partie pour les causes énoncées en l'article 1ᵉʳ ci-dessus ;

3° Que les impôts soient établis sur eux sans leur participation, sans celle même des collecteurs, quoiqu'il soit porté dans toutes les ordonnances à ce sujet, que les rôles des impositions seront faits par les collecteurs, quoiqu'il soit porté annuellement sur les rôles, sur ceux mêmes de cette année, qu'ils sont faits par eux ; il est certain que depuis plus de vingt ans lesdits collecteurs, et les habitants de leur paroisse, n'ont aucune part à la confection desdits rôles, mais qu'ils sont faits et arrêtés par un commissaire de l'intendant, et par conséquent à l'arbitre et volonté dudit intendant. D'où les taxes trop fortes, les impôts dont on ne connaît pas ni la légalité, ni la quotité, ni la juste base de répartition. Tels sont les deux portés sur les rôles sous la dénomination de *cote personnelle* et du *second brevet*, lesquels peuvent faire aujourd'hui le tiers des impositions de leur paroisse, et desquels aussi la répartition, faite sans doute à l'arbitre fiscal, est reconnue la plus injuste et la plus odieuse ; d'où la capitation, qui ne devrait être payée qu'une fois par tête, selon son établissement, et qui ne devrait pas l'être par les pauvres, est cependant aujourd'hui imposée sur tous les habitants, même sur lesdits pauvres, et payée plusieurs fois par les mêmes personnes, si elles ont des propriétés dans différentes paroisses. Cette capitation, attendu sans doute le vice de sa répartition, reçoit continuellement des augmentations telles qu'elle est maintenant presque aussi considérable que la taille pour les habitants de leur paroisse. D'où les réimpositions des non-valeurs injustement réparties sur ceux qui ont déjà payé leur contribution; et tous ces impôts, qui deviennent si onéreux par les moyens arbitraires et illicites, s'accroissent encore par les frais continuels des garnisons (garnisaires) qui, par leur suite, sont elles-mêmes une des plus cruelles vexations pour les habitants des campagnes. D'où encore une augmentation de 653 liv. 12 s. 4 d., qui leur a été faite cette année sans qu'ils en aient faite aucune dans leur jouissance, dans cette année où la remise entière de leurs impôts ne les dédommagerait pas des pertes qu'ils ont éprouvées;

4° Que leur territoire, étant entouré de bois et placé au milieu des plaisirs du roi, ils éprouvent annuellement dans leurs récoltes les plus grandes pertes et dommages, à cause des bêtes fauves, du gibier et des chasses; qu'il est particulièrement un canton où l'on cultive les légumes, dont lesdites pertes et dommages sont inappréciables; lesdites bêtes fauves et gibier venant jusqu'aux portes des cultivateurs, ravager les fruits de leurs sueurs et de leurs travaux, malgré la garde continuelle que paient lesdits habitants, et qui veille toutes les nuits pour les exécuter : cette garde est encore pour eux un véritable impôt. Et si l'on fait attention que S. M. fait toujours sur leur territoire sa première chasse au tiré avec une suite très nombreuse d'hommes et de chevaux, et dans un temps où une grande partie des grains est encore sur terre, qu'immédiatement après, et pendant un mois entier, toutes sortes de personnes chassent sur le même territoire, et foulent journellement aux pieds les fruits précieux de leurs labeurs; si l'on considère aussi que les ordonnances de capitaineries sont une cause réelle de ruine pour eux, tant par les gênes qu'elles mettent à leur culture que par la grande faveur qu'elles donnent à l'entretien, conservation et multiplication du gibier, le plus cruel destructeur de leurs récoltes; si l'on fait donc attention à ces objets, on jugera facilement que les pertes et les dommages qui en sont les suites, sont encore des plus considérables;

5° Que le territoire de leur paroisse ayant été diminué des deux tiers environ, lesquels ont été pris pour être plantés en bois et pour former le haras des chevaux du roi, lesdits habitants voient aujourd'hui leur culture et leurs produits également diminués en même proportion, ce qui est une perte réelle pour l'agriculture et pour la population actuelle de leur paroisse, qui ne peut plus s'occuper et se nourrir du fruit des mêmes terres qui ont fait vivre leurs pères ;

6° Que la corvée remplacée par un impôt sur les habitants des campagnes est injuste, et que cet impôt peut ouvrir la porte à de nouvelles vexations, vu que les habitants des campagnes sont par là chargés presque seuls de la confection et de l'entretien des grands chemins, qui servent en plus grande partie au roulage des voitures du commerce et des carrosses des grands ; et que cet impôt paraît encore devoir être réparti à l'arbitraire des intendants ;

7° Que la milice, dont le roi ne retire aucun service depuis plus de vingt ans, est cependant une charge onéreuse pour les campagnes, par les pertes de temps, les frais qu'elle cause et les sommes particulières qu'elle en tire pour les faire passer dans les mains de l'intendant ;

8° Qu'ils soient obligés de manger le pain à un si haut prix, qu'ils ne puissent se procurer le nécessaire de ce premier aliment de l'homme, auquel la nature et leurs travaux leur donnent un droit si incontestable, et cela, à cause de cet art si inhumain et plus que barbare des monopoleurs, qu'on peut regarder comme de vrais homicides du malheureux peuple de la France, et non à cause de la disette de cette denrée, puisque dans la saison où nous sommes, les granges et greniers sont encore remplis, et qu'on assure qu'il y a même des magasins, et que les enlèvements se continuent ;

Qu'ils souffrent également encore des droits établis sur les gabelles, vins, cuirs et autres objets de première nécessité.

DEMANDES DES MÊMES HABITANTS.

1° Que les Etats généraux s'occupent sans délais du monopole des grains, qu'ils en recherchent soigneusement les auteurs, qu'ils décernent avec le roi contre eux des peines et des supplices proportionnés à l'énormité de leurs crimes, et qu'ils établissent les lois les plus sévères afin de détruire à jamais ce crime si destructeur de l'espèce humaine, et cette race d'hommes si justement digne de la vengeance du souverain, contre lequel ils auraient soulevé tant de fois les peuples, si les Français n'étaient si fortement attachés à leur roi, et de la haine et de la malédiction de ces mêmes peuples, dont ils sont les plus cruels ennemis ;

2° Que lesdits Etats généraux connaissent et déterminent bien positivement quels sont les vrais besoins de l'Etat auxquels la nation doit contribuer. On pense que, après la conservation de l'Etat contre les incursions des ennemis, et le maintien de la sûreté à l'intérieur, il ne peut guère en exister d'autres ;

3° Que les habitants des campagnes ne supportent à l'avenir les impôts que comme tous les autres sujets du royaume, sans exception ni privilèges quelconques, en raison de leurs moyens et de leurs propriétés ;

4° Que les impôts reconnus nécessaires ne soient jamais mis que du consentement de la nation représentée par les Etats généraux, et qu'ils ne soient répartis sur les paroisses et communautés des campagnes qu'au su et avec la participation desdits habitants, qui en feront ladite répartition en présence d'un commissaire qui serait envoyé par les Etats provinciaux, dont on espère et demande l'établissement ; que lesdits impôts soient simplifiés et réduits à un seul, s'il est possible, pour les habitants de la campagne, et que la voie de perception soit aussi simple et sans frais ; que les non-valeurs ou défauts de paiement ne retombent jamais à la charge des autres habitants qui auraient payé leurs contributions, et que les sommes n'en soient jamais réimposées les années suivantes sur les rôles ; qu'on n'use plus de contraintes si inhumaines contre les malheureux redevables, qui peuvent se trouver dans l'impossibilité de payer ;

5° Que leurs récoltes et fruits leur soient entièrement garantis des bêtes fauves, du gibier, de tous les dégâts des chasses, des suites fâcheuses de l'institution des capitaineries, et que pour y parvenir, le roi soit supplié de vouloir bien faire entourer ses bois limitrophes de leurs terres de palis convenables ; que les capitaineries soient entièrement supprimées comme choses purement vexatoires et destructives des progrès et fruits de l'agriculture, enfin comme contraires aux droits sacrés des propriétés ;

6° Que les diminutions de terre faites à leur dit territoire soient réparées, autant que faire se peut, qu'il leur soit donnée par là une plus grande extension à leur agriculture, à leurs travaux et à leurs jouissances ;

Observeront ici lesdits habitants que, si les bois sont nécessaires, les grains le sont encore davantage ; que l'agriculture comme mère nourrice de l'espèce humaine, et même de tous les animaux utiles, devrait avoir toujours la préférence ; qu'il serait de la sagesse et de l'intérêt du gouvernement d'assurer cette préférence, de donner, où il serait possible, à chaque communauté ou paroisse de campagne, une étendue au moins suffisante de terre pour en occuper et nourrir les habitants, en raison de leur population, ce qui cependant n'a point lieu pour celles des environs de Paris et de Versailles, et particulièrement pour la leur, dont une si grande partie des terres est condamnée, par les faits ci-dessus notés, à ne plus porter des productions nutritives et de première nécessité ;

7° Qu'ils soient déchargés de la corvée et de l'impôt qui le remplace ; demandant aux Etats généraux de pourvoir à de plus justes répartitions des dépenses qu'exigent la confection et entretien des chemins publics ;

Que les habitants ne soient tenus d'y contribuer que concurremment avec les autres citoyens, et toujours en proportions de leurs moyens et facultés, vu que ces dits chemins sont faits pour l'usage et service de tous ;

8° Que la milice soit supprimée comme entièrement inutile en temps de paix, vexatoire et ruineuse cependant pour les habitants des campagnes ;

9° Que le brevet général d'imposition pour les 24 généralités étant arrêté au conseil du roi, sans qu'il puisse y être fait aucune augmentation, selon les ordonnances de 1780 et 1781, autrement que par arrêt ou édits duement enregistrés, que par conséquent le brevet particulier de la généralité de Paris est arrêté d'une manière fixe ; et qu'il n'a pu changer et être augmenté depuis les dites années, puisque l'on n'en connait aucune autorisation ;

Que, contre la disposition desdites ordonnances, leur paroisse a reçu l'augmentation ci-dessus marquée ; ce qui doit donner des alarmes auxdits habitants, et leur faire craindre quelque hausse secrète et illicite.

Les habitants, pour s'en assurer et se tranquilliser à ce sujet, proposeraient à toutes les communautés et paroisses, sur lesquelles portent ces impositions, de présenter aux Etats généraux avec leurs cahiers l'état détaillé de leurs impositions pour la présente année, afin que les susdits Etats généraux, que l'on engage de s'occuper de cet objet, puissent vérifier si l'ensemble et le total de ces contributions partielles est entièrement conforme au brevet des impositions de la généralité de Paris, montant à la somme de 3,136,381 liv. 16 s. La paroisse de Viroflay est chargée cette année de 4,139 liv. 14 s. 10 d., sans y comprendre les vingtièmes et la corvée.

Les habitants de Viroflay, après avoir exposé leurs plaintes et doléances particulières, croient devoir y joindre leurs demandes générales, concernant les suppressions, changements et établissements, qu'ils voient propres à opérer le bonheur de l'Etat et de chacun en particulier.

DEMANDES GÉNÉRALES.

1° Ils demandent lesdits habitants que les Etats généraux assemblés commencent par supprimer tous les impôts existants comme illégaux, mais qu'ils les recréent aussitôt provisoirement pour subvenir aux dépenses actuelles de l'Etat, jusqu'à ce qu'ils aient avisé à un juste établissement d'impôts, et à une répartition simple et proportionnelle aux facultés des citoyens ; ce qu'ils feront avant de quitter l'Assemblée ;

2° Que l'on délibère par tête, tant qu'il y aura trois ordres dans l'Etat ;

3° Que l'on supprime les lettres de cachet et les prisons d'Etat ;

4° Que l'on abolisse les droits d'annates, de bulles et de dispenses, en Cour de Rome, comme onéreux à la nation ;

5° Qu'il soit permis à tout cultivateur de détruire, sans se servir d'armes à feu, tout gibier qu'il trouvera sur son héritage;

6° Que l'on réforme le code civil et criminel, que toutes les précédures soient claires, précises et publiques, et que les juges soient tenus de motiver leurs jugements, et qu'il soit loisible à tout particulier de plaider lui-même sa cause en justice ;

7° Que les peines soient proportionnées aux délits des coupables, et qu'elles soient infligées également à toutes personnes, sans aucun égard de titres et de qualités ;

8° que l'on établisse des peines sévères contre les banqueroutes reconnues frauduleuses, et que l'on abolisse les lettres de surséance, comme une ressource injuste des gens de mauvaise foi ;

9° Qu'à l'avenir la noblesse soit personnelle et non héréditaire ;

10° Que l'on abolisse la traite et l'esclavage des nègres ;

11° Que l'on détruise la vénalité des charges, qui donne

tous les emplois aux hommes qui pourraient le plus aisément s'en passer pour vivre, puisqu'elle les donne à ceux qui ont de l'argent ; que ces charges soient électives, et que tout citoyen puisse y parvenir, sans y apporter d'autre prétention que son mérite personnel ;

12° Que l'on supprime les privilèges exclusifs des compagnies de commerce, des manufactures, des maîtrises, des voitures publiques, pour ouvrir au peuple de nouveaux moyens de subsistance, et rétablir la concurrence, source d'industrie et d'émulation ;

13° Que l'on établisse la liberté de la presse, sous la loi que chaque écrivain sera tenu de signer son manuscrit ;

14° Que l'on supprime les loteries ;

15° Que l'on supprime la mendicité, en établissant des asiles pour les pauvres hors d'état de travailler, et des ateliers de travaux convenables pour les autres ;

Les fonds nécessaires pour ces établissements pourraient se prendre sur les revenus de quelques riches abbayes et communautés religieuses, qui pourraient fournir aussi des maisons pour lesdits asiles et ateliers ;

16° Que l'on recule les barrières aux frontières du royaume pour ôter les entraves du commerce ;

17° Que l'on supprime les cinq grosses fermes et par conséquent les fermiers généraux ;

18° Que l'on établisse dans chaque province des magasins pour les blés, à l'effet de prévenir les disettes ; que l'on ne permette l'exportation que du superflu desdits magasins, et que cet établissement soit dirigé par les Etats provinciaux ;

19° Que l'on établisse les mêmes poids et les mêmes mesures par tout le royaume ;

20° Que les intendants soient absolument supprimés, et que leurs parties d'administration soient confiées aux Etats provinciaux ;

21° Que toute communauté puisse retirer à volonté ses députés sans être tenue d'en rendre compte ;

22° Que les Etats généraux fixent au terme de trois ans

leur retour périodique ; qu'ensuite ils élisent parmi eux un certain nombre de députés de chaque province pour les représenter jusqu'à leur prochaine tenue, et pour former un Conseil national, chargé de la caisse de la nation, dont ils feraient connaître la situation annuelle par un état imprimé.

Ce Conseil national serait responsable de sa conduite à la nation assemblée aux premiers Etats généraux.

Cette forme ne paraît-elle pas remplir le vœu de la nation, en rendant en même temps les Etats généraux périodiques et permanents ?

Fait et arrêté en l'assemblée du tiers-état de la paroisse de Viroflay, cejourd'hui, 16 avril 1789. Ont signé :

> Lançon. — Vaudron. — François Hacquin. — Foulon, maître d'école. — Linard. — Meunier. — Bourgeois. — Antoine Hacquin. — Bosselet. — Camax. — Bréant. — Gaumont. — Perrin. — Boudet. — Ragaigne. — Crépinet. — Girard. — Daudigni. — Jean-François Germain. — Gaumont. — Germain, le jeune. — Pierre-Denis Vaudron. — Denis Tarasse.

Ce cahier fut porté à Meudon, bailliage royal, par les députés Jean-François Germain, Denis Vaudron et Denis Tavau (qui ne sait signer).

> Hénault, bachelier en droit, président,
> Procureur du roi au bailliage, pour le bailli absent.

Assemblée tenue dans l'église paroissiale au banc d'œuvre.

Le maître d'école Foulon a écrit le cahier dont l'écriture est bonne, mais l'orthographe peu correcte.

La paroisse accusait 225 feux ; en 1787, elle en reconnaissait 187.

II

CAHIER DE VELIZY

Aujourd'hui, jeudi 16 avril, sont comparus en la salle de l'assemblée de la paroisse par devant nous Nicolas Hénault, etc :

Les sieurs Cyprien Plet, laboureur fermier de la ferme de l'Hôtel Dieu de Villacoublay, syndic municipal de la municipalité de Velizy ; François-Louis Chapelle, fermier du château de la ferme de Villacoublay, membre de la municipalité ; Jean-Claude Coquillard, fermier de la ferme de Velizy, secrétaire de ladite municipalité ; Toussaint Regnault, laboureur ; Louis Legrand, journalier ; *François Guibet*, marchand épicier. — 5 signatures dont une mauvaise.

Doléances et plaintes de la Paroisse de Velizy, faites en conséquence des lettres de convocation, etc., lesquelles ont été arrêtées unanimement telles qu'il suit :

Que les députés aux Etats généraux demandent avec instances :

1° La simplification des impôts ;

2° L'établissement d'un impôt qui supplée à tous les autres : l'impôt territorial paraît remplir cet objet ;

3° Suppression des aides et gabelles, comme servant de moyens de vexer les sujets du roi ;

4° Pleine liberté de commerce dans tout le royaume ;

5° Qu'il soit fait dans chaque généralité un bordereau des impositions de chaque paroisse, pour être mis sous les yeux, et vérifié par les Etats généraux, pour qu'il ne soit pas permis d'augmenter sous quelque prétexte que ce soit ;

6° Qu'il soit établi une forme de justice, tant pour le civil que pour le criminel, plus facile, moins onéreuse et moins lente ;

7° Qu'il soit pourvu aux besoins des pauvres de chaque paroisse, par un revenu relativement à sa population, et qu'il en soit pris les noms par le syndic, pour que chaque pauvre soit forcé de résider dans sa paroisse, et qu'il n'y ait plus lieu aux vagabonds ;

8° La suppression des capitaineries ;

9° La suppression des remises à travers les plaines, et la réduction des routes de chasse au travers les plaines ;

10° Destruction du gibier et surtout du lapin ;

11° Destruction des colombiers ;

12° Qu'il soit permis aux cultivateurs de nettoyer leurs champs et de les dépouiller à leur volonté ;

13° Qu'il soit fait des baux, le moins de 15 à 18 ans ;

14° Que tous les baux tant de main-morte qu'autres aient leur durée même après leur mort ;

15° Qu'il soit insisté surtout qu'il ne soit fait aucun transport de blé hors le royaume, que son approvisionnement soit assuré au moins pour trois ans ;

16° Que surtout les députés aux Etats généraux s'occupent avant toute chose, à connaître les besoins, les charges et les dettes de l'Etat, pour y pourvoir sûrement et surveiller à l'emploi des impôts que les Etats généraux accorderont.

Fait et arrêté en l'Assemblée du tiers-état de Velizy, ce jourd'hui 16 avril 1789.

Les mêmes cinq signatures :

Chapelle a dû écrire le cahier.

Les députés furent : Jean-Cyprien Plet et Coquillard.

L'écriture du cahier est mauvaise, avec des fautes qui annoncent peu d'instruction.

La paroisse comptait 27 feux, environ 123 habitants.

III

CAHIER DE CHAVILLE

Cahier des doléances, plaintes et remontrances du tiers-état de la paroisse et communauté de Chaville, fait et rédigé en l'assemblée générale du tiers-état tenue et convoquée au son de la cloche audit lieu de Chaville, en exécution de l'ordonnance de M. le bailli royal de Meudon, du 10 avril présent mois, et pour satisfaire à la lettre du roi pour la convocation des Etats généraux, le règlement y annexé, des 24 février et 28 mars derniers.

Art. 1er. — Le tiers-état de la susdite paroisse, animé de tout temps d'amour et de respect envers Sa Majesté, ne désire rien tant que de faire éclater sa reconnaissance envers elle, de ce qu'elle a bien voulu assembler les Etats généraux de son royaume, et prendre en considération les plaintes et remontrances de ses sujets, afin de procurer leur bien-être sous son gouvernement paternel.

Art. 2. — Le tiers-état demande qu'en l'Assemblée des Etats généraux, convoquée pour le 27 de ce mois, les voix soient prises par tête et non par ordre.

Art. 3. — Que les Etats généraux soient déclarés irrévocables, et qu'avant de voter aucun impôt, il soit arrêté qu'ils seront convoqués et assemblés périodiquement tous les trois ans, et que tout ce qui aura été arrêté dans la prochaine séance desdits Etats ne puisse être exécuté que jusqu'au jour de l'ouverture de celle qui doit la suivre.

Art. 4. — Que la liberté des citoyens soit sacrée et inviolable en tout temps, en telle sorte que nul ne puisse jamais en être privé qu'en vertu d'un décret décerné par son juge naturel et territorial.

Art. 5. — Qu'en vertu de cette liberté, il soit permis à chacun d'aller et venir où bon lui semble dans les Etats de Sa Majesté, ainsi que de former et d'établir toute correspondance assurée par la poste.

Art. 6. — Que la propriété de chacun des sujets soit également respectée et inviolable, sous l'empire de la loi, ainsi que le roi glorieusement régnant l'a solennellement garanti par son édit de 1774. En conséquence, que personne ne puisse jamais en être dépouillé sans son consentement, en vue du bien public, sans dédommagement convenu, à moins que ce ne soit par autorité de la loi, et que la partie de bien, que chaque sujet cède pour le tribut à l'Etat, soit un gage constant de sûreté, de protection et de garantie de la part du prince qui gouverne, pour ce qu'il lui reste.

Le tiers-état se plaint que les deux tiers du territoire de cette paroisse ont été néanmoins enclos, en différents temps, dans le grand et le petit parc de Meudon, par des bons surpris à l'autorité du prince contre le gré des habitants, et sans dédommagement suffisant, que, depuis huit ans les officiers supérieurs des chasses ont fait percer des routes à travers les héritages des particuliers, sans leur aveu, sans formes et sans indemnités ; en sorte que ces héritages ainsi morcellés ont perdu plus de moitié de leur valeur, et sont sujets à plus d'inconvénients ; que néanmoins les propriétaires supportent la même taille, paient les mêmes cens, et que, par l'abus d'autorité le plus frappant, il leur est défendu de passer pour l'exploitation de leurs terres, par ces routes formées à leurs dépens, et dont la communication leur est interdite par des barrières.

Art. 7. — Qu'il ne puisse être permis à qui que ce soit, sous prétexte même de bien public ou de service du roi, de faire aucune entreprise sur les terres des propriétaires, sans en avoir fait faire l'estimation dans la forme qui sera prescrite par les Etats généraux, en présence du propriétaire, et lui en avoir remboursé le prix, et sans qu'il soit tenu d'aucun acte ni quittance, lesquels seront aux dépens de ceux qui les exigeront.

Art. 8. — Que les députés sont spécialement chargés d'insister le plus fortement possible, dans la confection du cahier du bailliage et prévôté, sur la réclamation contre les abus des chasses, ruineux et oppressifs des campagnes, où le cultivateur, à cause du lapin et du gibier, ne retire pas souvent le grain qu'il met en terre, et où la grande bête, malgré la vigilance des hommes stipendiés de 500 livres, aux frais des habitants, pour la garde du territoire, foule et dévaste tout, et qui, étant chassée, attire trente à quarante fois par année, cent chevaux à travers les champs, et une foule de gens de pied, quelquefois lors de la moisson même, lorsqu'une partie des récoltes est encore sur pied, quelquefois lorsque la terre est amollie par des pluies. Le dommage est inappréciable, les champs sont dégradés, les denrées dévastées, le cultivateur désolé et condamné par les gardes à abandonner la campagne, lors des chasses, quelle que soit l'intempérie et l'inconstance des temps, quelque pressants que soient les soins de la récolte. Il y a plus : le roi a-t-il chassé ? Vingt autres personnes munies de permission de la part des capitaineries se croient en droit de venir, l'un après l'autre, fouler, pour leur plaisir, ce qui reste dans les champs. Les biens de la campagne sont-ils en maturité ? Le cultivateur ne peut les couper sans une permission du garde du canton, qui ne se donne qu'à la charge de laisser une partie de la denrée à l'entour de chaque nid. La campagne est-elle dégarnie ? Le cultivateur est contraint de planter des épines dans ses champs.

En conséquence, le roi et les Etats généraux sont suppliés

de prendre les moyens d'affranchir les habitants de ces gênes et vexations exercées par les officiers. Que ces officiers soient garants des délits, et tenus d'indemniser les propriétaires, suivant qu'il sera jugé, par le juge des lieux, d'après l'estimation d'experts par lui commis, et de décharger les habitants d'une partie de l'impôt, en raison des frais de garde du territoire.

Art. 9. — Demande que la nation seule, assemblée en Etats généraux, soit en droit d'accorder les impôts et autoriser les emprunts. Que ces impôts ne soient consentis que pour un temps limité, et proportionnés aux besoins de l'Etat, passé lequel temps, toute perception doit cesser. Que les impôts de toute nature soient supportés également par tous les citoyens, en raison de leur propriété.

Art. 10. — Que les taille, capitation, impositions militaires, vingtième, corvées, aides, gabelles et toutes autres impositions, soient supprimées et remplacées par un seul et même subside, sous un seul nom. Le tiers-état se plaint de ce que les tailles se sont augmentées d'année en année sur la paroisse, quoique ses propriétés soient diminuées. En 1769, jusques y compris l'année 1775, lorsque le sieur Demay payait 550 livres pour le haras ou prés aux vaches, la taille de la paroisse n'allait que depuis 1,700 livres jusqu'à 2,300 livres, et depuis cette époque, elle va à 2,500 livres.

Art. 11. — Que les poids, mesure et jauge soient uniformes par tout le royaume : le défaut d'uniformité favorisant la fraude, et étant la cause de constestations ruineuses.

Art. 12. — Qu'il soit établi dans chaque province des Etats provinciaux.

Art. 13. — Que le tirage de la milice, comme contraire à la liberté, nuisible à l'agriculture et désolant pour les familles, soit supprimé et remplacé par l'enrôlement des mendiants et vagabonds valides, et les invalides contraints à se retirer en leur paroisse.

Art. 14. — Que tout monopole sur les grains soit défendu, sur peine de la vie, sauf à l'égard de l'exportation. Les cas et les sages mesures qui seront jugées convenir, prises par les Etats généraux.

Art. 15. — Que les maréchaussées soient augmentées et réparties de manière à ce qu'elles puissent veiller efficacement à la sûreté publique.

Art. 16. — Que la juridiction des ponts et chaussées soit supprimée, du moins assujettie à des lois fixes, pour ne pas nuire aux droits des propriétaires, sous quelque prétexte que ce soit ; en conséquence, qu'il soit fait raison à la paroisse des dommages et inconvénients de toute espèce qu'elle a éprouvés de la grande route qui a été formée dans le temps, et élargie ensuite aux dépens des héritages.

Le tiers se plaint : 1° de ce que lesdits officiers, sans aucune forme, se soient emparés des héritages pour former des demi-lunes qu'ils ont supprimées ensuite, et dont ils ont disposé par après à leur gré ; 2° de ce que lesdits officiers ont obligé les propriétaires de se retirer à six pieds des arbres qui bordent la route, et qu'ensuite ils ont permis aux riches de bâtir au niveau des arbres.

Art. 17. — Que les droits de centième denier, de franc-fief, de nouvel-acquêt, ainsi que de colombier et de banalité soient supprimés, comme contraires à la propriété et liberté du citoyen, et nuisibles.

Que le défaut de noblesse ne prive plus un citoyen de mérite et de talent, des honneurs, grades et charges dans sa patrie.

Art. 18. — Qu'il soit accordé aux curés et aux vicaires des revenus suffisants et proportionnés à l'étendue de leur paroisse, et que, par ce moyen, tous casuels soient supprimés.

Art. 19. — Que les loteries, comme entraînant la ruine et le déshonneur des familles, soient supprimées.

Art. 20. — Que les domaines du roi soient déclarés aliénables et comme tels, vendus ; qu'en conséquence il plaise à Sa Majesté d'accorder aux habitants, à titre d'aliénation ou de rente, les terres de sa ferme de Chaville, avec la jouissance des eaux qui s'y trouvent, ce qui, en favorisant la population, augmenterait du double le revenu actuel de ladite ferme, comme aussi que le terrain qui formait autrefois *la commune* de cette paroisse, et qui a été aliéné par des arrêts du conseil illégaux, soit restitué à la communauté, et qu'il soit libre à tous habitants de faire paître ses bestiaux sur son héritage, pourvu qu'il ne soit pas tenu de passer sur celui d'autrui.

Art. 21. — Que les habitants, qui n'ont plus qu'un puits en mauvais état, pour leurs besoins, dans une position où les eaux abondent, soient rétablis dans la possession des eaux de sources, fontaines et égouts, dont ils ont eu une ancienne jouissance.

Art. 22. — Qu'il soit permis aux habitants, sous les réserves convenables, de faire paître leurs bestiaux dans les bois de Sa Majesté, dont ils sont environnés, et à cause desquels ils éprouvent de grands dommages.

Art. 23. — Que toute rente foncière non rachetable, rente foncière seigneuriale, dîmes, champarts, droits de mainmorte, taille et corvées seigneuriales, soient rachetables à toujours, soit qu'ils appartiennent au roi, au clergé, à des corps ou communautés.

Art. 24. — Que les lois soient communes et universelles, et obligent tous les citoyens, sans exception de pauvre ou de riche. Que les peines qu'elles infligent portent également sur tous ceux qui les enfreignent. Que les frais de procédure soient simplifiés, les jugements rendus avec plus de célérité.

Que la municipalité de chaque paroisse soit autorisée, comme juge de paix, à concilier les différends litigieux de modique valeur, afin de prévenir mille contestations ruineuses entre les habitants des campagnes.

Art. 25. — Qu'il soit pris les mesures les plus efficaces pour affranchir la paroisse de l'infection et de la corruption que cause dans ladite paroisse le passage de la décharge des vidanges de la voirie de Versailles.

Fait et arrêté en assemblée du tiers-état à Chaville, ce 16 avril 1789.

Je prends les signatures sur le procès-verbal d'assemblée tenue le même jour, 16 avril, dans l'église, au banc d'œuvre ; par-devant Nicolas-Sulpice Hénault, bachelier en droit, procureur au bailliage royal de Meudon, pour l'absence momentanée et l'indisposition de M. le bailli, en présence de M. Charles-Marc Nouette, greffier du bailliage, sont comparus : Jacques Doubemont, syndic municipal de la paroisse ; Jean-Baptiste Beauvais, André *Dada*, Pierre-Paul Moufle, Achille-Jean-Baptiste Laroque, *Jean Deloraille* et Pierre Royer, membres de la municipalité, et François Salle, Jacques Dequatre, marguilliers ; *Léon-Louis Garnier*, Pierre Genty, *Etienne Eguin*, *Jean Sarrazin*, Jean-Baptiste Poiret, Claude Hébert, Gabriel Dupont, Claude Soulier, *Robert Bordure*, Nicolas Preuilly, *Jean Lépine*, *Jean-François Fortier*, Jean Genard, Gabriel Cacheux, Jacques Gainot, Claude Périn, *Nicolas-Edouard Ravet*, François Cheredame, François Freugié, *Charles Saulier*.

Cinq n'ont pas su signer.

Les noms en italiques dénotent absence d'instruction.

Le cahier a été écrit par Dequatre, ou Laroque. L'écriture est bonne.

La paroisse comptait 180 feux, environ 820 habitants ; les deux députés furent : Jean-Baptiste Laroque, bourgeois, et Jean Deloraille, charcutier ; tous deux demeurant à Chaville.

IV

CAHIER DE MEUDON

Cahier des plaintes, doléances et remontrances du tiers-état du bourg et communauté de Meudon, etc.

Le tiers-état du bourg de Meudon, assemblé dans la forme prescrite par les art. 24 et 25 du règlement, etc., croit, avant de s'expliquer sur aucun des articles des doléances et plaintes qu'il peut avoir à former, devoir exprimer les sentiments de reconnaissance dont il est pénétré, pour le grand bienfait qu'il reçoit, ainsi que toute la nation, des vertus patriotiques qui caractérisent ce grand monarque; en conséquence, il a été délibéré et arrêté par acclamation, que les députés dudit tiers-état seront spécialement chargés de porter et exprimer à l'assemblée générale, qui sera tenue au Châtelet de Paris, le vœu général du tiers-état du bourg, pour que S. M. soit proclamée *le père du peuple et le régénérateur de la France*; que cet acte de patriotisme et d'amour de notre souverain pour son peuple soit constaté et attesté par un monument digne et suffisant pour éterniser l'importance de l'événement, et imprimer dans les cœurs les sentiments de respect et de reconnaissance qui donnent lieu à la présente motion :

Plaintes, doléances et remontrances.

Art. 1er. — Le tiers-état du bourg de Meudon demande qu'aux prochains Etats généraux les voix soient prises par tête et non par ordre.

Art. 2. — Que pour plus de liberté, et parer aux inconvénients que les nominations faites à haute voix suscitent ordinairement, les nominations graduelles qui auront lieu à l'avenir, pour parvenir à l'élection des députés à envoyer, soit à l'assemblée générale de la prévôté et vicomté de Paris, soit aux Etats généraux, soient faites au scrutin.

Art. 3. — Que les Etats généraux, dont l'ouverture doit se faire le 27 avril présent mois, soient déclarés irrévocables, et qu'avant de prendre une délibération générale, il soit préalablement arrêté qu'ils seront convoqués en assemblée périodiquement, tous les trois ans, et que tout ce qui aura été arrêté dans la prochaine séance desdits Etats ne pourra recevoir son exécution que jusqu'au jour qui sera fixé pour l'ouverture de celle subséquente.

Art. 4. — Que la liberté personnelle ne pourra être violée en aucun cas ; qu'il ne pourra être à la volonté des ministres, ni de qui que ce soit, d'en priver un citoyen, et qu'il sera préalable de faire ordonner la détention d'un accusé par le juge ordinaire, et non par un juge d'attribution : les tribunaux de cette dernière espèce devant dans tous les cas être proscrits et supprimés.

Que, dans le cas de flagrant délit, le délinquant arrêté pourra être constitué prisonnier, mais ne pourra être retenu qu'autant qu'il sera prouvé que le délit par lui commis tendra à peine afflictive, auquel cas, son procès sera instruit dans le plus bref délai, et il sera accordé un conseil.

Art. 5. — Qu'il doit être également permis à tout citoyen de communiquer ses idées à ses compatriotes par la voie de l'impression, en signant ses productions et en indiquant ses qualité et demeure.

Art. 6. — Qu'il doit pareillement être libre d'établir dans le royaume toutes correspondances, et qu'il est contre tout principe que les secrets d'une famille confiés à la poste soient violés.

Art. 7. — Que c'est la nation seule assemblée qui a le droit d'accorder ou proroger les impôts, et autoriser les emprunts qui ne sont qu'un impôt déguisé, que les lois qu'ils auront sanctionnées ne doivent être enregistrées dans les tribunaux que pour leur donner la publicité nécessaire.

Art. 8. — Que ces impôts ne peuvent être consentis que pour un temps limité et proportionné aux besoins de l'Etat, passé lequel temps, toute perception doit cesser, et tout homme qui s'ingérerait dans sa perception doit être poursuivi comme concussionnaire.

Art. 9. — Que les impositions de toute nature doivent être supportées également par les trois ordres, en raison de leurs propriétés et facultés, et tous privilèges pécuniaires, de quelque nature qu'ils soient, relatifs à l'exemption des impositions et charges publiques, doivent être irrévocablement supprimés.

Art. 10. — Que les propriétés doivent être respectées, qu'il ne peut pas être à la volonté d'aucun de s'emparer de l'héritage d'un citoyen, soit pour faire un chemin ou route, ou autre chose d'agrément, au préjudice du propriétaire ; en extraire des pierres ou autres matériaux, ou y entretenir du gibier, qui ravage et consomme tout le fruit des semences et du labeur du cultivateur.

Art. 11. — Les députés insisteront singulièrement à ce que les propriétaires, sur les héritages desquels on a établi, soi-disant de l'ordre du roi, des routes de chasses ou autres, et notamment celle prodigieusement large qui conduit du pavé de Châtillon au rendez-vous de chasse, appelé le pavillon des Trivaux, soient remboursés de la valeur du terrain que ces routes occupent, et des indemnités de non-jouissance qu'ils prétendent à juste titre, depuis que ces routes sont ouvertes sur leurs héritages, et à ce que le propriétaire, sur lequel les routes ou autres entreprises auront été faites, soit indemnisé des frais des actes qu'on exige qu'ils produisent pour justifier de leurs propriétés, n'étant pas juste que celui dont on a pris l'héritage fasse cette justification à ses frais.

Art. 11 *bis*. — Ils insisteront encore à ce qu'à l'avenir on ne puisse, sous quelque prétexte que ce soit, même du bien public ou du service du roi, s'emparer d'aucun héritage, sans, au préalable, en avoir fait l'estimation dans la forme qui sera indiquée par les Etats généraux, en présence du propriétaire, ou lui dûment appelé, et après lui en avoir remboursé le prix d'après l'estimation, et sans qu'il soit tenu des frais de quittance ou autres qu'on exige aujourd'hui indécemment du propriétaire qu'on a dépouillé de sa propriété, depuis quelquefois plus de dix ans.

Art. 12. — Ils insisteront encore à demander que, pour défendre leurs récoltes du ravage de toutes sortes de gibier et singulièrement de la grande bête (si toutefois les Etats généraux croient que ces capitaineries doivent subsister, et si, contre le vœu général, ils ne croient pas en demander l'entière suppression), il soit permis à tout propriétaire de clore son héritage, soit de murs, soit de fossés, soit d'échalas, enfin de la manière qui lui sera plus commode et plus avantageuse.

Art. 13. — Ils observeront que les capitaineries, érigées pour les plaisirs du roi, ne lui sont d'aucune utilité, mais bien aux capitaines, qui en retirent un revenu considérable, en revendant des charges des cantons de chasses, et fournissant les boutiques des rôtisseurs du gibier qui ravage les récoltes des cultivateurs ; ils demanderont avec instance que, pour la conservation de ce gibier (que le cultivateur, qui l'a nourri pendant tout le cours de l'année, est obligé ensuite d'acheter à un prix excessif, de ceux qui l'ont acheté du capitaine), ce cultivateur ne soit plus tenu de suspendre sa récolte, qu'il lui soit permis de dépouiller son champ, quand le fruit sera mûr, sans être tenu d'aller faire sa soumission à un garde, de subir, à la volonté de ce garde, la visite de son héritage, lui payer à boire, ou de l'argent, pour avoir la permission de récolter, ou bien courir les risques de laisser périr sa récolte, ou de payer une amende exorbitante, qui souvent outrepasse les facultés du cultivateur ;

Que le cultivateur ne soit plus pareillement tenu d'épiner à ses frais son champ, lorsqu'il l'a récolté, afin de procurer à son ennemi, le gibier, une tranquillité dont il est la victime depuis le moment qu'il l'a ensemencé ;

Qu'il ne soit pareillement plus tenu de laisser périr la seconde coupe de sa luzerne sur pied jusqu'aux premiers jours d'octobre, pour donner retraite et nourriture au gibier ;

Qu'il soit expressément défendu à tous officiers et gardes-chasses ou autres, de quelques qualités et conditions qu'ils soient, de s'introduire dans ses vignes pour y chasser, et d'y amener des gens de peine et des chiens, avant que la vendange soit totalement faite et parfaite, et que les pauvres gens aient eu le temps de grapper ;

Qu'il soit permis à tout cultivateur de détruire le gibier sur son héritage ;

Que, dans le cas où aucunes des capitaineries subsisteraient (car il en est bien peu qui servent réellement aux plaisirs du roi), les fondations de ces capitaineries, auxquelles la connaissance des délits est dévolue, soient supprimées comme coûteuses au roi, à l'Etat, à charge au peuple, attentatoires à la liberté publique, et finalement comme juridiction d'attribution ; et cette connaissance attribuée aux juges royaux des lieux où les délits seront commis, et audit cas, que les Etats généraux fixent et déterminent ce qui doit caractériser un délit, et quelle peine doit être infligée à celui qui l'aura commis.

Art. 14. — Qu'il soit défendu à tous carriers, sous les peines les plus graves, de s'introduire dans les terres d'aucuns propriétaires, les fouiller et en extraire la pierre, sans au préalable en avoir obtenu la permission du propriétaire;

Qu'il ne leur soit pas permis de faire les fouilles dans les terres mêmes dont ils auraient acquis la masse, sans soutenir la voûte du ciel des carrières ou la superficie des terrains, par des piliers suffisants ;

Qu'il leur soit très expressément défendu de s'introduire dans les héritages qui avoisinent les puits ou trous des carrières qu'ils exploitent, sans en avoir obtenu la permission du propriétaire ;

Qu'ils soient civilement garants et responsables des délits qui seront commis par les compagnons carriers, journaliers, voituriers, charretiers et autres, qu'ils pourraient employer à l'exploitation de leurs carrières : les maîtres carriers obligés de les surveiller ;

Et, comme les délits que commettent dans tous les cas ci-dessus les dits carriers sont d'autant plus graves qu'il devient pour ainsi dire impossible à un propriétaire, soit de les connaître, soit de les empêcher, demander que la réparation, quant à ce qui concerne les délits sous terre, et qui ne peuvent être autrement caractérisés que par le mot de vol, soient estimés par expert, non eu égard à la valeur actuelle de la superficie du terrain, mais eu égard à la valeur de la masse extraite, à l'effet de quoi, l'article 5 de la déclaration du roi du 17 mars 1780, registrée en parlement le 14 avril suivant, imaginée dans l'intention de favoriser le sieur Chapelle, qui a fait le métier de ravager pendant trente ans le territoire de Meudon sans rien payer, soit annulé; que la connaissance des causes nées et à naître, pour raison des usurpations faites par ledit Chapelle et par tous autres, soit dévolue au juge territorial et non à des juges d'attribution, desquels il devient impossible d'obtenir justice, même au bout de dix ans d'instance ouverte ; et, quant à ceux commis sur la superficie, eu égard au dommage que le propriétaire souffre au moment du délit, et à celui qu'il éprouvera, jusqu'à ce que l'héritage soit rétabli au même état qu'il était avant l'anticipation du carrier, l'irruption de ses ouvriers et l'introduction de ses pesantes voitures.

Art. 15. — Que les tailles, capitations, impositions militaires, corvées, vingtièmes, aides, gabelles, ferme de tabac, traites de l'intérieur du royaume, marques de cuirs, papiers, cartons, amidons et autres impositions de cette nature, soient supprimées, comme trop onéreuses au peuple et ne produisant pas à l'Etat un produit proportionné aux entraves qu'ils mettent, soit à la culture, soit au commerce : la majeure partie étant employée en frais de régie et de perception.

Art. 16. — Que tous les droits imaginés par les fermiers généraux, sans titres ni autorité connue, qui se perçoivent dans la banlieue de Paris, et sont réellement une concussion et une vexation caractérisée, exercée contre le propriétaire cultivateur et le commerçant, soient dès à l'instant supprimés, et les fermiers généraux tenus personnellement et solidairement de rendre et restituer à l'Etat, et verser dans une caisse, qui sera à cet effet établie, le profit de leurs injustes perceptions, à l'effet de quoi, tenus de représenter aux Etats généraux tous leurs registres et compteraux ; qu'il en soit usé de même vis-à-vis des régisseurs et administrateurs généraux, pour tous les cas où ils se seront permis des concussions.

Art. 16 bis. — Que les Etats généraux prennent en considération et examinent si un subside en argent perçu sur toutes les propriétés foncières indistinctement et proportionné à leurs produits n'est pas suffisant pour remplacer tous ces impôts désastreux qui ruinent le cultivateur et le commerçant, augmentent la fortune des traitants et produisent peu dans la caisse de l'Etat, et par une capitation perçue sur les capitalistes, banquiers, commerçants, rentiers, artisans et autres, qui ne tiennent à aucune corporation, à l'exception seulement des journaliers et gens de peine, qui n'ont d'autres ressources que leurs bras.

Art. 17. — Qu'ils prennent encore en considération s'il ne serait pas infiniment plus avantageux de permettre et introduire en France la culture et le commerce libre du tabac, plutôt que de donner comme aujourd'hui à une compagnie le privilège exclusif de vendre cette denrée devenue nécessaire, et, pour la conservation de ce privilège, vexer leurs concitoyens dans leurs personnes, leur honneur et leurs biens, et si, indépendamment du bien qui résulterait, la conservation des espèces dans le royaume, l'avantage qu'on retirerait de la liberté de cette branche de commerce, n'équivaudrait pas aux tortures qu'on fait aujourd'hui éprouver aux malheureux qui cherchent à se procurer du tabac à un prix inférieur à celui de la ferme.

Art. 18. — Qu'il ne puisse être fait aucun abonnement général ou particulier pour quelque impôt, de quelque nature qu'il soit : ces sortes d'abonnements ne tendant qu'à en diminuer le produit au détriment de l'Etat et au profit des abonnataires.

Art. 19. — Que les poids et mesures soient uniformes par tout le royaume : le défaut d'uniformité de ces mesures étant trop souvent la cause de contestations dangereuses.

Art. 20. — Qu'il ne soit accordé aucuns arrêts de surséances ou lettres de répit aux commerçants, et encore moins à quantité de gens qui font profession de surprendre la bonne foi du public, et trouver leur salut dans ces sortes d'arrêts ou lettres.

Art. 21. — Qu'il soit établi dans chaque province, et singulièrement dans celle de l'Ile de France, des Etats provinciaux érigés et organisés dans la même forme que ceux du Dauphiné.

Art. 22. — Qu'il n'y ait qu'un seul receveur des impositions dans chaque chef-lieu de *département*, et un seul près des Etats provinciaux, lequel sera en même temps le receveur général de la province, et versera directement au trésor royal.

23. — Que les caisses de ces receveurs généraux soient

verifiées exactement tous les mois par les Etats provinciaux ou leurs commissaires dans leurs départements, les comptes des receveurs généraux et particuliers rendus, arrêtés, et rendus publics, dans le cours de la seconde année de leurs gestions.

Art. 24. — Que tous privilèges exclusifs soient supprimés, et particulièrement ceux des messageries : tout particulier devant être libre de voyager, et faire voiturer des marchandises quand bon lui semble.

Art. 25. — Que le tirage de la milice soit absolument aboli, comme attentatoire à la liberté du citoyen en enlevant aux campagnes les cultivateurs, et aux père et mère le soutien de leur vieillesse ; d'ailleurs n'étant plus aujourd'hui qu'un objet de commerce très productif aux intendants de province et ruineux pour le peuple.

Art. 26. — Pour prévenir la disette dont, pendant cette année consécutive, nous avons ressenti les dangereux effets, et que par un nouveau genre de monopole nous éprouvons encore aujourd'hui, les députés insisteront à demander qu'il soit arrêté par les Etats généraux que l'importation ne pourra être permise, qu'autant qu'il sera prouvé que le royaume sera suffisamment fourni de grains pour sa consommation pendant trois années ; qu'à cet effet il sera fait dans chaque province et aux dépens des revenus d'icelle, par les Etats provinciaux ou autre corps qui sera constitué pour suppléer les Etats provinciaux pendant leurs vacances, dans les temps les plus heureux et les villes et lieux les plus commodes pour la province, des magasins suffisants pour approvisionner et alimenter la province pendant trois ans, et que l'exportation sera interrompue, lorsqu'il ne restera plus en magasin que la consommation d'une année, et pour parer à tout monopole, qu'il soit défendu, sous les peines les plus graves, à tous particuliers, de faire des magasins de blé avant que ceux de la nation soient suffisamment garnis.

Cette précaution aura le double avantage de parer aux ravages de la famine et d'entretenir le blé à son prix suffisant pour que la classe la plus indigente du peuple trouve le moyen d'exister ; le cultivateur, le salaire de ses peines, et le propriétaire, le paiement de ses fermages.

Art. 27. — Que tous privilèges portant exemption des charges publiques, de contribution à certains impôts ou d'autres charges à contribution, droits de main-morte et de servitude, soient irrévocablement supprimés, comme contraires au bonheur et à la liberté du peuple, étant à la charge de la classe la plus faible, et tendant à établir dans un même ordre différentes classes de citoyens.

Art. 28. — Les députés insisteront à ce que les privilèges qui ont pour objet l'attribution de juridiction, tels que celui des bourgeois de Paris, des commensaux de la maison du roi, et ceux sous le nom de scel du Châtelet, garde gardienne, committimus, au grand et petit sceau et autres, de quelque qualité, sous quelque dénomination qu'ils puissent exister, soient irrévocablement supprimés, ainsi que l'usage des évocations et le droit de suite, que prétendent les officiers du Châtelet, comme contraire au bon ordre, tendant à la ruine des citoyens, facilitant les vexations des gens riches ou puissants, dépouillant le cultivateur et tout citoyen du droit qu'il a d'être jugé par son juge naturel et territorial, enfin contraire au bonheur du peuple et à la prospérité de l'Etat.

Art. 29. — Ils demanderont que le public soit garanti des incursions des malfaiteurs ; qu'à cet effet, le nombre des maréchaussées soit augmenté ; qu'elles soient réparties de manière qu'il soit possible d'en être secouru au besoin, que les juges ne soient plus tenus, conformément à l'ordonnance du 28 avril 1778, de leur faire d'humiliantes suppliques pour obtenir l'exécution de leurs jugements, ni de se décerner à leur profit des exécutoires ruineux pour le plus petit service qu'ils rendent au public, en exécution de ces jugements ; que le service des maréchaussées ne soit plus constaté par un certificat mendié tous les mois par un cavalier à un syndic ou à un curé, mais délivré en connaissance de cause par les juges et les procureurs du roi des lieux où il y en a, sinon, par l'officier public, le syndic et le curé conjointement ;

Que la connaissance des prévarications des officiers et archers de la maréchaussée ne soit plus attribuée à un juge particulier, mais au juge, dans l'étendue de la juridiction duquel ils auront prévariqué.

Art. 30. — Qu'il soit pris les mesures les plus efficaces pour détruire complètement le vice de la mendicité, en établissant dans chaque paroisse un bureau et un atelier de charité, en attribuant à chacune de ces paroisses une portion de l'impôt pour être employé, par le bureau au soulagement des pauvres originaires du pays, ou qui y auront acquis, par une résidence assez ancienne, un domicile.

Art. 31. — Que pour l'exécution de cette loi, tout pauvre valide ou invalide, soit tenu de se retirer dans la paroisse où il est né et s'y faire inscrire, se représenter à la municipalité ou au bureau de charité de la paroisse, tous les huit jours, afin qu'il soit pourvu à ses besoins.

Art. 32. — Que, ces précautions prises, tout mendiant soit arrêté et condamné, comme vagabond, aux travaux publics de sa province.

Art. 33. — Ils demanderont que les privilèges de la noblesse autres que ceux pécuniaires, les honneurs et distinctions qui lui ont été jusqu'à présent déférés, lui soient conservés en entier, mais qu'elle ne soit plus acquise à prix d'argent, qu'elle ne puisse plus être accordée que pour des services essentiels rendus à l'Etat, soit dans la profession des armes, soit dans la magistrature, soit dans le commerce, soit dans les sciences ou les beaux-arts.

Art. 34. — Que le défaut de noblesse d'un homme de mérite ne le prive plus de grades militaires, ou de l'épiscopat, ou des premières charges de la magistrature ; l'un et l'autre devant être la récompense du mérite et des services rendus à l'Etat, et non du nom que ses auteurs se sont acquis ou ont acheté.

Art. 35. — Ils demanderont qu'il soit avisé au moyen le plus efficace de rembourser les dettes du clergé, soit par les suppressions d'une multitude de bénéfices simples, et de communautés religieuses inutiles à l'Etat et aux lieux qu'ils habitent, soit en mettant les bénéfices simples à la nomination du roi, pendant un temps limité, en économats.

Art. 36. — Que les annates des bénéfices consistoriaux et les sommes immenses qui se versent annuellement à la Cour de Rome, par provisions, dispenses ou autrement, soient également versées dans la caisse des économats, et employées à la libération de la dette du clergé.

Art. 37. — Que les canons et règlements qui prescrivent la résidence et la pluralité des bénéfices soient ponctuellement exécutés, surtout lorsqu'un seul de ces bénéfices sera suffisant pour l'existence et l'entretien du titulaire.

Art. 38. — Qu'il soit donné aux curés des revenus suffisants et relatifs à la population et à l'étendue de leurs paroisses, et qu'il y soit pourvu par la réunion des différents bénéfices simples, et la suppression de différentes maisons ou communautés religieuses, qui ne sont pas suffisamment garnies de sujets.

Art. 39. — Que le trop grand nombre des fêtes soit pris en considération ; qu'il soit avisé s'il ne serait pas plus avantageux de permettre le travail au peuple, en supprimant certaines fêtes, que de le mettre dans le cas de se livrer par désœuvrement à la débauche et au libertinage.

Art. 40. — Ils demanderont que toutes les justices seigneuriales et celles ecclésiastiques sur les matières civiles et criminelles, même entre ecclésiastiques, soient supprimées, et l'administration de la justice, par tout le royaume, entre les mains du roi.

Art. 41. — Que tous les tribunaux d'exception et d'attribution, tant en première instance qu'en dernier ressort, en matière civile, criminelle ou d'impôt, à l'exception néanmoins des juridictions consulaires dans les villes qui l'exigent, soient aussi supprimés, et les finances remboursées par l'Etat; mais que les frais des juridictions consulaires, ainsi que ceux des juridictions ordinaires, soient modérés et irrévocablement taxés.

Art. 42. — Qu'il n'y ait dans chaque ville ou bourg considérable qu'un seul et unique tribunal ayant la connaissance de toutes les matières possibles, même de celles du commerce dans les villes et bourgs où il n'y aura pas de juridiction consulaire établie, et qu'il soit composé d'un nombre de juges et d'officiers proportionné à son étendue, résidents dans les lieux où ces juridictions seront établies; que ces offices ne puissent être conférés qu'à des gens suffisamment âgés et instruits, et qui auront fait preuve de leur capacité.

Art. 43. — Que les charges de judicature et de finance, même de la chancellerie donnant la noblesse, soient supprimées.

Art. 44. — Que le nombre des notaires, procureurs et huissiers soit réduit dans la proportion des besoins de leur arrondissement.

Art. 45. — Qu'il soit avisé au moyen de prévenir les frais et la longueur des procédures, et que tous les droits qui se perçoivent sur les actes de justice contentieuse et augmentent considérablement le coût, tels que les droits de présentation, défaut et congé, droits réservés, etc., d'émoluments, contrôle, tiers, contrôle des dépens, dommages et intérêts, et autres droits de cette nature, autres toutefois que les droits de scel, soient supprimés.

Art. 46. — Que le contrôle des actes se perçoive indistinctement par tout le royaume, même sur les actes des notaires de Paris, mais que sa perception soit plus juste, que les droits soient moins considérables; le contrôle n'étant établi que pour donner une date certaine aux actes, et l'impôt ne devant être que le salaire des commis employés à cette perception.

Art. 47. — Qu'il soit dressé un nouveau tarif invariable des droits de contrôle, de 100° denier, d'insinuation et de scel, dans lequel le contrôle des actes soit modifié; les contrats et les citoyens seront classés d'une manière à ne plus prêter à l'arbitraire ;

Que ce tarif soit déterminé, quant au contrôle et à l'insinuation, sur les sommes et qualités ;

Que les quittances ne donnent plus ouverture à un droit aussi considérable que l'acte constitutif de la créance ;

Qu'il soit déterminé sur quelles sentences le droit de scel sera à percevoir, et la qualité du droit qui sera perçue, et que toute autre sentence ou acte de justice qui ne sera pas nommément compris dans le tarif soit irrévocablement affranchi de ce droit ;

Qu'il ne soit plus perçu de droit de 100° denier sur les démissions de biens faites par père et mère à leurs enfants, ni d'insinuation sur les donations mobilières faites aussi par père et mère à leurs enfants, en avancement d'hoiries, ni encore d'insinuation sur les pensions constituées par les enfants à leur père et mère, ni sur la réversibilité consentie par les enfants ou autres d'une rente ou pension d'un mari à une femme ou d'une femme à un mari ;

Que toute interprétation du tarif soit défendue à peine de concussion ;

Que le tarif soit imprimé et affiché en caractères très lisibles, aux frais du gouvernement, dans toutes les villes, bourgs, bureaux de contrôle et études des notaires, afin que chacun puisse en avoir une parfaite connaissance ;

Que toute recherche ultérieure, pour raison des droits résultants des actes ou sentences, soit interdite sous tel prétexte que ce puisse, toutes les fois que les actes auront été présentés au contrôle, et le droit perçu.

Art. 48. — Que la connaissance de l'exécution du tarif appartienne aux juges ordinaires, lesquels rendront leurs jugements sur de simples mémoires écrits sur papier libre, sans frais ni amende, sauf l'appel, qui s'instruira de la même manière, aussi sans frais ni amende.

Art. 49. — Que, pour remédier à la confection de nos lois civiles, il soit dressé une loi générale authentique et invariable, qui soit le droit commun de la France, auquel les coutumes et les jurisprudences particulières à chaque province fera (feront) toutes exception.

Art. 50. — Que la jurisprudence criminelle soit réformée, que l'usage de la sellette, de la question ainsi que des confiscations, soit aboli et les peines mitigées.

Art. 51. — Que toutes les loteries soient supprimées, comme étant une ressource indigne d'un état policé, entraînant la ruine et le déshonneur de beaucoup de familles.

Art. 52. — Que les domaines du roi soient déclarés aliénables, et comme tels, vendus, non en grandes parties, mais par lots, et le prix, employé au paiement des dettes de l'Etat ; qu'à cet effet, il en soit fait et dressé un état exact dans chaque bailliage ; que, dans le cas où on ne jugerait pas à propos de consentir cette aliénation, il soit arrêté qu'il n'en pourra être fait aucune vente ou échange que du consentement des Etats généraux.

Art. 53. — Que toutes les anciennes aliénations de domaine, soit à titre d'engagement, vente, échange, même d'apanage, ou supplément d'apanage, soient révisées, et qu'il soit pourvu à la lésion qui en a pu résulter pour l'Etat.

Art. 54. — Que toutes rentes foncières, non rachetables, rentes foncières seigneuriales, dîmes et champarts, droits de main-morte, tailles, corvées seigneuriales, banalités, et autres droits seigneuriaux, autres toutefois que le simple cens, lods et ventes, quint et requint et autres, auxquels les mutations donnent ouverture, suivant les coutumes, soit qu'ils appartiennent au roi, au clergé, aux fabriques, aux hôpitaux, aux communautés séculières ou régulières, aux seigneurs, aux propriétaires des fiefs ou autres, soient à toujours rachetables à la volonté des débiteurs, au principal qui sera arbitré par les Etats généraux.

Art. 55. — Que les droits de francs-fiefs et des nouveaux acquêts soient absolument et irrévocablement supprimés.

Art. 56 et dernier. — Enfin ils demanderont et insisteront à ce que les députés de la prévôté et vicomté de Paris aux Etats généraux ne puissent consentir à aucun impôt, qu'au préalable l'organisation, l'irrévocabilité et retour périodique des Etats généraux, l'établissement des Etats provinciaux, la reconnaissance de la dette nationale, le respect des propriétés, l'égale contribution de tous les ordres aux impôts, la liberté des citoyens, la sûreté publique, n'aient été déterminés par les Etats, et consentis par S. M., ainsi que le tiers-état du bourg de Meudon le demande par ces présentes doléances.

Fait et arrêté en l'Assemblée du tiers-état et commune du bourg de Meudon, présidée par M. le bailli, cejourd'hui 15 avril 1789, et dont les habitants qui savent signer ont signé ainsi sur la minute des présentes :

> Jean-Alexandre Delaunay, syndic municipal ; Jean-Baptiste Gardebois, blanchisseur ; Jean-Pierre Langlois, aubergiste ; Jean-Claude Pelissier, serrurier des bâtiments du roi ; Etienne Gardebois, menuisier ; Nicolas Cardot, marchand épicier ; Jean-Pierre Demarne, charcutier ; Martin-Claude Cléry, marchand épicier ; Jean-Alphonse Demarne, vigneron, et Roch-Auguste Langlois, aussi vigneron, tous membres de la municipalité de Meudon ; Mathurin Breton, vigneron ; Jean-Louis Olivier, aubergiste, anciens syndics ; François-Henri Marie, blanchisseur ; Nicolas-Guillaume Marie, vigneron, marguillier ; Thomas Demarne, ancien marguillier ; Jean-Martin Daix ; Jean-Baptiste Franquet, aussi ancien marguillier ; Claude-Jean-Baptiste Saintbault, vigneron, aussi ancien marguillier ; Pierre Langlois, collecteur, porte-rôle en exercice ; Louis-François Regnault ; Jacques-Jean-Baptiste Chitry ; Louis Tison ; Louis Boutillier ; Antoine

Saintbault ; Louis-François Glatigny ; Georges Langot ; Jean-François Langlois ; Pierre-Jean-François Podevin ; Jean Vallet, dit Lorange ; Jean-François Daix, fils; Etienne Greppin ; Michel Thévenot ; Pierre-Firmin Billot ; Louis Lanoue ; Félix Laumonnier ; Michel Poché ; Louis-André Regnault ; Jean-Baptiste Hétor ; Jean-Pierre Séron ; Etienne-François Gardebois ; Jacques-Martin Royer ; Germain Fournier ; Jean-Pierre Ragon ; Julien Anglas ; Jean-Pierre Gouret, de Meudon ; André Pinard ; Georges Breton ; Jean-Phillibert Contsenne ; Charles Regnault ; Pierre Poché ; Nicolas Séron ; Jean Guernon ; Jean-Pierre Ollivier ; Christophe Royer ; Joseph Ollivier ; Jean-Baptiste Daguet ; Nicolas-Sulpice Hénault et Michel Duroux, de la municipalité.

Ont été élus députés pour porter le cahier :

Jean-Alexandre Delaunay, syndic municipal ; Jean-Alphonse Demarne, membre de la municipalité ; Nicolas Marie, marchand, et Charles-Marie Nouette, greffier et notaire du bailliage royal.

52 signatures, dont les trois quarts sont mauvaises.

Le cahier a été écrit par Nouette ; l'orthographe laisse beaucoup à désirer.

V

CAHIER DE CLAMART

Le cahier de Clamart, ayant été imprimé dès 1789, et se trouvant dans les *Archives parlementaires*, je ne le donnerai pas : néanmoins, il m'a paru bon d'en extraire quelques lignes, pour avoir l'occasion de signaler les noms des citoyens qui ont signé le cahier.

Dans le long et très explicite chapitre sur la *Constitution*, on lit ces lignes, pensées et écrites, sans aucun doute, par Filassier, directeur-propriétaire de la pépinière de Clamart :

L'Assemblée de la nation décidera de la manière la plus précise :

1° Qu'essentiellement la volonté appartient à la nation et l'action au monarque ;

2° Que la loi n'étant que l'expression de la volonté générale, la puissance législative réside pleinement, entièrement et uniquement dans la nation ; qu'aucun acte public n'a, ni ne peut avoir force légale, s'il n'est émané d'elle, et qu'aucun autre pouvoir n'a la faculté de rien ajouter, de rien retrancher, d'apporter la plus légère modification à ses décisions légales ;

3° Que la loi n'étant pas une expression oisive et inerte, mais un vœu général qui délibère et décide tel ou tel mouvement, actuellement indispensable à la machine politique, aucun acte législatif ne peut avoir de force et d'énergie, qu'autant qu'il est connu, avoué, sanctionné par le pouvoir exécutif qui doit le mettre en vigueur ;

4° Enfin, que les lois ne conservant pas toujours le même degré d'utilité qu'elles possédaient à leur création, parce que la santé des corps nationaux, qu'elles ont pour objet, éprouve, ainsi que celle des corps physiques, des altérations ou des vicissitudes, aucun acte législatif ne peut être prononcé et sanctionné que pour un temps ; d'où naît encore la nécessité de le renouveler, de le réformer ou de l'abroger ; celle de la permanence ou du retour déterminé des Etats généraux.

Instructions à la députation.

Les habitants exigent absolument que leurs députés se pénètrent des principes qu'ils ont établis, et qu'ils travaillent de tous leurs pouvoirs à en démontrer la vérité, et à les faire adopter aux autres paroisses du ressort, puisqu'ils ont le bien public et la gloire de l'auguste Restaurateur de la nation pour objet.

Ils attendent de la confiance qu'ils ont mise en eux, qu'après s'être occupés des objets d'utilité générale dans la rédaction du cahier commun à toutes les paroisses du bailliage, ils feront une mention toute spéciale et détaillée des maux particuliers à la communauté qu'ils représentent, et qu'ils protesteront de nullité, si dans une Assemblée essentiellement libre quelqu'un s'arrogeait le droit de gêner leur suffrage ou de dominer leur opinion.

Ils leur recommandent la plus grande impartialité et la prudence la plus attentive dans le choix des députés qu'ils enverront à Paris, observant qu'à mérite égal, ils doivent préférer ceux qui sont absolument de leur état, à ceux qui, jouissant de quelques prérogatives, seront naturellement portés à les conserver et à les défendre ; et à ceux qui, profitant par état de quelques-uns des abus contre lesquels l'universalité de la nation réclame, seront presque inévitablement tentés de les dissimuler, ou même de les perpétuer.

Qu'ils se persuadent donc bien fortement que, dans la circonstance présente, il faut véritablement être citoyen, et que tout autre intérêt est criminel, s'il ne cède à celui de la patrie.

Fait, délibéré et arrêté par tous les habitants en leur assemblée générale tenue cejourd'hui 14 avril 1789, et présidée par le sieur Desprez, syndic municipal, en vertu de l'ordonnance de M. le bailli, du 11 du présent mois.

Ont signé :

Filassier. — P. Drouet. — Graveline. — C. Gastineau.— Languedocq.— Robbe.— B. Gogue.— Ferrand, maître en chirurgie. — Bonnelais. — Potin fils. — Bargue. — Crosnier. — Guillemain. — Pépin. — Puthomme. — Petit. — Picard. — Brissard. — Lucas. — Reyé. — Duval. — Crespinet. — Picot. — Bachoux. — Chatellié. — Langot. — Demarne. — Gachelin. — Bonne Carrère. — Abraham. — Louis Blet. — Dangeran. — Guillaume Roussel. — Ancelin père. — Ancelin fils. — P. Perin.

Les signatures, à l'exception de trois ou quatre, sont mauvaises, et plusieurs à peine lisibles.

Les députés choisis pour porter le cahier à Meudon furent : Francois Desprez, Jacques Filassier et Claude Gastineau.

Le cahier de Clamart est parfaitement ordonné et écrit dans un style nerveux et sobre ; il est divisé ainsi qu'il suit : après le préambule, *Subsides*, *Administration des finances*,

Constitution, Administration de la justice, et *Instructions à la députation,* que je donne plus haut.

Bien que je ne donne pas place ici au cahier du bailliage de Meudon, publié, comme je l'ai dit, j'inscris les noms des députés chargés de porter ce cahier à l'Assemblée générale du tiers-état à Paris, ce furent :

<blockquote>Jean-Alexandre Delaunay, de Meudon. — Charles Nouette, de Meudon. — Jacques Filassier (1), de Clamart. — Simon Germain, de Viroflay.</blockquote>

(1) On lit dans la *Biographie générale* Didot « Jean-Jacques Fillassier, né à Warwick-Sud, en Flandre, vers 1736, mort à Clamart 1806; grand admirateur de Rousseau, il voulut comme ce philosophe perfectionner le système d'éducation alors en usage, etc.; il composa à ce sujet plusieurs ouvrages..... Fillassier aimait beaucoup la campagne et les expériences agronomiques; il s'établit aux environs de Paris et dirigea la pépinière de Clamart. Sous la Révolution, il fut élu procureur-syndic de Bourg-la-Reine, puis député à la Législative. Après le 10 août il fut quelque temps juge de paix, et rentra dans la vie privée..... » J'ai reproduit l'orthographe du nom d'après la signature.

Filassier fut un des 36 commissaires élus pour rédiger le **cahier de Paris** *extra muros.*

QUELQUES CAHIERS DE CURÉS

Si le bailliage de Versailles eût élu directement des députés aux Etats généraux, peut-être y aurait-il eu chance de mettre la main sur des cahiers de plaintes et doléances, écrits par de simples curés de paroisses ; mais l'ordre du clergé, appelé dans ses membres, au chef-lieu du bailliage désigné pour l'élection, et votant directement, rédigeait un seul et unique cahier, lequel renfermait sans doute les vœux et plaintes du haut et du bas clergé. Cependant il y avait des cahiers préparatoires et particuliers. Tous les curés n'avaient pas la faculté d'assister à l'assemblée électorale, mais ils pouvaient se faire représenter par un fondé de pouvoir. Des électeurs présentaient leurs vœux par écrit, et à plus forte raison, ceux que des circonstances empêchaient de se rendre à l'assemblée, s'empressaient-ils de faire connaître ainsi leurs plaintes et leurs vœux.

En parcourant les cahiers du tiers-état des paroisses, on constate que souvent les curés ont pris part à la délibération commune des habitants ; et là où un cahier s'occupe de la question religieuse, ou de la position du curé, il est permis, sans crainte de se tromper, d'affirmer que ce dernier a été au moins consulté.

On a vu que le cahier du Chesnay était l'œuvre du curé lui-même ; que le curé de Saint-Cyr avait été délégué à l'Assemblée de Versailles, et combien d'autres cahiers où l'on devine l'inspiration du curé de la paroisse.

Mais s'il ne m'a pas été possible de trouver dans notre bailliage des cahiers primaires de curés, j'en ai quelques-uns d'un bailliage voisin, de Montfort-l'Amaury. Nous ne sortirons pas du territoire actuel du département de Seine-et-Oise, et nous sommes assez près de Versailles pour inférer de la lecture de ces quelques feuilles ou notes que la situation du bas clergé était la même dans les deux bailliages ; et d'ailleurs ces pages éclairciront divers points des cahiers de nos paroisses.

Il faut aussi remarquer que, de même que pour le tiers-état du plat pays, c'était pour la première fois que le bas, ou petit clergé, jouissait du droit de suffrage dans les Etats généraux, et était appelé à faire valoir en personne ses doléances et ses remontrances.

CHOISEL

Le curé de Choisel a la douleur de représenter qu'il connaît (et qui n'en connaît point dans le royaume?) de fervents ecclésiastiques, respectables curés qui, par la portion congrue, n'ont pas le nécessaire à la vie, qui sont accablés de pauvres, qui entendent tous les jours les cris des misérables, et auxquels ils ne peuvent répondre que par des larmes, n'ayant à peine que pour vivre.

Quelle fatalité pour des âmes sensibles et commisérantes, pour des ouvriers évangéliques, qui portent le poids non seulement des jours, mais, dans l'hiver surtout, celui des nuits les plus affreuses et les plus périlleuses !

Il y a dans sa paroisse, entre autres chemins, celui de Saint-Arnoult à Chevreuse, qui passant dans son vallon, n'offre d'un bout dans toute sa largeur qu'un vaste précipice, et de l'autre est une petite rivière dont le pont est absolument dégradé, et dont les débordements occasionnés par les pluies et la fonte des neiges empêchent les fidèles de venir entendre la messe paroissiale. Le curé lui-même, de ces deux bords, ne peut qu'au péril de sa vie porter les secours spirituels à ses pauvres malades. Nous avons fait bien des représentations à l'intendance, aux ponts-et-chaussées, à l'assemblée intermédiaire de Saint-Germain, mais toujours infructueusement. Le cahier de ses paroissiens justifie du reste.

Legrand,
Curé de Choisel.

La signature dénote la main d'un vieillard de soixante-dix ans au moins. Ce qu'il dit du cahier de ses paroissiens fait voir qu'il en avait au moins entendu la lecture.

DAMPIERRE

L'Eglise. — Les revenus de cette église, tant rentes que terres, sont de 600 livres, insuffisantes pour les charges de la fabrique, qui sont les dépenses à faire pour le service divin, vases sacrés, linges, ornements, réparations et entretien nécessaire pour la conservation des biens de ladite église, droits de fabrique et honoraires des officiers.

Cure. — La cure très pauvre, le plus médiocre revenu, sans aucune ressource de la part des habitants.

Etat de la Cure. — Les dames de la royale maison de Saint-Louis de Saint-Cyr paient tous les ans à M. le curé un gros de 13 setiers 14 boisseaux de froment, mesure de Chevreuse, et 40 minots d'avoine. Le curé jouit de 10 arpents de terres, la plupart mauvaises, avec une dîme novale, dont une partie est inculte, et l'autre, du plus faible rapport, évaluée à 200 livres. Le curé, avec un revenu aussi médiocre, non seulement est privé de sa subsistance, mais ne peut remplir les charges de son bénéfice.

Vicariat. — M. le vicaire reçoit 300 livres pour l'acquit de ses messes ; nul autre revenu.

Le maître d'école jouit de 150 livres non fondées.

Deux sœurs de Saint-Maurice de Chartres, l'une pour les malades, l'autre pour l'école des filles ; ces sœurs n'ont que 120 livres.

Demande légitime d'une absolue nécessité. — M. le curé, dûment autorisé conformément aux ordres de S. M., désire qu'il plaise donner à la cure de Dampierre une vraie constitution qui le mette à même d'avoir le nécessaire dû à son état, et de soutenir le fardeau d'une paroisse accablée de pauvres, réduite à 3 fermiers, qui ne vivent qu'avec peine et douleur, d'une indigence affreuse.

Sa position est des plus cruelles pour lui-même, et les pauvres de sa paroisse, de la dernière misère.

M. le curé attristé du sort de M. le vicaire, du maître d'école, des sœurs, les habitants et lui dans l'impossibilité d'y remédier, demandent avec instance des secours pour la fixité de ces personnes si dignes des bienfaits de l'Etat.

Des plaintes si graves, si justement fondées, méritent l'attention du Ministère, les fonctions des uns étant des plus sacrées, et celles des autres, de la plus grande utilité pour le bien public.

OBSERVATIONS

M. le curé présume qu'il est très aisé de rendre cette paroisse vivante : les moyens sont connus.

La Cure. — Quoique le sol de Dampierre soit peu fertile, M. le curé se contentera de la dîme telle qu'elle se comporte, pour tout dédommagement : constitution inébranlable de son bénéfice cure ; il y a aussi tout lieu de croire que les *révolutions présentes* détermineront à restituer aux pasteurs, vraies colonnes de l'Eglise, le plus ferme appui du royaume de France, seul utile, au peuple et au roi, à restituer, dis-je, des dîmes qui leur furent enlevées dans des temps malheureux, et contre toute justice.

Vicariat de Dampierre. — Les dames de Saint-Cyr doivent légitimement, en qualité de grosses decimatrices, la portion vicariale qui fait moitié de la portion congrue, et ce, d'autant mieux fondé, que la paroisse de Dampierre est composée d'un nombre légitime de communiants, selon toutes les ordonnances, vicariat existant depuis 150 ans. Malgré ce, tous les édits rendus en sa faveur depuis ce laps de temps, demandes, importunités faites aux dames de Saint-Cyr ; ces dames jalouses de leurs revenus, non d'en remplir les charges, toujours habiles interprètes des lois, prétendent ne rien devoir au vicaire de Dampierre, parce qu'elles paient au pauvre curé 13 setiers, 4 boisseaux de froment et 40 minots d'avoine. Ainsi sont traités les malheureux. Voilà des abus, et des plus grands, il est temps d'y remédier, et que justice se fasse.

Le maître d'école et les sœurs souffrants dans la paroisse de Dampierre !

Qui peut ignorer que l'Etat a des ressources infinies pour la fixation de ces établissements. Nous avons dans le royaume tant de riches bénéficiers absolument indolents, tant de communautés oisives, hors de leurs règles; voilà des moyens de source. Que l'Etat y puise : il trouvera dans ces opulentes habitations toute bienfaisance, la vie même du peuple. Telles sont les plaintes, doléances du sieur curé de Dampierre, soumises à vos lumières, au jugement et à la justice de l'Etat (1).

A Dampierre, ce 15 mars 1789.   DUPUIS
Curé de Dampierre.

(1) Ce cahier et le suivant, unis ensemble par un ruban bleu, ont été écrits de la même main, et d'une écriture fort belle ; l'orthographe laisse à désirer. Il est probable que le maître d'école de Dampierre a copié les minutes des deux curés. Le curé de Dampierre, dont la signature accuse beaucoup d'intelligence, porta son cahier et celui de son confrère à Montfort ; il était son fondé de pouvoir ; le curé Brochier, avancé en âge, à en juger par sa signature tremblée, n'ayant pas de vicaire, ne put se rendre à l'assemblée générale du bailliage.

En tête des cahiers on lit aussi *vu :* ce qui annonce que la commission de rédaction a pris connaissance de ces doléances.

SAINT-FORGET

Cahier de doléances, présenté au bailliage de Montfort par M. le curé de Dampierre, fondé de procuration de M. le curé de Saint-Forget.

Cette paroisse composée de hameaux, écarts, très difficile à desservir, la cure pauvre, du plus mince revenu.

A la réserve de 4 fermiers, les habitants sont tous journaliers, sans propriétés ; les ouvrages manquants, les trois quarts mendient ; la misère dans cette paroisse est extrême; M. le curé, privé lui-même du nécessaire, ne peut que leur accorder des larmes.

Qu'il soit permis à M. le curé de Saint-Forget d'entrer dans le détail, l'Etat jugera que sa position est aussi pénible qu'affligeante.

Revenus de M. le curé de Saint-Forget.

Les dames de la royale maison de Saint-Louis à Saint-Cyr, grosses décimatrices de sa paroisse, lui paient annuellement un gros de 10 setiers froment, 30 minots d'avoine, 25 livres en argent.

La dîme novale est de peu de conséquence : les terres où dîme le sieur curé, la plupart abandonnées, et du plus mauvais sol.

OBSERVATIONS

M. le curé représente humblement que son infortune, et ce qui le prive d'accorder des secours à ses habitants, ne vient que de ce qu'il est privé de son droit de dîme sur toute la paroisse, droit fondé sur toutes les lois, tant anciennes que nouvelles, droit que M. le curé réclame et que la justice doit accorder.

Après une longue dissertation sur l'origine et l'usage des dîmes, le curé termine en disant :

Que l'Etat éclairé sur cette déprédation rende à chaque curé du royaume la possession de la dîme ; les curés, qui ne sont malheureux que par cette privation, vivront, trouveront même dans cette nouvelle jouissance des soulagements pour leurs habitants.

Tels sont les vœux de MM. les curés de Dampierre et de Saint-Forget, vœux qu'ils ne forment que pour le bonheur de leurs paroisses et le soulagement de tous les malheureux qui leur appartiennent.

Ces MM. espèrent que l'Etat, le Ministère, vous, Messieurs, instruits de leur position, aviseront (sic) aux moyens salutaires, infaillibles, d'alléger leur sort, leur fardeau, en donnant à leurs cures une existence réelle, bienfait digne de la clémence, la justice, la bienfaisance du premier monarque du monde.

BROCHIER,
Curé de Saint-Forget.

EPERNON

En comparant l'écriture de ce cahier avec la signature du curé d'Epernon (Perrot, curé de Saint-Pierre d'Epernon), je ne crois pas me tromper en disant que ce projet de remontrances est de lui.

Le curé Perrot fut scrutateur dans l'élection où les quatre représentants du clergé, deux députés et deux suppléants, furent nommés au bailliage de Montfort-l'Amaury.

Cahier touchant l'état ecclésiastique.

Evêques.

L'avantage de l'Eglise serait qu'ils fussent seuls présentateurs de tous les bénéfices de leur diocèse, ils pourraient alors récompenser les travaux, et par conséquent entretenir l'émulation qui est bientôt éteinte : s'il y avait quelque difficulté du côté des patrons laïcs, qu'on leur conserve leur droit, mais à la charge de présenter trois sujets diocésains ou censés tels, à *l'ordinaire*, qui en choisira un, si cependant il les juge dignes.

En accordant aux ordinaires ce droit si naturel et si avantageux, il est juste qu'ils n'en usent que pour le bien de l'Eglise et l'avantage de leur diocèse. Pour y parvenir, il faut qu'ils ne donnent les cures qu'à leurs diocésains, ou à ceux qui sont réputés tels, par leurs travaux, et jamais avant dix ans d'exercice dans le ministère.

Que le conseil des évêques soit composé, au moins pour la moitié, d'anciens et respectables curés.

Chanoines. — Canonicats.

On souffre de voir tant d'abus dans un corps établi pour éclairer l'évêque et servir de règle à tout un diocèse.

Pour remédier à un de ceux qui choquent le plus, c'est de convertir tout le revenu en rétribution attachée à chaque office, et diminuer au moins de la moitié ce qu'ils appellent vacances. Que l'ordinaire ait droit de visiter les chapitres et d'en réformer les abus ; qu'on ne voie plus, au scandale de l'Eglise, les chapitres toujours luttant contre leur évêque, se faisant gloire de le braver, et, sous prétexte d'avoir seuls le droit de remédier aux abus qui se glissent dans l'église, les laisser subsister tous.

De la cathédrale et autres.

Que tous les canonicats à l'avenir soient donnés de la manière suivante :

Quatre mois attachés aux gradués, quatre autres aux curés, et les quatre derniers réservés à la liberté des évêques, à la charge toutefois qu'ils ne pourront nommer aucun gradué qui n'ait au moins trente-huit ans, et qui ait servi utilement, soit en qualité de prêtre de paroisse, soit de professeur, au moins douze ans, à moins qu'ils ne soient icenciés en théologie.

Si on conserve aux particuliers le droit de résigner, soit pour les cures, soit pour les canonicats, qu'ils soient tenus au moins aux mêmes règles que les ordinaires, c'est-à-dire, qu'ils ne puissent disposer de leurs canonicats qu'après douze ans de service, et de six ans pour les curés.

Il serait à souhaiter qu'il n'y eût plus d'indult ; si on ne juge pas à propos de les abolir, que les règles ci-dessus soient observées ; qu'il n'y ait plus de chanoines aumôniers à la cour, et qu'ils optent.

Abbés.

Aujourd'hui qu'on abolit quantité de privilèges abusifs dont la noblesse a joui de tout temps, il serait bien extraordinaire qu'on laissât subsister les privilèges des abbés prieurs, et même le nom : c'est un des abus les plus criants de l'Église.

Les abbés sont un corps hétérogène ; les bénéfices ne doivent donc plus se donner qu'au mérite et aux services réunis. Si on veut favoriser la pauvre noblesse, qu'on lui donne une pension suffisante pour faire ses études, qu'on lui retirera aussitôt que par ses travaux elle aura mérité un bénéfice honnête ; surtout qu'aucun ecclésiastique quelconque ne puisse avoir deux bénéfices, et qu'il soit tenu de résider.

On ne peut voir sans indignation des ecclésiastiques posséder des revenus de 20,000 livres, et bien au-delà.

L'usage que plusieurs en font ne sert que trop à prouver que les biens de l'Eglise contribuent à la déshonorer.

On ne pourrait en faire un meilleur emploi que d'en distraire une grande partie pour fonder des retraites de curés, pour les hôpitaux et autres œuvres pies.

Curés.

Toutes les charges tombent sur eux : outre les devoirs spirituels attachés à leur état, ils sont chargés du fardeau des pauvres ; et la plupart n'ont pas pour eux-mêmes une existence honnête.

On peut dire qu'en général, ils ne sont dans l'église que pour y travailler, pendant que les présentateurs, chapitres, religieux, possèdent tous les biens sans charge quelconque.

Ce n'est pas assez qu'ils réduisent leur vice-gérant à l'état le plus précaire ; s'élève-t-il la moindre difficulté, ils vous accablent du poids de leur autorité, et encore plus de celui de leurs richesses. Ils ne parlent que de procédures, ils vous traînent de tribunaux en tribunaux ; ils ne craignent pas de perdre : c'est la masse qui paie tout ; d'ailleurs, la misère du curé leur assure un plein succès. L'idée seule de leurs richesses, la crainte de se perdre dans le labyrinthe de la chicane qu'ils connaissent si bien, arrêtent tout court le curé infortuné.

Il serait criant de laisser subsister un pareil désordre. Ne pourrait-on pas statuer que le bailliage royal jugera en dernier ressort, ou que l'affaire sera terminée par arbitrage ? Il serait peut-être à propos de supprimer les dîmes comptées ou non comptées. Il paraît que c'est le vœu de la nation. Alors, on donnerait 1,500 livres nettes aux cures de 100 feux, et au-dessous (excepté celles qui n'auraient pas 20 feux, qu'on devrait supprimer), 1,800 livres, au-delà de 100 feux et 2,000 livres à celles au-dessus de 200 feux.

Abolir tout le casuel de droit, ne laisser que le casuel volontaire ; avoir toujours égard à la localité.

Si l'on ne jugeait pas à propos de priver les présentateurs de leur droit de nomination, les obliger de fournir la somme susdite, si mieux ils n'aiment renoncer à leur droit de présentation, ou faire les unions à leurs frais dans le cas qu'on ne remédie pas à ces frais. Que ceci soit observé, soit qu'ils aient du bien sur les paroisses, ou qu'ils n'en aient point. Si on conserve aux abbés et autres leur droit de présenter aux cures, qu'ils ne puissent présenter que des sujets du diocèse, ou qui y auraient travaillé au moins six ans.

Lorsqu'il se tiendra des assemblées du clergé, il paraît juste et même absolument nécessaire que les curés soient en nombre égal aux évêques. Il n'y a point d'intermédiaire entre les évêques et les curés : Ces derniers sont les seuls coopérateurs des premiers. C'est à ces deux corps seuls qu'il appartient de régler ce qui concerne la religion. Cette nouvelle composition serait très agréable au clergé du second ordre : ses intérêts ne seraient plus abandonnés comme ils l'ont été jusqu'aujourd'hui; personne ne les a pris, tous leur ont été opposés.

En 1768, lorsque Louis XV mit les portions congrues à 500 livres, le clergé fit insérer dans l'édit une clause qui diminua très fort le bienfait : c'est que tous les biens qu'on ne pourrait prouver être chargés de fondation, retourneraient aux gros décimateurs. Ils savaient très bien qu'en général, on n'a donné aucun bien, sans quelque obligation quelconque. On tremblait que les curés n'eussent du superflu avec 500 livres et quelques perches de terre.

En 1786, le clergé envoya plusieurs questions à résoudre, tendantes au bien-être des curés; on espère, tout est en mouvement. A quoi tout s'est-il réduit ? A augmenter les seules portions congrues, mais sans avoir égard à la localité : chose cependant absolument juste et ordonnée par le monarque en termes précis. Quant aux curés qui ne sont pas à portion congrue, mais dont le revenu est encore inférieur, le clergé n'a jamais voulu s'en occuper, malgré l'ordre formel du roi, qui enjoint de faire des unions dans les endroits où il n'y a pas deux mille habitants, et cela, sous prétexte des longueurs et des dépenses des unions Le clergé n'aurait-il pas dû faire des représentations ?

Il n'en a fait aucune, même dans l'assemblée de 1788, quoiqu'il en ait été prié. Il est donc essentiel qu'il y ait dans l'assemblée du clergé un nombre de curés qui veillent aux intérêts de leur ordre.

Il y a deux agents généraux du clergé, qui ne sont guère touchés du sort et des intérêts des curés. Il est, par la raison précédente, nécessaire qu'un des deux soit un curé, par exemple, un curé de Paris.

Si on ne s'est guère occupé des curés exerçant des fonctions, on s'en occupe encore moins lorsqu'ils ne le sont plus.

Il faut qu'ils travaillent jusqu'au dernier soupir, quoiqu'ils ne soient plus en état.

Si l'excès de leurs infirmités ou la délicatesse de leur conscience les porte à demander leur retraite, il faut qu'ils sollicitent longtemps pour obtenir une pension alimentaire. De combien est-elle? de 300 livres. — C'est en vérité le comble de l'insensibilité ou du mépris : offrir à un vieillard accablé d'infirmités 300 livres, mais ce n'est pas suffisant pour les médecins et les gardes. Lorsque les curés deviennent infirmes, ou qu'après de longs travaux, ils jugent à propos de se retirer, il convient qu'on leur assure une retraite honnête et suffisante.

Jusqu'à ce qu'on y ait pourvu, obliger tous les présentateurs de leur procurer, et à leurs dépens, des desservants : cette dernière réflexion me paraît conforme à l'équité.

Ces retraites seraient d'abord les canonicats non résignables des quatre mois affectés aux curés; l'établissement d'un certain nombre de canonicats valant au moins nettes 1,200 livres.

Cette retraite serait infiniment préférable à une maison où, la plupart des curés, qui ont toujours été leurs maîtres, et qui, à l'âge que nous les supposons, ont un besoin extrême de soins et de secours particuliers, ne pourront jamais se résoudre d'aller; si quelques-uns préféraient une pension à un canonicat, qu'elle soit au moins de 800 livres.

Que les curés ne soient pas obligés d'aller dans les hameaux lever les corps; ils vont administrer les malades et les assistent, et après leur mort, il faut qu'ils aillent encore, et ordinairement à jeun, à une demi-lieue et plus, pendant que d'autres occupations plus essentielles les appellent ailleurs ou les retiennent chez eux.

Il serait bien à propos que les habitants des campagnes fussent paroissiens de la paroisse dont l'église est la plus proche d'eux; c'est un véritable abus que des paroissiens n'aillent à leurs églises qu'une fois ou deux par an. On en voit de tous côtés qui ne sont point éloignés d'une autre église, et qui le sont de plus d'une demi-lieue de la leur.

Vicaires.

Leur portion congrue est visiblement trop médiocre : de là l'obligation presque forcée de se répandre, et la perte du temps. Il serait juste de porter leur revenu à 700 livres, non compris l'honoraire de leurs messes, dont un grand nombre manquent aujourd'hui, et d'autant plus qu'on abolit le casuel de droit.

Il est honteux de laisser croupir messieurs les vicaires 15 à 20 ans. Depuis longtemps on n'a d'égard qu'à l'ancienneté : les talents, le zèle, les travaux sont à peu près pour rien ; de là, toute émulation absolument éteinte.

Chanoines réguliers. Religieux.

Les chanoines réguliers possèdent des cures : cela paraît peu s'accorder avec leur état. Les cloîtres et les paroisses sont entièrement disparates. Si absolument l'on ne veut pas les priver de ce droit, il faut au moins qu'aucun ne puisse être curé sans avoir été vicaire au moins six ans.

Quant aux religieux, on peut remarquer trois abus dignes de réforme : les uns sont trop riches, les autres, trop pauvres ; enfin, presque tous ne sont point sujets à la juridiction épiscopale, abus digne du temps où il a pris naissance. Il est inutile de s'appesantir sur les richesses énormes de certaines communautés, et des suites qu'elles entraînent ;

mais on ne peut non plus voir sans indignation des prêtres mendier. Cette mendicité entraîne et le défaut de respect et d'autres inconvénients peut-être plus grands.

Il convient donc de diminuer les richesses des uns et de remédier à l'indigence des autres.

Supprimer toutes les petites maisons, n'en conserver qu'une dans chaque diocèse, et qu'on rende utile au public; employer les revenus des maisons supprimées à former la retraite des curés, à élever des jeunes gens d'espérance, à doter des hôpitaux pauvres (celui d'Epernon à deux cents livres de rentes), à renter les ordres mendiants, dont on réduirait toutes les maisons à une seule dans un diocèse.

Classer tous les religieux sous trois ou quatre supérieurs, et surtout, tous soumis à l'ordinaire.

Etudes.

Les gradués ont quatre mois de privilège. Les meilleurs bénéfices sont ordinairement pour eux ; c'est un droit qu'on a cru devoir accorder aux travaux et à la science ; mais il se glisse des abus dans les meilleurs établissements. Il n'est point rare de voir des gradués très inférieurs à ceux qui, par défaut de fortune, n'ont pu l'être. Il paraîtrait juste qu'avant de se mettre en règle pour ses grades chaque sujet subît dans son diocèse, ou dans celui qu'il adopterait, un examen rigoureux ; par là on s'assurerait qu'il a des prétentions légitimes et aux privilèges et aux meilleures places.

On voit plusieurs ecclésiastiques, au sortir d'un séminaire, sans livres, et trop pauvres, et dans le moment, et pendant tout le temps de leur vicariat, pour s'en procurer; — prendre des mesures pour qu'ils n'en manquent point, à la charge qu'à leur mort, ou après deux ans de cure, ils seraient remis au séminaire.

On voit dans les campagnes plusieurs enfants de grande espérance. La misère de leurs parents les empêche de percer. Il serait très avantageux à l'Église de former des établissements où on pût les instruire jusqu'à la seconde exclusivement, et à bon compte. Il n'y a pas encore 50 ans qu'il y avait dans ce diocèse (de Chartres) plusieurs maisons, espèces de séminaires, dans différents endroits.

On crie de tous côtés contre la nourriture qu'on donne dans les séminaires ; il serait à propos qu'un grand vicaire accompagné d'un officier municipal veillassent de temps en temps à cet objet si important.

Plaintes du peuple.

Il serait inutile de s'étendre beaucoup sur cette matière, quelque intéressante qu'elle soit. Elle sera suffisamment discutée par toutes les communautés du royaume ; nous dirons seulement deux mots.

Toutes les terres sont ravagées de toutes manières depuis les semailles jusqu'à la parfaite maturité, sans que le peuple puisse se défendre : les plaintes se perdent dans les airs. Il est bientôt passé en proverbe qu'il y a moins de danger à tuer un homme qu'un lièvre, mais surtout un cerf ; n'est-ce pas une chose affreuse de faire mettre, pour avoir tué un vil animal, un citoyen à Bicêtre avec des malheureux ; et plus encore, aux galères, avec des scélérats ? L'abus et la cruauté sont trop grands pour les laisser subsister. Il serait à la vérité dangereux de permettre le port des armes indistinctement ; mais il faut nécessairement chercher des remèdes aux ravages des campagnes.

La débauche dans les cabarets, pendant les offices et à toutes les heures de la nuit, est une des plaies de la campagne, toutes les lois la défendent ; mais elles sont absolument tombées en désuétude. Il convient de les rétablir avec toute la rigueur possible.

Il serait juste et très avantageux au peuple que tous les curés fussent tous membres nés des assemblées municipales, excepté lorsqu'il s'agit de l'assiette des impôts.

CODE FÉODAL (Extraits d'un)

Sous le titre de code des seigneurs hauts-justiciers et féodaux, un avocat au parlement de Paris a publié en 1771, pour les possesseurs de fiefs ou pour leurs intendants, une sorte de manuel qui ne contient, sous forme de demandes et de réponses, que des notions d'un usage journalier. Nous détachons quelques pages de ce tableau abrégé et sincère du régime féodal, tel qu'il subsista jusqu'en 1789, en faisant remarquer que l'auteur de ce manuel appuie sur des autorités considérables chacune de ses assertions.

Deux sortes de nobles.

Il y a deux sortes de nobles en France, les nobles de race et les ennoblis (sic).

Nobles de race.

Les nobles de race sont ceux dont les ancêtres ont toujours vécu noblement, et dont on ne connaît point de sources roturières.

Ennoblis.

Les ennoblis sont ceux qui, étant nés roturiers, ont obtenu du prince des lettres d'ennoblissement, ou ont possédé des charges qui les ont ennoblis.

Quels sont les privilèges de la noblesse?

Les nobles jouissent de l'exemption des tailles qui ne sont pas réelles quand ils n'exploitent pas au-delà de quatre charrues ; sont exempts d'aides, subsides, impositions, subventions ; sont affranchis de toutes servitudes personnelles, comme de milice, logement des gens de guerre, corvées, banalité de four, s'il n'y a coutume ; au contraire, peuvent chasser sur les marais, étangs et rivières du roi à une lieue *des plaisirs* ; en cas de délit, sont décapités ; ne sont point sujets à la juridiction du prévôt des maréchaux ou juges présidiaux, en dernier ressort ; en matière criminelle, peuvent demander, en cas d'accusation de crimes, d'être jugés, la grand' chambre de la Tournelle assemblée ; ne peuvent être traduits dans les juridictions consulaires, jouissent de plusieurs prérogatives d'honneur, et dans la plupart des coutumes, partagent les successions différemment des roturiers, peuvent faire le commerce en gros sans déroger.

Les fiefs sont affectés à la noblesse.

Les fiefs sont affectés de toute ancienneté aux nobles, et les roturiers n'en peuvent aujourd'hui posséder qu'en payant le droit de franc fief.

La possession d'un fief ennoblit-elle?

La possession d'un fief, même d'un fief de dignité, n'ennoblit point un roturier qui en serait investi, à moins qu'il ne l'ait été par le roi, qui lui aurait donné ce fief de dignité à titre de récompense de service : ainsi un roturier, qui, hors ce cas, est propriétaire d'une terre de dignité, ne peut en prendre la qualité qui suppose la noblesse qu'il n'a pas ; il ne peut que prendre le titre de seigneur de tel marquisat, comté, etc.

Définition de la banalité.

Par banalité, on entend l'obligation où sont les sujets d'un seigneur de faire cuire leurs pains à son four, moudre leurs grains à son moulin, et de pressurer leurs raisins à son pressoir, avec interdiction d'aller à d'autres fours, moulins et pressoirs, ni d'en construire aucun dans l'étendue du terroir bannier, et aux meuniers voisins d'y venir chasser.

Quid lorsqu'on achète, hors l'étendue du territoire bannier, des grains que l'on rapporte en farine?

Si le sujet bannier achète du grain et le fait moudre avant que de le transporter sur le territoire bannier, il n'encourt aucune amende, ni confiscation de la farine; c'est comme s'il avait acheté de la farine : ce qui lui est permis, s'il n'y a coutume contraire.

Exceptions.

Il ne paraît pas cependant que l'on ait cette faculté dans le Clermontois, où le droit de banalité des moulins appartenant à S. A. S. Monseigneur le prince de Condé, étant domanial et non simplement seigneurial, on ne permet pas à un sujet d'acheter des farines qui auraient été moulues ailleurs qu'au moulin dont il est bannier.

Lorsque le four est banal, les particuliers peuvent-ils avoir chez eux des fours?

Si le sujet bannier a un four chez lui, le seigneur a droit de le faire abattre, et si le sujet dénie qu'il ait un four, le seigneur peut demander la visite.

Exception.

Les particuliers peuvent cependant avoir chez eux des petits fours pour la pâtisserie, mais ils n'y doivent point cuire de pain.

Qu'entend-on par boucheries banales?

Les boucheries banales sont celles qui sont établies dans quelques seigneuries où il est défendu aux bouchers de vendre les viandes dans leurs maisons, ni ailleurs qu'à la boucherie banale.

Quels sont les droits qu'elles procurent aux seigneurs hauts-justiciers?

C'est de cet établissement que prennent origine les droits que la plupart des hauts-justiciers ont de lever sur les bouchers les langues et les pieds des bêtes qu'ils tuent, pour être vendus dans la boucherie banale, à cause de la permission que le seigneur leur a donnée de s'établir et d'exercer leur métier dans sa seigneurie ; mais ce droit de boucherie banale ne peut avoir lieu sans titre.

Peuvent-ils exiger les langues de veaux?

Les seigneurs ne peuvent exiger les langues de veaux, parce que sans elles les têtes ne pourraient être vendues si facilement.

Qu'est-ce que le droit de Banvin.

Le droit de Banvin consiste dans la liberté que le seigneur a, par un juste titre et possession, de vendre le vin de son cru, c'est-à-dire qu'il recueille, pendant un certain temps de l'année, et d'empêcher que nul autre que lui n'en vende pendant ledit temps.

Quand se lève la taille aux quatre cas?

Les quatre cas où la taille est due sont : 1° le cas de chevalerie ; 2° le voyage d'outre-mer, qui avait lieu pour visiter la terre sainte, et qui n'a plus lieu ; 3° le cas de rançon, qui n'est guère en usage : les prisonniers de guerre n'étant plus sujets à payer leur rançon ; 4° le mariage de la fille aînée du seigneur.

Le cas de chevalerie a-t-il encore lieu ?

Le cas de chevalerie est changé de l'ancienne forme, qui n'était que le baudrier ou ceinture de chevalier ; la taille, en ce cas, ne se permet aujourd'hui que pour l'ordre du Saint-Esprit.

Le seigneur est-il obligé de doter sa fille pour pouvoir exiger cette taille ?

Pour que le seigneur, en mariant sa fille, puisse exiger la taille de ses sujets, il doit la doter, et demander le droit avant que de payer la dot et avant le mariage ; à moins que le seigneur n'ait notifié à ses sujets le traité de mariage, et qu'il n'ait déclaré qu'il lèvera ce droit quand le mariage sera fait.

Les seigneurs hauts-justiciers ont-ils le droit de poids, de mesures et d'étalonage ?

Les seigneurs hauts-justiciers ont le droit de poids, de mesures et d'étalonage dans l'étendue de leur justice, s'il n'y a coutume contraire.

En quoi consiste le droit de poids ?

Le droit de poids consiste à avoir seul le droit de peser pour autrui à grandes balances et poids, au-dessus de vingt-cinq livres ; étant néanmoins permis aux bourgeois d'en avoir pour soi en leurs maisons; et pour ce qui appartient au seigneur, douze deniers pour cent livres de marchandise qu'on pèse à son poids ; lequel droit il peut affermer, et pour le percevoir, il doit avoir de bonnes et fortes balances, et des poids de toute sorte.

A qui appartient le droit de donner des mesures ?

Le droit de donner des mesures n'appartient ordinairement qu'au haut-justicier, quelques coutumes le donnent au moyen justicier.

Définition des corvées.

Les corvées sont tout ouvrage ou service, soit de corps ou de charrois et bêtes, pendant le jour, qui est dû à un seigneur, soit par droit de justice, soit par droit de fief, soit plus communément par convention expresse ou présumée, selon le titre que le seigneur rapporte, soit en conséquence d'un affranchissement, soit en conséquence de concession de communes, soit enfin en conséquence d'une concession d'héritage.

Leur origine.

Lorsque les seigneurs affranchirent leurs habitants de l'esclavage dans lequel ils les tenaient, ils leur imposèrent toutes sortes de corvées pour prix de la liberté qu'ils leur accordaient.

Qui a droit de colombier ?

Quelques coutumes en font un droit de justice, d'autres un droit de fief; d'autres enfin, un droit de justice et de fief.

Appartient-il au haut-justicier ?

Le général de coutumes est que le droit appartient au seigneur haut-justicier.

Les particuliers peuvent-ils avoir des volières en pays coutumiers ?

Tout particulier qui a des terres en domaine, à concurrence de cinquante arpents de terre labourable dans la même paroisse, ou de la quantité fixée par la coutume, peut avoir une volière de cinq cents boulins, ou un moindre nombre, s'il est ainsi réglé par la coutume.

Quid en pays de droit écrit ?

En plusieurs pays de droit écrit, les roturiers, quelque quantité de terres qu'ils aient, ne peuvent avoir aucune sorte de colombier sans la permission du haut-justicier ; à Toulouse, cela leur est permis, pourvu que le colombier n'ait pas de marque seigneuriale.

Un curé peut-il avoir des pigeons ?

Quoique un curé lève la dîme sur plus de cinquante arpents, il n'a pas pour cela le droit de colombier ni volière, s'il n'est pas propriétaire de cinquante arpents de terres labourables, ou de la quantité réglée par la coutume.

De l'encens.

Le curé doit, à la messe, ès jours que l'on encense, et hors les jours où le saint-sacrement est exposé, auxquels jours les encensements, autres que ceux de l'autel, cessent de dessus les marches de l'autel, se tourner du côté des bancs ou chapelles des patrons ou seigneurs, et les encenser les uns après les autres, leurs femmes et leurs enfants. A vêpres, il doit se transporter au-devant des bancs et dans les chapelles des patrons et seigneurs, et les encenser.

La quotité des encensements n'est point réglée par les arrêts ; il faut suivre en cela les usages de la paroisse. Dans quelques-unes c'est trois fois pour le patron et pour le seigneur, pour la femme trois fois ; dans d'autres, une fois pour le seigneur, une fois pour la femme et une fois pour tous les enfants.

De Poix de Fréminville, déjà cité dans le commentaire sur les petites écoles, page 247, nous fournit, dans le même ouvrage, deux anecdotes assez plaisantes, les voici :

Il est surprenant combien il y a de curés qui s'échappent ou à refuser aux seigneurs les honneurs qui leur sont dus dans leurs églises, ou à les leur distribuer d'une manière indécente, ridicule et scandaleuse. — M. Clugny s'est cru obligé d'en rapporter des exemples pour servir à contenir les curés dans leurs devoirs. Ils sont à la vérité extrêmes. — Un curé, dit cet auteur, ayant fait plaider longtemps son seigneur, fut condamné par arrêt à lui donner de l'eau bénite, séparément, avec distinction et avant le peuple. Ce curé, s'étant aperçu qu'un dimanche ce seigneur avait mis une perruque neuve, attacha une queue de cheval au goupillon, et l'ayant trempée dans le bénitier, il aspergea le seigneur, de sorte que sa perruque fut en aussi mauvais état que si elle avait été trempée dans l'eau : ce qui fit naître un nouveau procès plus grand que le premier.

Une dame de qualité, qui possédait une terre titrée, ayant fait aussi condamner par arrêt le curé à lui donner de l'eau bénite avec distinction, et avant le peuple, ce curé fit faire un goupillon d'une grosseur énorme, dont il se servit pour la première fois dans un temps d'un froid rigoureux ; et ayant pris avec son goupillon autant d'eau bénite qu'il en pouvait tenir, il en baigna si bien la dame qu'elle fut obligée de sortir de l'église pour aller changer d'habit et de linge.

Le grave jurisconsulte qui rapporte ces faits assure que ces exemples sont vrais, et qu'il est en état de les prouver ; et par là, il fait voir que c'est avec raison que les cours souveraines ont réglé la forme en laquelle les curés doivent rendre aux seigneurs les honneurs qui leur sont dus.

TABLE DES MATIÈRES

	Pages.
INTRODUCTION.	V
BAILLIAGE DE VERSAILLES.	1
Tableau des Cahiers.	5
Cahier du Chesnay.	7
Cahier de Ville-d'Avray.	13
Cahier de Sèvres.	19
Cahier de Montigny.	33
Commentaire sur le trop bu.	38
Cahier de Bougival.	46
Cahier de la Celle-Saint-Cloud.	56
Cahier de Guyancourt.	60
Cahier de Fontenay-le-Fleury.	64
Cahier de Bois-d'Arcy.	67
Commentaire sur la Gabelle.	71
Cahier de Rennemoulin.	87
Cahier de Villepreux.	90
Cahier de Noisy-le-Roi.	95
Cahier de Bailly.	97
Cahier de Louveciennes.	100
Commentaire sur la Milice.	112

TABLE DES MATIÈRES.

	Pages.
Cahier de Port-Marly....................	132
Cahier de Marly-le-Roi.................	138
Cahier de Voisins-le-Bretonneux............	142
Cahier de Buc........................	168
Cahier de Saint-Cyr....................	175
Commentaire sur la Chasse............	187
Cahier de Versailles (les assemblées préparatoires)..	211
Les députés du tiers (du territoire de Seine-et-Oise) aux États-Généraux............	218
Cahier de la ville de Versailles............	227
Commentaire sur l'Enseignement primaire ou les Petites Écoles............	247
BAILLIAGE DE MEUDON.................	257
Cahier de Viroflay....................	259
Cahier de Velizy......................	269
Cahier de Chaville....................	271
Cahier de Meudon....................	278
Cahier de Clamart....................	295
QUELQUES CAHIERS DE CURÉS............	299
Curé de Choisel......................	301
Curé de Dampierre....................	302
Curé de Saint-Forget..................	305
Curé d'Épernon......................	306
CODE FÉODAL........................	315

FIN DE LA TABLE.

Versailles. — Imp. E. Aubert, 6, avenue de Sceaux.

www.ingramcontent.com/pod-product-compliance
Lightning Source LLC
Chambersburg PA
CBHW070905170426
43202CB00012B/2196